Al Ritmo del Corazón del Padre

Al Ritmo del CORAZÓN del Padre

APÓSTOL LILLY RODRÍGUEZ

XULON PRESS

Xulon Press
2301 Lucien Way #415
Maitland, FL 32751
407.339.4217
www.xulonpress.com

Editado por Xulon Press.

Impreso en los Estados Unidos de América.

ISBN-13: 9781545609620

Contenido

Capítulo 1
¿Cuál es el pensamiento y sentir de Dios con relación a la Danza?
¿Cuál es la danza que conquista el Corazón del Padre?

Capítulo 2
¿Es la danza bíblica? ¿Es la danza solo para el Antiguo
Testamento? ¿La danza le pertenece al mundo o a la iglesia? ¿Cuál
es la base bíblica que nos evidencia que debemos danzar?

Capítulo 3
Principios fundamentales para comenzar o dirigir un ministerio
de danza a la manera de Dios.

Capítulo 4
La pasión nos impulsa no solo a adorar o danzar, sino también a
disfrutar del trayecto mientras esperamos ver a Dios cara a cara.
La pasión hará que tu adoración y danza se distingan, tanto en la
tierra como en el cielo.

Veremos diferentes formas en que podemos expresar el mensaje
de Dios a través de la danza. Además, diferentes tipos de danza,
basado en cuál es la expresión o sentimiento específico que
queremos ofrecer a Dios.

Sumérgete a profundidad en el conocimiento de esa danza
que desata de forma visual el mensaje del corazón de Dios
directamente al corazón del hombre.

Si sientes que tu ministerio no ha llegado al nivel que Dios te ha
hablado y te preguntas la razón sin encontrar respuesta; tal vez
haya algo que está deteniendo tus pies de avanzar hacia tu destino.
Descúbrelo y ¡sé libre!

Si Dios te ha llamado a ministrar a las naciones, este mensaje es
para ti. Viajaremos a través de la Palabra de Dios por el hermoso
llamado divino de llevar las buenas nuevas hasta lo último de
la tierra.

Descubre la respuesta a preguntas de temas de gran
interés para el ministro de danza.

Dedicatoria

Al Autor del libro de mi vida, Poeta de mis sueños, Escritor de mi historia, Formador de quien soy y Arquitecto de quien seré

Al Creador de esta obra, Quien despertó mi espíritu para escuchar el latir de Su Corazón y movilizó mis pensamientos, mis ideas, mis experiencias, mis recuerdos, mis manos... para dar orden y forma a cada palabra, oración, párrafo, capítulo... hasta completar Su melodioso mensaje.

Al Dueño y Señor de mi vida... A Aquel a quien ama mi alma.

A Ti PADRE, gracias por tu amor, Tu cobertura, Tu abrazo, por ser mi hermoso Abba quien me escogió y me dio valor. En mi vida he podido ver la realidad de tu Palabra fiel y verdadera; no miraste lo que mira el hombre, miraste mi corazón y fui aceptada para tus gloriosos propósitos. Tu celo y amor me han guardado y protegido como la más delicada flor. Todo mi ser desesperadamente anhela verte cara a cara y perderme en adoración sumergida en la hermosura de Tu Santidad. JESUCRISTO, Hijo de Dios, Amor de mi vida, mi Maravilloso Rescatador, gracias por esa bella y poderosa Sangre que me ha dado vida y libertad. Tu asombroso e inigualable sacrificio me ha mostrado la imagen perfecta de lo que es la pasión verdadera. Mi petición urgente: permíteme ser como Tú, estoy dispuesta a afrontar el proceso transformador. Mi precioso ESPÍRITU SANTO, eres a quien más amo en esta tierra. Desde el primer contacto contigo, nunca más fui igual. El sello de Tu Presencia en mi vida y en lo que hago me impulsa a continuar aun en medio de las circunstancias más difíciles y los valles más oscuros. Tu Presencia me ha sostenido. El mayor anhelo de mi corazón es conocerte más. Gracias mi Rey, mi Dios y mi Señor.

Te amo, Dios Padre, Hijo y Espíritu Santo. Gracias por tanto, mi Fiel Señor; hiciste pacto de amor conmigo y ha sido inquebrantable. Gracias por encontrarme y haber dado sentido a mi vida... me has hecho feliz. Ahora y siempre, a Ti toda la gloria.

Dedico además este libro a mis padres, Nereida y Santos, mis hermanas y sobrinos maravillosos que disfruto el privilegio de tener. Les amo, hermosa familia.

Reconocimientos

Agradezco a Dios por darme la gracia para comenzar y culminar este proyecto. ¡Aleluya! Al ministerio "Flames of Freedom", mis llamas de fuego, por haber acelerado este proyecto a través de su intercesión. En especial a Lisbeth Zeda por haber dedicado muchas horas para ayudarme a dar a luz este nuevo hijo espiritual y por estar siempre parada en la brecha. A la pastora Yomaira Torres por tu ayuda incondicional. A mis apóstoles Juan Alberto y Wendy Martinez por cubrirme y enseñarme con sus vidas la verdadera pasión, entrega y el precio a pagar por amor a Jesucristo. ¡Les amo y bendigo!

Prólogo I

Todavía se mantiene fresca en mi memoria aquella ocasión en que mi esposa y yo nos reunimos por primera vez con Lillian. Durante aquel encuentro, fuimos impactados por su pasión y deseos de conocer y servir al Padre Celestial. Nuestra amistad floreció, se desarrolló con gran solidez y pudimos ver al transcurrir de los años que la pasión de Lillian nunca menguó, sino que, por el contrario, ella se enamoró cada vez más de Dios. Es por esta razón que nuestro fiel Alfarero la ha tomado en sus manos y la ha moldeado en un instrumento de honra para que así manifieste EL RITMO DEL CORAZÓN DEL PADRE en las naciones. Estoy convencido de que antes que alguien pueda hablar del corazón del Padre, primero debe conocerlo a Él. Esto se ha hecho realidad en la vida de Lillian Rodríguez.

Querido lector, los principios destacados en las páginas de este libro son el resultado de la experiencia de la apóstol Lillian en cuanto al trato que nuestro Dios quiere para nuestras vidas cuando sin reservas nos rendimos a Él. Usted será irremediablemente capturado por una atmósfera divina en la medida que vaya profundizando en su lectura.

Le animo a que se deje envolver por el contenido de esta obra y por el testimonio personal de la apóstol Lillian en su jornada para satisfacer esa profunda hambre interior por conocer el Corazón del Padre. Le servirá de inspiración.

Apóstol Juan Alberto Martínez
Breath of Life Apostolic Network
Centro Cristiano Adoram

Prólogo II

¡Querido vaso escogido!

El Espíritu de Dios Todopoderoso te ha guiado a la revelación escondida dentro de estas páginas, por tal razón eres un vaso escogido destinado a hacer grandes cosas en la Tierra.

He tenido el placer de conocer a la Apóstol Lillian Rodríguez por más de veinte años. Su excelente carácter y su poderosa unción la hacen única y sin comparación. Su amoroso espíritu y corazón tierno ha permitido que nuestro Padre la envíe como embajadora a las naciones.

La revelación de este libro, *"Al Ritmo del Corazón del Padre",* te cambiará. Cuando apliques los principios discutidos por la Apóstol Lillian, vas a ser revolucionado y desatado a una nueva dimensión de adoración que te hará libre para danzar Al Ritmo del Corazón del Padre.

¡Que lo disfrutes!

Apóstol Pamela Hardy
Fundadora, Eagles International Training Institute and
The Eagles Network Worldwide

Introducción

De forma práctica y con vocabulario sencillo y comprensible intentaré llevarte a una aventura dirigida por el Espíritu Santo hacia el corazón de Dios. Una vez allí, por medio de la luz de Jesucristo y la Palabra de Dios seremos alumbrados hasta conocer el sentir de Dios para un verdadero adorador. Aunque me he concentrado bastante en el ministro de danza, cada enseñanza aplica a todo adorador que desee subir a las alturas que Dios le llama para Su gloria. El mensaje aplica a todos aquellos que desean ser encontrados por Él, en esa búsqueda divina de uno que adore al Padre en espíritu y verdad. Además, compartiré experiencias que han marcado mi vida a lo largo de los años y sé que lo harán con la tuya.

Este libro nace como resultado de muchos procesos en la travesía de una vida en el Señor. Largas horas de trabajo, momentos difíciles y enemigos que se levantaron tratando de evitar este nacimiento. Hoy puedo dar gracias a mi Dios porque cada gigante, cada tropiezo, cada enemigo... no me detuvieron, sino que me impulsaron a avanzar. El enemigo siempre tratará de impedir el nacimiento de aquello que amenace sus planes y que favorezca los planes de Dios. El enemigo trató de matar el propósito que Moisés cargaba en su vientre espiritual. De igual forma, trató de matar el plan salvador que cargaba en su vientre el Mesías. Pero cuando nos paramos en obediencia firme a Aquel que nos amó y nos escogió para Sus propósitos inescrutables, nada nos puede detener. Moisés dio a luz liberación, Jesucristo salvación y vida eterna. Y hoy puedo ver en este proyecto la victoria y el cumplimiento de un sueño más en Su divino diseño para mi vida.

En estas páginas encontrarás información muy valiosa relacionada a la adoración y la danza que agrada y que complace el corazón de Dios. Prepárate para un viaje por las Escrituras que añadirá conocimiento totalmente necesario para pasar a otro nivel y avanzar en el ministerio al cual Dios te ha llamado. Estoy segura de que Dios va a hablar a tu vida y traerá la luz de Su conocimiento en aquellas áreas donde sea necesario.

En medio de la travesía me referiré al ministro de danza, bailarín, danzor, adorador, etc., haciendo referencia tanto al varón como a la fémina. Utilizaré con frecuencia la palabra danzor para describir a aquellos que danzan para Dios en la iglesia, ya que es una de las más utilizadas en Hispanoamérica para nombrarles.

Mi oración es que una vez tomes esta obra del corazón de Dios en tus manos, tu vida comience a ser transformada. Pido a Dios que cada página sea impregnada de Su aceite y la unción del Espíritu Santo sea sobre ti, rompiendo cualquier yugo y catapultándote al llamamiento de Dios y la posición que te ha sido asignada en el reino.

El enemigo ha sido vencido, la bendición no fue abortada, el nacimiento ha llegado. Declaro que serás extraordinariamente bendecido, cambios permanentes serán provocados en ti y no serás igual. Mi mayor petición y profundo anhelo es que a través de este instrumento, Dios imparta libertad a quienes se encuentren en cautividad, restauración a corazones heridos y sanidad de cualquier dolencia. Si por obra del Espíritu Santo este libro llega a manos de alguien que no haya conocido el amor de Jesucristo, es mi oración que sea provocado a adorarle a través de Su vida, sea capturado por Su apasionado amor y reciba el invaluable regalo de la salvación.

La Danza Conforme al Corazón de Dios es…

… Una danza que no cesa aun por encima de las circunstancias, del dolor, de la tristeza, del desánimo, de la prueba, del ataque feroz del enemigo

… Una danza que imparte vida aun después de la muerte

… Una danza que se expresa, aunque no haya música que la acompañe

… Una danza que disfruta adorar aun en la posición menos visible del escenario

… Aquella que no necesita un vestuario específico para comenzar a adorar

… La que da igual o mayor esfuerzo y entrega en la intimidad de la recámara, donde solo uno le observa, que en el lugar público o en la congregación

… Una que comienza en el corazón, se manifiesta en pies y manos y culmina en el trono de la gracia

… Una que se ocupa de agradar al Rey y no de obtener algún mérito terrenal

… Una danza que se remonta a las alturas, ve a Dios cara a cara y a Sus pies derrama la más fragante y eterna adoración

… Una danza que en vez de esperar recibir elogios, da salvación, sanidad y libertad

… Una danza que se coreografía de rodillas y se ejecuta en las alturas

… Una danza humilde que reconoce que habilidad sin intimidad no es efectiva en el reino

… Aquella que reconoce que depende totalmente del Maestro y Coreógrafo que es el Dador de este precioso don

… Una danza que derrama todo el perfume de adoración sin importar el precio

1

I

Conforme al Corazón del Padre

No mires a su parecer, ni a lo grande de su estatura,
por que yo lo desecho; porque Jehová no mira lo
que mira el hombre; pues el hombre mira lo que está
delante de sus ojos, pero
Jehová mira el corazón.

1 Samuel 16:7

*P*or mucho tiempo el ministerio de danza estuvo dormido en la Iglesia. La historia nos muestra cómo el enemigo siempre ha tratado de robarle a los hijos de Dios este precioso don. Ha existido mucho prejuicio en medio del cuerpo de Cristo con relación a la danza dentro de la Iglesia. Unos debaten si la danza es de Dios o del diablo, otros si es un ministerio o un entretenimiento, otros si es bíblica o no, etc. Con el pasar de los años hemos visto un despertar en las artes y la danza con un enfoque de adoración a Dios y de llevar el mensaje del evangelio a la humanidad. Un gran número de líderes y ministros han abierto las puertas a este ministerio que Dios nos ha regalado. Ha surgido gran hambre por conocer de qué se trata este despertar de la danza, quiénes son esos que bailan frente al altar, por qué lo hacen, quiénes pueden ser parte de ello y así sucesivamente los cuestionamientos son interminables. Pero, por encima de todo, la pregunta que gana toda la atención es: ¿Qué piensa Dios de la danza?

En este capítulo intentaré contestar esta pregunta, basándome en la experiencia que el Señor me ha permitido adquirir en este ministerio a través de los años. Además, compartiré lo que de Dios he recibido, acerca de la danza conforme a Su Corazón.

El deseo del corazón de Dios es y siempre ha sido tener comunión íntima con el hombre. Fuimos creados para adorarle. Nuestro Padre tiene gran interés en estar cerca de sus hijos. Él desea una relación personal y cercana con la humanidad, no una distante. En el principio, Dios y Su criatura disfrutaban de una relación personal en el jardín del Edén. No existía separación alguna, ambos gozaban de una intimidad maravillosa. En un momento dado, a causa de una decisión terriblemente errada, el hombre y la mujer pecaron y rompieron con aquel hermoso paraíso de comunión plena con el Creador. Luego de la caída del hombre por causa del pecado, Dios envió a Jesucristo en forma corporal con el propósito de restaurar esa cercanía que se había perdido. Más adelante envió al Espíritu Santo para una vez más estar cerca de la humanidad. Dios no se conforma con que algún ángel le cuente de ti, Él quiere estar contigo y cerca de ti. Tan cerca quiso estar, que escogió morar en nuestro interior, para que fuésemos uno con Él. Jesucristo fue a preparar moradas para que estemos por siempre con Él. Nuestro Padre es un Padre amoroso, de abrazos, de caricias, de contacto, de relación, de detalles. Él es real y quiere hacerse real en nuestras vidas. Más allá de lo que podamos hacer por Él o para Él, el Gran Yo Soy desea estar profundamente ligado a nosotros. Nuestro Dios no derrocha el tiempo, a Él le agrada invertirlo con sus hijos. La danza es un hermoso vehículo de comunión íntima con el Padre. Nuestro Amante Dios disfruta de la intimidad y cercanía que añade el adorar a través de todo lo que somos por medio de la danza.

¿Qué es danza? La danza es un lenguaje, es comunicación, es movimiento. Es la expresión externa de lo que hay en nuestro interior. Con nuestro cuerpo como vocero, podemos expresar un mensaje claro y preciso. Es una forma de declarar con movimientos lo que muchas veces las palabras no logran expresar. Muchas veces una palabra de amor queda vacía si no va acompañada de una mirada tierna, de un abrazo o de un toque en el hombro. La danza es capaz de quitar lo insípido de ese mensaje que necesita urgentemente estremecer el corazón. El mensaje llevado de forma corporal nos acerca y nos conecta profundamente a quien le queremos comunicar. Si el deseo de Dios es tenernos cerca, ¿por qué no complacer Su Corazón a través de la expresión de nuestros sentimientos a Él por medio de nuestra adoración en danza? Jesús vino a la tierra y de forma corporal expresó Su mensaje de amor. Un mensaje que trajo restauración del vínculo original y rompió con la separación entre Él y su objeto de amor. No cabe duda que Dios ama y se deleita en esa expresión sincera de nosotros a Él, esa danza que nos conecta nuevamente, que deshace la distancia y devuelve la comunión tan anhelada.

Nuestra danza nos conduce a una relación más íntima y profunda con Dios. Creo que esa es una de las razones principales por las que Dios anhela que Su pueblo dance para Él y con Él. Cuando utilizamos nuestro cuerpo para expresar algo, nos allegamos más, hacemos el mensaje más real y le añadimos vida al momento. Dios anhela de Sus hijos amor incondicional, sin reservas, así como Él nos ama.

Marcos 12:30 Y amarás al Señor tu Dios con todo tu corazón, y con toda tu alma, y con toda tu mente y con todas tus fuerzas. Este es el principal mandamiento.

Todo lo que hacemos a través de la danza es comunicarle a Dios, de la forma más plena, nuestro mensaje de amor y adoración. Utilizamos todo lo que tenemos y somos para expresarle a Él nuestro amor, agradecimiento y pasión. Simplemente, ampliamos nuestro mensaje de adoración. Si Jesús con fuerte, firme y amorosa voz hubiese dicho: "Mis hijos, les amo tanto", si solamente hubiese hecho eso, el mensaje de salvación no hubiese llegado a nuestras vidas de forma efectiva. Sin embargo, Él decidió hablar aún más fuerte y demostrar Su amor con la danza más hermosa jamás ejecutada, la danza de la cruz. Él vino a la tierra, mostró Su amor con hechos además de palabras, puso Su cuerpo en acción, extendió Sus brazos y nos dijo: "De tal manera les amo, hasta la muerte". Hizo que viéramos Su amor a través del movimiento más apasionado de la historia... unos brazos extendidos, expresando con dolor y sacrificio, pero con gozo inquebrantable, el amor más maravilloso, puro y santo que puede existir. Él espera que reciproquemos ese amor y no solo con palabras o pensamientos, sino también con toda nuestra fuerza. La fuerza involucra movimiento, movimiento de un cuerpo que no puede reprimir su pasión por adorar a Aquel que es Digno y Merecedor de toda gloria. En otras palabras, Dios nos pide que le amemos, no solo con una expresión interna, sino con toda nuestra fuerza y nuestro ser. Nuestra danza es la mejor forma de decirle a Dios "Te amo con todas mis fuerzas". Nuestro corazón habla, mientras nuestro cuerpo demuestra con fuerza y emoción la pasión interior que no se puede contener.

Es interesante notar que la danza es nuestro primer vocabulario. Antes de nacer, la forma en que le decíamos a mamá "aquí estoy", era con una patada o con un movimiento que expresaba vida.

Luego al nacer, antes de aprender a decir nuestras primeras palabras, extendíamos nuestros brazos pidiendo que nos cargaran en su regazo. Nosotros somos seres muy expresivos; cuando hablamos movemos las manos y el cuerpo constantemente. Innumerables veces, saludamos y nos despedimos de alguien sin utilizar una palabra, sino que simplemente, moviendo las manos decimos hola y adiós. Sin darnos cuenta, utilizamos la danza día tras día y momento a momento, ya que ella es vocabulario, expresión y movimiento.

Otro aspecto importante de la danza es que nos facilita llevar el mensaje del amor de Dios a otros. Llevar el evangelio de forma visual es sumamente efectivo; las imágenes captan más la atención del receptor que muchas palabras. Está científicamente probado que se retiene más información en la memoria del ser humano mediante el mensaje que se transmite de forma visual o ilustrado que a través del mensaje transmitido de forma audible. Basado en esto, podemos entender entonces, que la danza es un instrumento hermoso de adoración y además poderoso de evangelización. La pasión del corazón de Dios es la salvación de la humanidad. Si la danza es un vehículo poderoso para atraerles a Él, entonces, podemos concluir que Dios valora el instrumento capaz de hacer posible y manifestar el deseo de Su Corazón.

El ministro de danza es adorador antes que danzor. Si en tu corazón hay adoración para Dios, entonces hay una danza especial que tocará Su Corazón. ¿Quiénes entonces pueden danzar? Todo aquel que le adora en espíritu y verdad. Todo aquel que desea expresarle su amor sin reservas ni limitaciones. Todo aquel que no se conforma con expresar su amor solo con palabras, sino que desea hablar además con sus manos, pies y con todo su ser. Todos hemos recibido la invitación de danzarle a Dios.

Salmos 149:3 Alaben su nombre con danza.

Salmos 150:4 Alabadle con pandero y danza; Todo lo que respira alabe a Jehová.

La Palabra nos exhorta a alabar Su nombre con danza y no hace ninguna exclusión al respecto. ¡Todos podemos danzarle a Dios! Sin embargo, algunos hemos sido llamados a danzarle además de a Él, también a Su pueblo. Todos hemos sido llamados y separados específicamente para ejercer una función ministerial particular. Por ejemplo, predicar la Palabra hablada, enseñar, profetizar, llevar el mensaje a los perdidos, tocar un instrumento o servir en un área determinada. De igual forma algunos hemos sido señalados por Dios para llevar el mensaje de Jesucristo a través del lenguaje y expresión corporal. Todos hemos sido llamados a cantarle alabanzas a Dios, pero solo algunos han sido llamados a ministrarle al mundo a través de su voz. Todos somos miembros de un mismo cuerpo, pero cada uno con su función individual. El cuerpo en su plenitud adora a Dios, pero la forma en que cada miembro le sirve es diferente y particular. Cuando cada parte del cuerpo ejerce su función, hay armonía y bendición abundante.

Es importante conocer que todo se trata de Él. Hacemos lo que hacemos por Él y para Él. Complacer Su Corazón debe ser nuestro principal objetivo. A través de los años, Dios me ha ido enseñando, como a una niña hambrienta por Su Palabra, el deseo de Su Corazón con relación a la danza. Compartiré algo de mi testimonio con el fin de dar de lo que Dios me ha dado a través de mi vida a Su servicio y para la edificación de todo aquel que necesite esta palabra.

Desde que tuve un encuentro personal con Jesucristo mi Salvador, me apasioné por Su Presencia. En mi corazón ardía el deseo de poder adorarle en todo tiempo y lugar. Mi primera experiencia con el Espíritu Santo de Dios fue con danza y ese momento marcó mi vida hasta hoy y por siempre. Nunca olvidaré ese glorioso momento en que el precioso Espíritu Santo tomó todo mi ser y me llevó a danzar por todo aquel santo lugar, casa de Dios y puerta del cielo. Mi vida fue transformada en un santiamén y comencé a adorarle sin reservas. Me gustaba cantarle, pero no soy muy dotada en esa área. Un día una amiga me enseñó una coreografía muy sencilla, pero que marcó el comienzo de muchas otras. Poco a poco el Señor fue dándome otras danzas y comenzó a enseñarme más y más de cómo adorarle con mi cuerpo además de mi corazón. El Espíritu Santo siempre ha sido y será mi mejor Maestro. Al principio no sabía muy bien lo que hacía, solo me dejaba llevar por lo que Dios me daba en el momento. Danzaba en la intimidad de mi recámara, danzaba en actividades especiales y también en medio de la alabanza de la congregación. Notaba que Dios me daba gracia al danzar, las personas eran ministradas y recibía invitaciones a otras iglesias para ministrar. El Señor me fue llevando a nuevos niveles de conocimiento con relación a este ministerio y tuve también la oportunidad de salir a capacitarme a congresos en otros países, además de nutrirme en talleres y congresos nacionales. Fuera de mi nación, comencé a ver y a conocer gente que adoraba a Dios a través de la danza, personas con gran capacidad técnica, bailarines profesionales que habían entregado su talento al servicio de Dios. Comencé a sentir un poco de frustración porque, aunque sabía que Dios había depositado una gracia especial sobre mí, otros habían pasado la vida tomando clases de baile y podían hacer movimientos mucho más elaborados y mejores que los míos, según mi opinión. Aunque no buscaba ser o danzar mejor que nadie, me sentía muy insignificante y simple al compararme con otros profesionales en el baile. Comencé a buscar escuelas de baile donde pudiese tomar clases y desarrollarme en el área técnica. Para mayor frustración, todas las puertas se cerraban. No encontraba un lugar donde pudiera capacitarme más en el área práctica. Sin embargo, en mi corazón siempre ardía el fuego de la adoración a Dios por encima de todas las limitaciones. Nunca dejé de adorar y danzar a Dios, pero me menospreciaba mucho a causa de mi escasa preparación técnica.

En una ocasión el Señor me permitió ir a un Congreso de Danza Internacional en Estados Unidos. Allí tuve una experiencia que marcó mi vida, cambió mi perspectiva y dio lugar al comienzo de grandes cosas que Dios haría a través de mi ministerio, pero que no podía emprender hasta que aprendiera esta importante lección. Después de un día de talleres y mucho aprendizaje, estábamos todos reunidos danzando y disfrutando de la Presencia de Dios en un servicio de adoración. Mientras cantaban una de mis alabanzas preferidas, comencé a danzar con todo mi ser delante de Dios. Me aparté un poco del grupo, porque solo quería estar a solas con mi Amado. Danzaba con todo mi corazón y mi ser al son del hermoso cántico "Aleluya". En un momento dado, abrí mis ojos y vi al director de alabanza, quien tocaba el piano, que me hacía señales de que fuera hacia donde él se encontraba. Había cientos de personas en aquel lugar, lo que me hizo pensar que tal vez no fuese a mí a quien él llamaba, por lo cual cerré mis ojos nuevamente y continué danzando a Dios. De pronto, abrí mis ojos nuevamente y vi la misma escena, el director de alabanza me llamaba hacia la tarima. Volví a cerrar mis ojos intentando pensar que no era a mí a quien él se dirigía, y si fuese a mí, en realidad era muy tímida como para pasar al frente de tantas personas. Así que preferí ignorar lo que estaba ocurriendo. Para sorpresa mía, había una persona detrás de mí, que se percató de lo que estaba sucediendo y me tomó por los hombros y me llevó hacia el frente, donde estaba el director de adoración. Este varón de Dios me tomó por mi mano, me hizo subir a la tarima y me dijo: "Danza". Más sorprendente aún, en ese momento en la tarima había dos personas danzando, dos maestras profesionales en la danza. Una era bailarina profesional de una de las compañías de danza cristiana más reconocidas en Estados Unidos y la otra era la directora del equipo de Danzas de la Fiesta de los Tabernáculos en Israel en aquel momento. Es difícil explicar lo que sentí en ese instante, pero experimentaba muchas emociones y hasta deseos de correr de allí. Decidí hacer lo que acostumbro cuando no sé qué hacer: pedir ayuda a mi Señor. Oré en mi interior y dije: "Señor, ayúdame, permíteme adorarte". En ese momento comencé a danzar como siempre, con todo mi corazón, junto a aquellas dos mujeres de Dios. Yo con gran sencillez, como había aprendido de Dios en la intimidad y ellas con bastante técnica y movimientos elaborados como sabían hacerlo, pero todas con gran entrega y pasión al que es Digno de recibir toda adoración. Dancé y dancé con todo mi ser frente a cientos de personas de todas partes del mundo hasta que bajé de la tarima y descansé en Su Presencia.

Al día siguiente, muchas personas se me acercaron para decirme diferentes testimonios. Unos me decían que había danzado bajo la unción de Dios la noche anterior. Algunos me decían que habían visto a Dios a través de mi danza, y otros me expresaban cómo Dios les había ministrado a través de mi adoración en danza. Yo estaba muy sorprendida con todos los comentarios. En ese momento, Dios me ministró una palabra que ha marcado mi vida y ministerio: "Tu danza fue agradable delante de mí, la danza de ustedes tres agradó mi Corazón, porque mientras ustedes danzaban yo no miraba tres mujeres o tres bailarinas danzar, yo miraba tres corazones adorar en mi Presencia, y la adoración de sus corazones subió a Mi trono y me deleitó". Allí Dios me dio una de las mayores lecciones en este caminar. Dios no mira lo que mira el hombre, y tampoco busca la mejor técnica. Él no mira quién ha tomado más clases de ballet, o quién puede elevar más sus piernas... Dios mira el corazón. Por supuesto que debemos prepararnos para darle lo mejor y excelente a Él, pero sin olvidar que lo más importante es cómo está nuestro corazón al momento de levantar ofrenda al Rey. Después de esta lección, muchas puertas se abrieron en mi ministerio. He aquí el nacimiento del ministerio con el que Dios me ha enviado a instruir a muchos: "Conforme a Su Corazón". He podido tomar clases de danza, perfeccionarme y crecer en la técnica. He tenido el privilegio de impartir clases y enseñar a muchos, levantar ministerios en diferentes iglesias, ir a ministrar a las naciones y muchas cosas más. Sin embargo, Dios no podía hacer todo esto, sin haberme enseñado antes, la lección principal.

La danza que conquista el corazón de Dios es una que restaura la comunión íntima con Él y expresa adoración plena y sin reservas al Padre, pero también comunica a otros de Su amor. La danza que complace el Corazón del Rey es una de obediencia y santidad donde se funde Su Corazón con el nuestro y nos hacemos uno al son de Su palpitar. Más allá de toda técnica o conocimiento humano, es danzar al ritmo de Su Corazón en una expresión de adoración tan extravagante que atraiga la mirada del Padre, provoque en Su rostro una sonrisa y dé a luz la fragancia de adoración más exquisita en la recámara celestial.

De mi corazón a tu corazón

A veces en la vida sufrimos rechazos, fracasos, críticas, heridas... que nos llevan a pensar lo peor de nosotros mismos. Nos menospreciamos, creemos que Dios nada tiene con nosotros. Caminamos sin propósito, muchas veces sintiendo autocompasión y rechazándonos a nosotros mismos. Nos vemos totalmente diferente a como Dios nos ve. Pero Dios quiere transformar totalmente nuestra manera de pensar y de vernos a nosotros mismos, a través de Su extraordinario amor.

A veces he pensado que para el hombre no soy la persona más indicada para realizar muchas tareas. El hombre me podría descartar rápidamente, por mis errores, deficiencias o requisitos humanos que no puedo cumplir. En ocasiones fui rechazada en escuelas seculares y aun cristianas por mi edad adulta y falta de experiencia profesional. Puertas por las que anhelé entrar me fueron cerradas por el hombre. Pero aprendí de Dios esta gran lección: "No todo lo que es importante y grande para el hombre lo es para Dios. No todo lo que es importante aquí en la tierra es importante en el cielo. A veces las cosas que parecen más pequeñas son las más grandes a los ojos de Dios". Es tan consolador y fortalecedor, saber que Dios no mira lo que mira el hombre. Lo que el hombre descarta, Dios es capaz de usarlo con poder. Dios no anda buscando un peso, estatura, edad, condición social, nivel académico específico... Él busca adoradores que le adoren en espíritu y en verdad.

Ministro de Dios, no te menosprecies. No pienses que no vales nada o no sirves para nada. No te compares con otros, Dios nos da dones y talentos a cada uno en particular y también nos da la unción y gracia para cumplir con Su llamado. Aprende a mirarte con los ojos del Padre. Si Dios te ha llamado, si tu corazón es agradable ante Su Presencia, no dudes, Él te llevará a lugares inimaginables. Él lo hará por ti.

Tal vez para el mundo no seas la persona adecuada para esta tarea o ministerio, pero muy probablemente tienes el perfil perfecto en tu corazón para ser el elegido de Dios. Por favor, recuerda siempre, y nunca olvides que lo que Dios anda buscando es un corazón que le adore sin reservas.

13

II

El Fundamento Bíblico

Por tanto, danzaré delante de Jehová.

2 Samuel 6:21

$\mathcal{L}$a danza es la expresión física o corporal de nuestros sentimientos y emociones dirigidos a rendirle alabanza, adoración, exaltación, obediencia, humillación, rendición, sometimiento, agradecimiento... en fin, toda la gloria a Dios. Danza es simplemente movimiento. Es un medio de comunicación, un vocabulario o lenguaje universal que trasciende las barreras del idioma. Supongamos que nos encontramos en un país donde no comprendemos el idioma existente. De seguro, la forma en que nos comunicaremos será a través de señales, mímicas, gestos, movimiento y danza. Es el movimiento, lo cual es danza, lo que nos abrirá paso para dar a entender nuestro mensaje. La adoración es el estilo de vida de los hijos de Dios, de aquellos que hemos sido adoptados a través de la Poderosa Sangre de Jesucristo y vivimos apasionados por Él. Danza es el estilo de vida de un adorador, es la expresión externa de lo que hay en lo más profundo de nuestro interior. A través de nuestra danza, le expresamos a Dios la pasión que hay en lo íntimo de nuestro ser por adorarle en espíritu y en verdad. Daremos un viaje por las Escrituras para ver el fundamento sólido y divino que nos impulsa a danzar por Él y para Él.

La danza nace en el corazón de Dios y ha existido desde la eternidad. La Palabra de Dios es la mejor evidencia. Ella está repleta de danza de principio a fin, ya sea de forma directa o indirecta. La palabra danza o el verbo danzar aparece más en el Antiguo Testamento que en el Nuevo Testamento. Esto nos deja ver que Dios estableció la danza desde el principio de los tiempos y nos dejó un fundamento muy firme de Su voluntad con relación a la misma.

La primera mención literal de la palabra danza en el Antiguo Testamento se encuentra en Éxodo 15:20.

Y María la profetisa, hermana de Aarón, tomó un pandero en su mano, y todas las mujeres salieron en pos de ella con panderos y danzas.

En la cultura hebrea, era costumbre que cuando se ganaba una batalla, la pariente más cercana al libertador salía dirigiendo a los demás en celebración y danza por la victoria obtenida. Un ejemplo es María, la hermana de Moisés, quien dirigió a las mujeres en danza cuando fueron liberados de la esclavitud egipcia y obtuvieron la victoria sobre sus enemigos en el cruce del Mar Rojo. Hoy día, ¿Quién es nuestro libertador? ¡Jesucristo es nuestro libertador! Y sabemos que Él vuelve victorioso por Su pueblo. Nosotros, la Iglesia, Su novia, somos la pariente más cercana de Jesucristo; por tal razón celebramos y danzamos ante Aquel que nos liberó y nos ha dado tan grandiosa victoria. Es la iglesia quien ha sido llamada a dirigir la danza en la tierra y mostrarle al mundo la victoria que nos ha sido dada. Hemos sido llamados a danzar no solo a través de nuestra alabanza personal, sino también congregacionalmente y ante el mundo por la victoria que Cristo nos dio en la cruz del Calvario. Impactemos a aquellos que no han conocido al Vencedor, y que como resultado se unan a danzar bajo la cobertura del Padre. Mostrémosle al mundo a través de la danza Quién es nuestro Poderoso Libertador e invitémosles a poseer esa victoria para sus vidas.

La Palabra nos exhorta a través del salmista a alabar a nuestro Rey por medio de la danza.

Salmos 149:3 Alaben su nombre con danza; Con pandero y arpa a él canten.

Salmos 150:4 Alabadle con pandero y danza; Alabadle con cuerdas y flautas.

Una de las razones principales por la cual danzamos es por obediencia al mandato divino. Dios en Su palabra nos da el mandato de danzar como parte de la alabanza que le ofrecemos a Él. *"Alaben Su nombre con Danza"* y *"Alabadle con pandero y danza"*, nos invita claramente Su Palabra. No es una simple sugerencia de parte de Dios, es un mandato a alabarle por medio de la danza. Negarnos a dar apertura a la danza como parte de la adoración que Él demanda de Su pueblo equivale a desobedecer sus divinas ordenanzas. Los salmos están llenos de alabanzas y de formas en las que podemos adorar y exaltar el nombre de Dios.

En la mayoría de los casos, no existe problemática alguna con que se utilicen instrumentos musicales o cánticos para dedicar alabanza a Dios. Pero, ¿por qué la insistencia de excluir la danza del vocabulario de alabanza y adoración si fue Dios mismo quien lo instituyó al igual que todas las demás formas de adoración? Notemos que no dice: "Alaben su nombre con danza aquellos que han tomado clases de baile, o los más jóvenes, o las mujeres". Al contrario, abre una invitación a todos, a alabarle por medio de la danza. Todos hemos recibido la invitación de Dios de alabarle y celebrarle a Él con todo nuestro ser, incluyendo nuestro cuerpo. Le alabamos levantando manos, saltando, girando, postrándonos... en completa libertad. Los salmos reflejan que la danza era parte de los servicios religiosos o actividades relacionadas con expresiones de fe y adoración a Dios. No hay razón para dejar de hacer lo que Dios mismo estableció para el culto de adoración a Él y como parte de lo que a Él le agrada en el momento de rendirle honor. A fin de cuentas, nuestro servicio de adoración se supone que gire en torno a Él y en honor a Él. La meta principal debe ser complacer los deseos de Su Corazón, por encima de las opiniones humanas.

Entonces, el mandato es: si puedes respirar, si tienes vida, ¡alaba a Jehová!

Salmos 150:6 Todo lo que respira alabe a JAH. Aleluya.

Si yo fuese a escribir un salmo tomando como referencia el corazón del salmista, diría así: "Todo lo que se mueve, todo lo que tiene vida, dance a Jehová". El salmista citó: "Todo lo que respira", y todo lo que respira, tiene vida. El movimiento refleja vida, es decir, todo lo que tiene vida, tiene movimiento. Por lo tanto, todo lo que tiene vida (respira), ¡dance en alabanza a Jehová! Y ¿cómo le alabamos? ¡Con pandero y danza! (***Salmos 149:3; 150:4***).

Vivimos porque danzamos, nuestro corazón danza en cada palpitación de existencia, nuestro pulso danza al ritmo de la vida, nuestros pulmones danzan al recibir el oxígeno que imparte aliento de vida. Cada danza en nuestro ser declara ¡Vida! Tú y yo somos la danza preferida del Dador de la vida. Ante la majestuosidad de Dios, nada permanece inmóvil. Toda la creación se inclina en adoración y responde con expresiones de alabanza a Él. Aun la naturaleza danza con sus movimientos de vida y proclama la gloria de Dios. Abre tu ventana y disfruta de la danza de la creación. Los árboles danzan en su vaivén dirigidos por el ritmo del viento, las aves levantan su vuelo en una danza de libertad, los animales terrestres danzan en su caza de subsistencia, el mar ejerce la hermosa danza de su majestuoso oleaje, los peces danzan en un fluido movimiento de vida, la tierra danza mientras gira alrededor del sol. Todo lo que tiene vida danza ante el Creador, y la naturaleza es una experta ejecutora de la coreografía divina.

Todo ha sido creado para la gloria de Dios, por Él y para Él.

Romanos 11:36 Porque de él, y por él, y para él, son todas las cosas. A él sea la gloria por los siglos. Amén.

Toda la creación se postra en adoración ante la Presencia de su Hacedor rindiendo toda gloria a Él. La tierra no puede contener su danza ante el Rey.

Salmos 97:1 Jehová reina; <u>regocíjese</u> la tierra.

En esta escritura, la palabra "regocíjese", viene de la palabra en hebreo *"giyl"*, que significa "girar alrededor por influencia de una emoción violenta". Sabemos que la tierra gira alrededor de su propio eje y a la vez gira alrededor del sol. La palabra nos enseña que Dios es nuestro Sol de Justicia (*Malaquías 4:2*). De igual forma podemos vernos a nosotros, los habitantes de la tierra, quienes hemos sido formados del mismo polvo de la tierra, danzando y girando con gran emoción ante el gran Rey, nuestro Sol de Justicia, y celebrando que ¡Nuestro Dios Reina!

Podemos ver en la Palabra la danza como una expresión de regocijo por la victoria o las bendiciones de Dios. Dentro de las costumbres del pueblo judío, se danzaba al recibir un héroe en la batalla.

1 Samuel 18:6 Aconteció que cuando volvían ellos, cuando David volvió de matar al filisteo, salieron las mujeres de todas las ciudades de Israel cantando y danzando, para recibir al rey Saúl, con panderos, con cánticos de alegría y con instrumentos de música.

En esta porción de la Escritura vemos al pueblo regocijándose en la danza cuando David mató al filisteo que les oprimía.

También en el libro de Jueces vemos que la hija de Jefté salió a recibirle con panderos y danzas luego de una victoria contra los amonitas.

Jueces 11:34 Entonces volvió Jefté a Mizpa, a su casa; y he aquí su hija que salía a recibirle con panderos y danzas, y ella era sola, su hija única; no tenía fuera de ella hijo ni hija.

En Jeremías la danza aparece como expresión de regocijo ante la restauración y bendición de Dios.

Jeremías 31:4 Aún te edificaré, y serás edificada, oh virgen de Israel; todavía serás adornada con tus panderos, y saldrás en alegres danzas.

Jeremías 31:13 Entonces la virgen se alegrará en la danza, los jóvenes y los viejos juntamente; y cambiaré su lloro en gozo, y los consolaré, y los alegraré de su dolor.

Otra expresión de regocijo en el pueblo a través de la danza la vemos cuando el rey David llevaba el arca, que representa la Presencia de Dios, a la ciudad de Jerusalén.

2 Samuel 6:14 Y David danzaba con toda su fuerza delante de Jehová; y estaba David vestido con un efod de lino.

2 Samuel 6:16 Cuando el arca de Jehová llegó a la ciudad de David, aconteció que Mical hija de Saúl miró desde una ventana, y vio al rey David que saltaba y danzaba delante de Jehová; y le menospreció en su corazón.

2 Samuel 6:21 Entonces David respondió a Mical: Fue delante de Jehová, quien me eligió en preferencia a tu padre y a toda tu casa, para constituirme por príncipe sobre el pueblo de Jehová, sobre Israel. Por tanto, danzaré delante de Jehová.

En fin, vemos la danza en la Palabra utilizada como un medio de expresión de regocijo y celebración por la victoria, restauración, liberación y salvación de Dios. Además, como parte de la alabanza y adoración congregacional. Si Dios es el mismo ayer, hoy y por los siglos (*Hebreos 13:8 Jesucristo es el mismo ayer, y hoy, y por los siglos.*), cuánto más debemos danzar nosotros delante de Él. Danzamos no tan solo por obediencia, sino también por amor, por el regocijo que sentimos ante Su misericordia, por Su salvación y liberación a través de la Sangre de Cristo, nuestro Redentor. Danzamos por la victoria que Él nos ha otorgado contra Satanás, nuestro enemigo. Danzamos porque estamos prestos a recibir a nuestro héroe y libertador que viene pronto a buscar a Su novia pura, sin mancha y vestida de adoración. Entonces disfrutaremos de una eterna danza junto a Él.

Cuando David decidió llevar el arca a Jerusalén, estableció cambios en la adoración. Anteriormente, en el Tabernáculo de Moisés, solo el sumo sacerdote ministraba una vez al año frente el arca que representaba la Presencia de Dios. Las ofrendas a Dios eran animales sacrificados y el quemar especies especificadas por Dios, que liberaban una fragancia agradable delante de Él. En contraste, vemos que el Tabernáculo de David era un lugar donde se podía intimar con Dios. No había rituales ni sacrificios de animales; en vez de eso, había sacrificios de alabanzas ofrecidos por cantores, músicos y adoradores. Era un lugar de espontaneidad donde se podía danzar, cantar, aplaudir, gritar, levantar manos santas. Existía libertad para postrarse, regocijarse y alabar a Dios con acciones de gracias, cánticos de salmos, instrumentos musicales y por supuesto danza.

1 Crónicas 15:16 Asimismo dijo David a los principales de los levitas, que designasen de sus hermanos a cantores con instrumentos de música, con salterios y arpas y címbalos, que resonasen y alzasen la voz con alegría.

En los libros de 1 Crónicas y 2 Crónicas podemos ver la descripción del orden de la adoración del Tabernáculo de David. Era una adoración extrema y de suprema libertad, sin reservas ni límites, de continuo y en todo tiempo.

1 Crónicas 25:1 Asimismo David y los jefes del ejército apartaron para el ministerio a los hijos de Asaf, de Hemán y de Jedutún, para que profetizasen con arpas, salterios y címbalos; y el número de ellos, hombres idóneos para la obra de su ministerio.

1 Crónicas 25:3 De los hijos de Jedutún: Gedalías, Zeri, Jesaías, Hasabías, Matatías y Simei; seis, bajo la dirección de su padre Jedutún, el cual profetizaba con arpa, para aclamar y alabar a Jehová.

1 Crónicas 25:6- 7 Y todos éstos estaban bajo la dirección de su padre en la música, en la casa de Jehová, con címbalos, salterios y arpas, para el ministerio del templo de Dios. Asaf, Jedutún y Hemán estaban por disposición del rey. Y el número de ellos, con sus hermanos, instruidos en el canto para Jehová, todos los aptos, fue doscientos ochenta y ocho.

Este nuevo orden en la adoración establecido por el varón conforme al corazón de Dios, continuó como parte de la adoración a Dios en el templo edificado por su hijo Salomón.

2 Crónicas 8:14 Y constituyó los turnos de los sacerdotes en sus oficios, conforme a lo ordenado por David su padre; y los levitas por sus cargos, para que alabasen y ministrasen delante de los sacerdotes, cada cosa en su día; asimismo los porteros por su orden a cada puerta: porque así lo había mandado David, varón de Dios.

2 Crónicas 29:25- 30 Puso también levitas en la casa de Jehová con címbalos, salterios, y arpas, conforme al mandamiento de David, de Gad vidente del rey, y del profeta Natán: porque aquel mandamiento procedía de Jehová por medio de sus profetas. Y los levitas estaban con los instrumentos de David, y los sacerdotes con trompetas. Entonces mandó Ezequías sacrificar el holocausto en el altar; y cuando comenzó el holocausto, comenzó también el cántico de Jehová, con las trompetas y los instrumentos de David rey de Israel. Y toda la multitud adoraba, y los cantores cantaban, y los trompeteros sonaban las trompetas; todo esto duró hasta consumirse el holocausto. Y cuando acabaron de ofrecer, se inclinó el rey, y todos los que con él estaban, y adoraron. Entonces el rey Ezequías y los príncipes dijeron a los levitas que alabasen a Jehová con las palabras de David y de Asaf vidente: y ellos alabaron con gran alegría, y se inclinaron y adoraron.

2 Crónicas 30:21 Así los hijos de Israel que estaban en Jerusalén celebraron la fiesta solemne de los panes sin levadura por siete días con grande gozo: y glorificaban a Jehová todos los días los levitas y los sacerdotes, cantando con instrumentos resonantes a Jehová.

Dios nos ha hablado proféticamente en el libro de Amós de que levantaría el Tabernáculo caído de David y que lo edificaría como en el tiempo pasado. Esa es una profecía que aplica para estos últimos tiempos que estamos viviendo. Creo firmemente que esa profecía no abarca únicamente el hecho de que los gentiles tendrían acceso a la salvación, sino que también implica la restauración de todo lo que abarcaba el Tabernáculo de David, incluyendo la adoración continua y sin reservas. Hoy día podemos ver el cumplimento de la misma. Estamos viviendo el tiempo donde aún las iglesias más tradicionales están fluyendo en el mover de la adoración a Dios sin reservas ni límites, y muchos están llegando a los pies de Cristo en arrepentimiento. El Espíritu Santo está rompiendo las barreras del legalismo, y el Tabernáculo de David está siendo restaurado en todas sus funciones. Los ministros de danza se están levantando y están tomando su lugar como nunca antes. Este es el tiempo de tomar todo lo que el enemigo le ha robado a la Iglesia, incluyendo este precioso regalo que es la danza. La danza y su restauración en el cuerpo de Cristo es una señal más de los últimos tiempos, del regreso de nuestro Salvador. ¡Aleluya!

Amós 9:11 En aquel día yo levantaré el tabernáculo caído de David, y cerraré sus portillos y levantaré sus ruinas, y lo edificaré como en el tiempo pasado.

Hechos 15:16 Después de esto volveré y reedificaré el tabernáculo de David, que está caído; y repararé sus ruinas, y lo volveré a levantar.

La Palabra de Dios se viste de danza desde Génesis hasta Apocalipsis. Pero, además de todas las veces que aparece la palabra "danza" o el verbo "danzar" en la Biblia, también podemos encontrar danza, aunque no se haga mención directa o literal de la palabra misma. Basándonos en que la danza es movimiento; vemos en el principio a Dios Espíritu Santo danzando sobre la faz de las aguas y regocijándose ante el poder creador de Dios.

Génesis 1:1- 2 En el principio creó Dios los cielos y la tierra. Y la tierra estaba desordenada y vacía, y las tinieblas estaban sobre la faz del abismo, y el <u>Espíritu de Dios se movía</u> sobre la faz de las aguas.

He aquí la primera danza registrada en las Escrituras, aunque de forma no literal: la coreografía de la creación. Es la danza maravillosa del Espíritu Santo ordenando, creando y siendo parte de la obra creativa de Dios. Mientras el Espíritu Santo se movía, danzaba sobre la faz de las aguas, el orden tomaba lugar y el poder de Dios se manifestaba en Su maravillosa creación. De igual forma, creo firmemente que nuestra danza, dirigida por el Espíritu Santo, trae como resultado la manifestación del poder de Dios. Su luz comienza a alumbrar las tinieblas, lo que no se veía se hace visible, llega expansión espiritual, orden, multiplicación, fructificación y vida. El milagro de la creación toma lugar en nuestros medios, así como en el principio.

Moisés fue un varón escogido por Dios para conducir a un pueblo a adorar en libertad. En el libro de Éxodo se registra el primer Congreso de Adoración y Danza de la historia de la humanidad.

Éxodo 5:1 Después Moisés y Aarón entraron a la presencia de Faraón y le dijeron: Jehová el Dios de Israel dice así: Deja ir a mi pueblo a celebrarme <u>fiesta</u> en el desierto.

Moisés es el líder y Aarón su asistente, ambos anuncian y convocan al pueblo a salir de sus afanes y de la esclavitud para ir a adorar a Dios. En este verso la palabra fiesta es "chagag" en hebreo, que se traduce como "movimiento en círculo", "marcha", "sagrada procesión", "festival", "celebración" o "danza". Muchas veces relacionamos el desierto con soledad, prueba y quebrantamiento. Sin embargo, en esta ocasión Dios está convocando a un pueblo al desierto con el fin de llevar a cabo una fiesta y gran celebración. Nuestro desierto se convertirá en el lugar que nosotros decidamos, un lugar de tristeza, depresión y muerte o un lugar de libertad, fiesta, celebración y ¡danza! Habrá momentos en que el Señor nos convocará al desierto, nos encontraremos en lugares áridos, de soledad y desolación, pero no para destrucción. Es allí donde necesitamos permitir que el Espíritu Santo nos dirija en una poderosa danza en la que soltaremos las cadenas del pasado y saltaremos velozmente hacia Sus promesas que nos aguardan. ¡Podemos danzar en el desierto!

Moisés era un gran líder que había experimentado la victoria que viene como consecuencia de levantar las manos a Dios en medio de la guerra. Su danza de manos alzadas proveyó una gran victoria en batalla.

Éxodo 17:11- 12 Y sucedía que cuando alzaba Moisés su mano, Israel prevalecía; mas cuando él bajaba su mano, prevalecía Amalec. Y las manos de Moisés se cansaban; por lo que tomaron una piedra, y la pusieron debajo de él, y se sentó sobre ella; y Aarón y Hur sostenían sus manos, el uno de un lado y el otro de otro; así hubo en sus manos firmeza hasta que se puso el sol.

La danza de Moisés parecía simple, ya que consistía solo en levantar sus manos; sin embargo, ¡era poderosa! Nuestra danza no tiene que ser compleja, pero debe desatar el poder de Dios, ¡Aleluya! He aquí una danza de guerra, una danza de victoria a través de las manos alzadas de un gran libertador. De igual forma nosotros como ministros de danza y libertadores de este tiempo, podemos enfrentar victoriosos las mayores batallas a través de nuestra alabanza, adoración y danza al Dios de los ejércitos.

Los salmos están repletos de movimiento, de alabanza, adoración y danza. Se nos habla de:

- Levantar manos hacia Su santo templo
  Salmos 28:2 Oye la voz de mis ruegos cuando clamo a ti, Cuando <u>alzo mis manos</u> hacia tu santo templo.
- Saltar de alegría
  Salmos 68:3 Mas los justos se alegrarán; se gozarán delante de Dios, y <u>saltarán</u> de alegría.
- Aplaudir
  Salmos 98:4 Cantad alegres a Jehová, toda la tierra; Levantad la voz, y <u>aplaudid</u>, y cantad salmos.

- Postrarse
*Salmos 95:6 Venid, adoremos y <u>postrémonos</u>;
<u>Arrodillémonos</u> delante de Jehová nuestro Hacedor.*
- Procesiones
*Salmos 68:24- 25 Vieron tus caminos, oh Dios; los
caminos de mi Dios, de mi Rey, en el santuario. <u>Los
cantores iban delante, los músicos detrás; En medio las
doncellas con panderos.</u>*
- Danza congregacional
*Salmos 149:3 Alaben su nombre con <u>danza</u>; con
pandero y arpa a Él canten.
Salmos 150:4 Alabadle con pandero y <u>danza</u>; Alabadle
con cuerdas y flautas.*
- Danza de guerra
*Salmos 47:3 El someterá a los pueblos debajo de nosotros,
y a las naciones <u>debajo de nuestros pies</u>.
Salmos 18:33- 39 Quien hace mis pies como de ciervas,
Y me hace estar firme sobre mis alturas; Quien <u>adiestra
mis manos para la batalla, Para entesar con mis brazos
el arco de bronce</u>. Me diste asimismo el escudo de tu
salvación; Tu diestra me sustentó, Y tu benignidad me
ha engrandecido. Ensanchaste mis pasos debajo de mí, Y
mis pies no han resbalado. <u>Perseguí a mis enemigos, y los
alcancé</u>, Y no volví hasta acabarlos. Los herí de modo
que no se levantasen; Cayeron debajo de mis pies. Pues
me ceñiste de fuerzas para la pelea; Has humillado a mis
enemigos debajo de mí.*

Nuestro Dios es el Dios de la danza. A Dios le agrada la fiesta, la celebración y el regocijo y disfruta regocijarse con Su pueblo. Él estableció muchas fiestas para celebrar con Su pueblo, y donde hay regocijo, hay danza.

El verso de *Sofonías 3:17* es una confrontación para todos aquellos que no aceptan la danza como divina.

Jehová está en medio de ti, poderoso, él salvará; se gozará sobre ti con alegría, callará de amor, se <u>regocijará</u> sobre ti con cánticos.

Aquí también la palabra hebrea original para "regocijará" es *"giyl"*, que significa "girar alrededor bajo la influencia de una emoción violenta". Este verso describe a Dios regocijándose sobre nosotros, sus hijos, girando y moviéndose con deleite sobre nosotros. Cuando el amor es tan profundo que las palabras no alcanzan es cuando surge el silencio, dando lugar a la manifestación de una explosión de amor apasionado en su máxima expresión. Brota una danza emocionante que más allá de las palabras lleva a la acción y expresión del sentimiento más maravilloso. Amamos a Dios porque Él nos amó primero y danzamos por cuanto Él danzó primero.

Donde no hay danza, no hay regocijo y se abre brecha para el dolor y la esclavitud. La ausencia de danza en la Palabra es símbolo de quebranto y tristeza, además se relaciona con luto.

Lamentaciones 5:15 Cesó el gozo de nuestro corazón; nuestra danza se cambió en luto.

Nosotros poseemos el gozo de la salvación, gozo que no depende de las circunstancias sino del motivo de nuestro gozo, Jesucristo. Por lo cual, vivimos en danza continua, porque nuestro lamento ha sido cambiado por baile.

Salmos 30:11 Has cambiado mi lamento en baile; desataste mi cilicio, y me ceñiste de alegría.

Nada puede detener nuestra danza porque el gozo de Dios permanece en nuestros corazones sin importar lo que podamos atravesar. Si el mundo y aquellos que no han recibido la salvación a través de Cristo bailan aun estando muertos en sus delitos y pecados e ignorando la luz verdadera, cuanto más nosotros debemos danzar habiendo alcanzado la redención, la victoria más allá de la muerte y una eternidad en Su Divina Presencia.

Cabe mencionar que también existen ejemplos bíblicos de danza asociada al pecado. Cuando la danza no va dirigida a rendir toda adoración al Único y Digno Dios, puede convertirse en un acto pecaminoso y digno de condenación.

Éxodo 32:19- 21 Y aconteció que cuando él llegó al campamento, y vio el becerro y las danzas, ardió la ira de Moisés, y arrojó las tablas de sus manos, y las quebró al pie del monte. Y tomó el becerro que habían hecho, y lo quemó en el fuego, y lo molió hasta reducirlo a polvo, que esparció sobre las aguas, y lo dio a beber a los hijos de Israel. Y dijo Moisés a Aarón: ¿Qué te ha hecho este pueblo, que has traído sobre él tan gran pecado?

Esto es un ejemplo de la danza que ejercen aquellos que han rechazado o viven apartados de la verdad y rinden adoración a falsos dioses e ídolos sin vida. Esta es una danza que viene como resultado de corazones arrogantes y llenos de orgullo y desobediencia. Existen también danzores en las iglesias y en los altares despidiendo fuego extraño, tratando de esconder sus agendas ocultas, doble vida, arrogancia, desobediencia y pecado. Como ministros de danza, debemos cuidarnos de presentar todo nuestro ser como un sacrificio, vivo, santo y agradable al Señor cada día.

Cuando hacemos entrada al Nuevo Testamento no nos queda más que anular todo argumento que señala que la danza existe solamente en el Antiguo Testamento. Profundicemos un poco más en ello.

Podemos encontrar que la primera mención de la danza de forma literal en el Nuevo Testamento se encuentra en el evangelio de Mateo.

Mateo 11:17 diciendo: Os tocamos flauta, y no bailasteis; os endechamos, y no lamentasteis.

Jesús está hablando acerca de una generación incrédula y religiosa que estaba endurecida y renuente a recibir el mensaje de Dios y obedecer Su mandato. No caigamos en este tiempo en el mismo error; despojémonos de toda religiosidad y abracemos aquello que Dios ha designado y enviado para glorificarle a Él.

También podemos encontrar la primera mención de la danza en el Nuevo Testamento, pero de forma no literal.

Mateo 2:11 Y al entrar en la casa, vieron al niño con su madre María, y postrándose, lo adoraron; y abriendo sus tesoros, le ofrecieron presentes: oro, incienso y mirra.

Aquí vemos a unos sabios que al encontrar la Salvación que había llegado a la tierra, se postraron en adoración. Postrarse es un movimiento de danza que expresa una profunda adoración de entrega y rendición.

La danza es un elemento muy común dentro de las costumbres de la cultura hebrea. No debe ser extraño ver a Jesús mismo expresando su gozo a través de la misma.

Lucas 10:20- 21 He aquí os doy potestad de hollar serpientes y escorpiones, y sobre toda fuerza del enemigo, y nada os dañará. Pero no os regocijéis de que los espíritus se os sujetan, sino regocijaos de que vuestros nombres están escritos en los cielos. En aquella misma hora Jesús se <u>regocijó</u> en el Espíritu, y dijo: Yo te alabo, oh Padre, Señor del cielo y de la tierra, porque escondiste estas cosas de los sabios y entendidos, y las has revelado a los niños. Sí, Padre, porque así te agradó.

En este relato, los discípulos de Jesús llegaron a Él gozosos por la victoria que recién habían experimentado; los demonios se sujetaban ante ellos. Jesús les habló acerca de un gozo mayor, del gozo primordial que viene como resultado de la certeza de ser partícipes de la salvación eterna. Y luego, dice la Palabra que Jesús en aquel mismo momento se regocijó y alabó al Padre. Esa palabra "regocijó", en griego es *"agalliao"*, que significa "saltar de gozo". Jesucristo danzó de gozo por la salvación provista por el Padre.

Nosotros tenemos infinitas razones para danzar de gozo tal y como lo hizo nuestro Maestro. Por medio de Jesucristo, Dios nos ha redimido, se ha revelado a nuestras vidas a través del Espíritu Santo, nos ha dado poder y autoridad sobre el enemigo, Su victoria nos ha hecho más que vencedores. El Padre nos bendice a cada instante con favor y misericordia, nos corona con Su inmarcesible Presencia. ¡Es imposible no danzar de gozo ante tal bienaventuranza!

Hay fiesta, gozo y danza en la Presencia de Dios cuando un pecador se arrepiente y vuelve al camino de la salvación.

Lucas 15:25 Y su hijo mayor estaba en el campo; y cuando vino, y llegó cerca de la casa, oyó la música y las danzas.

En la parábola del hijo pródigo vemos la danza como expresión de júbilo por el gozo de un padre que recupera a un hijo que estaba lejos y regresa al hogar. Es la celebración del regreso a la vida, de la reconciliación, el regocijo de hallar lo que estaba perdido. Dios quiso plasmar aquí el sentir de Su Corazón y nos muestra muy de cerca la imagen del Padre amoroso y apasionado por Sus hijos. Después de la separación que trajo como consecuencia el pecado, no hay gozo mayor en el corazón del Padre que la resurrección de un hijo que había muerto espiritualmente. Y cuando hay gozo en el corazón del Padre, ¡La Danza no puede faltar! Podríamos pensar que cuando planificamos un servicio evangelístico, es como si planificáramos fiesta y banquete celestial, ya que cuando nos ponemos al servicio de Dios y traemos a los perdidos a salvación, provocamos alegría en el corazón del Padre, además de danza y júbilo en el cielo.

Es importante reconocer que la danza es un regalo de Dios a nuestras vidas. Es un don e instrumento poderoso que Dios ha puesto en nuestras manos. Si lo usamos correctamente y para Su gloria, edificará y bendecirá; pero si lo utilizamos de forma incorrecta y no para darle gloria a Él, se convertirá en un instrumento de destrucción. En el Nuevo Testamento, encontramos otro ejemplo de una danza que trajo como resultado maldición; esta fue la danza de Salomé.

Marcos 6:21- 27 Pero venido un día oportuno, en que Herodes, en la fiesta de su cumpleaños, daba una cena a sus príncipes y tribunos y a los principales de Galilea, entrando la hija de Herodías, danzó, y <u>agradó</u> a Herodes y a los que estaban con él a la mesa; y el rey dijo a la muchacha: Pídeme lo que quieras, y yo te lo daré. Y le juró: Todo lo que me pidas te daré, hasta la mitad de mi reino. Saliendo ella, dijo a su madre: ¿Qué pediré? Y ella le dijo: La cabeza de Juan el Bautista. Entonces ella entró prontamente al rey, y pidió diciendo: Quiero que ahora mismo me des en un plato la cabeza de Juan el Bautista. Y el rey se entristeció mucho; pero a causa del juramento, y de los que estaban con él a la mesa, no quiso desecharla. Y en seguida el rey, enviando a uno de la guardia, mandó que fuese traída la cabeza de Juan.

Durante la celebración del cumpleaños de Herodes, la hija de Herodías danzó ante el homenajeado. A Herodes le agradó tanto su danza, que le prometió a esta mujer con juramento, darle lo que ella pidiera. El efecto de la danza de Salomé sobre Herodes fue tal, que estuvo dispuesto a darle hasta la mitad de su reino. La palabra "agradó", que se utiliza en esta porción de la Escritura para describir la reacción de Herodes, viene del griego que significa "provocar una emoción excitante" y "mantener en suspenso la mente". El resultado fue devastador, ya que ella movida por la maldad de su madre, pidió la muerte del profeta Juan el Bautista. Aquí se puede ver muy claramente el poder que emana de la danza, aunque lamentablemente en este caso para destrucción.

Cuando nuestro cuerpo y nuestra danza no van dirigidos a exaltar y glorificar a Dios, puede traer como consecuencia maldición. He aquí el efecto devastador de una danza corrompida y fuera de la voluntad, santidad y orden de Dios. Esta fue una danza seductora que motivaba a excitar las pasiones carnales y cautivar la mente de forma que el resultado fue la muerte de un gran profeta de Dios. La danza es un instrumento poderoso que Dios ha puesto en nuestras manos capaz de penetrar la mente y el corazón, además de convencer, ya sea para bien o para mal. Por eso es tan importante que entendamos el verdadero significado y propósito de la misma. Cuando danzamos alineados al corazón de Dios en obediencia y santidad, podemos penetrar el corazón humano, convencer de pecado y atraer las vidas al Padre. Sin embargo, danzar fuera de los parámetros de la Palabra de Dios y del alineamiento divino puede aniquilar aun nuestra propia vida espiritual. Moverse fuera de la cobertura del reino de Dios puede conducir a cautividad y desenfoque mental, donde las emociones son descontroladas y se pone en riesgo la propia vida. Es por eso que muchos danzores dirigidos por sus emociones y no por el Espíritu Santo salen a entregar su talento al mundo y terminan apartados de la Presencia de Dios. El ministro de danza tiene que cuidarse de no caer en la trampa del enemigo, de terminar convirtiéndose en instrumento de destrucción para otros o peor aún, de matar el profeta de Dios que lleva dentro.

El mundo, donde Satanás reina, ha utilizado la danza por mucho tiempo para destruir; se ha apropiado de ella, pero con el uso errado y para sus fines malévolos. Se ha promovido una danza seductora, corrompida y que incita a pecar. Nosotros los hijos de Dios hemos sido llamados a detener las obras del enemigo a través de la obra de Jesucristo. Es tiempo de que tomemos lo que nos pertenece y ejecutemos una danza conforme al Corazón de Dios, que destruya las fuerzas del mal, traiga salvación a la humanidad y rinda toda gloria a Dios. En el mundo hay muchos bailarines talentosos danzando al ritmo del pecado y dando a luz muerte espiritual. Por la gracia divina, no nos toca juzgarlos, nos toca traerlos al reino de Dios. Ellos en su ignorancia no entienden que sus habilidades les fueron otorgadas para rendir gloria a Dios; desconocen que deben seguir danzando, pero alineados a la voluntad del Padre para el cumplimiento de su propósito en la tierra. Que se conviertan ellos a nuestra danza ungida y no nosotros a su danza pervertida. Como ministros de Dios, debemos tener claro que todo lo hacemos para glorificar a Dios y nuestras motivaciones deben ser las correctas. No es admisible para un ministro de danza que la motivación de su corazón sea el deseo de ser visto o llamar la atención del hombre. Tampoco lo es el usar vestimentas provocativas, ejecutar movimientos seductores o ser tentación y tropiezo para alguien. El resultado de este tipo de danza será siempre maldición y es totalmente inaceptable delante de Dios.

El Padre busca verdaderos adoradores que le adoren en espíritu y verdad.

Juan 4:23- 24 Mas la hora viene, y ahora es, cuando los verdaderos adoradores adorarán al Padre en espíritu y en verdad; porque también el Padre tales adoradores busca que le adoren. Dios es Espíritu; y los que le adoran, en espíritu y en verdad es necesario que adoren.

Dos palabras claves aquí son "espíritu" y "verdad". Son dos requisitos que debe tener la adoración del adorador que Dios busca. Estas dos palabras están muy relacionadas con la adoración que viene como resultado de la libertad que hemos recibido a través de la Sangre de Jesucristo.

2 Corintios 3:17 Porque el Señor es el Espíritu; y donde está el Espíritu del Señor, allí hay libertad.

Juan 8:32 Y conoceréis la verdad, y la verdad os hará libres.

Un adorador que adora en espíritu y verdad es aquel que adora en una atmósfera de libertad, aquel que ha salido de toda prisión de oscuridad a la libertad de Jesucristo. Y donde hay libertad, ¡hay danza!

En el libro de Hechos capítulo tres encontramos una expresión maravillosa de danza de júbilo y agradecimiento al Creador ante la manifestación de Su poderoso amor.

Hechos 3:6- 9 Mas Pedro dijo: No tengo plata ni oro, pero lo que tengo te doy; en el nombre de Jesucristo de Nazaret, levántate y anda. Y tomándole por la mano derecha le levantó; y al momento se le afirmaron los pies y tobillos; y saltando, se puso en pie y anduvo; y entró con ellos en el templo, andando, y saltando, y alabando a Dios. Y todo el pueblo le vio andar y alabar a Dios.

Un hombre cojo de nacimiento fue sanado por Dios a través de los apóstoles. Al instante se puso en pie y entrando al templo comenzó a saltar y a danzar alabando a Dios. Esa debe ser siempre nuestra actitud al llegar a Su casa. Entremos a Su Presencia con júbilo y danza agradecidos por los milagros que Él hace en nuestras vidas a cada instante. Cada día que vivimos es un milagro, si respiramos, si tenemos aliento de vida, entonces tenemos suficientes razones para dar gracias a Dios con todo nuestro ser. Es importante resaltar que fueron los discípulos los instrumentos que Dios utilizó para traer sanidad a este hombre, lo cual provocó en él como respuesta una danza de agradecimiento en dirección al templo de Dios. En este tiempo existen muchas vidas enfrentando grandes obstáculos que les impiden llegar a Dios y entrar en Su propósito. Dios nos ha dado la danza como un instrumento de poder para traer sanidad, liberación y salvación a la humanidad. Cuando nos posicionamos correctamente y damos a otros lo que de Dios hemos recibido, como resultado provocaremos en ellos una danza de gozo y libertad que les conducirá hasta Su santo templo en alabanza y agradecimiento.

Nuestro cuerpo es una ofrenda viva, que podemos brindar a Dios como un acto de adoración a través de nuestra danza.

Romanos 12:1 Así que, hermanos, os ruego por las misericordias de Dios, que presentéis vuestros cuerpos en sacrificio vivo, santo, agradable a Dios, que es vuestro culto racional.

Nuestro llamado es a danzar con humildad y adoración genuina, en completa santidad para que nuestra ofrenda sea olor grato delante de Él y pueda además bendecir a otros. Nos ofrecemos como un sacrificio vivo cuando danzamos ante Su Presencia, pero tenemos que procurar que ese sacrificio sea agradable a Él. Un sacrificio implica esfuerzo, dolor, negarse a sí mismo... Cuando Dios pide que presentemos nuestros cuerpos como sacrificio vivo a Él, implica que tendremos que negarnos a nosotros mismos y presentarnos aprobados ante Él, no solo en la danza, sino también en nuestra forma de vestir, nuestra forma de hablar, de caminar y conducirnos. Tenemos que vigilar a qué cosas exponemos nuestro cuerpo, que es nuestro instrumento de adoración a Dios en la danza. Como adoradores, somos un sacrificio porque hemos sido crucificados juntamente con Cristo.

Gálatas 2:20 Con Cristo estoy juntamente crucificado, y ya no vivo yo, mas vive Cristo en mí; y lo que ahora vivo en la carne, lo vivo en la fe del Hijo de Dios, el cual me amó y se entregó a sí mismo por mí.

Sin embargo, somos sacrificio vivo porque, aunque ya no vivimos nosotros, poseemos la vida de Jesucristo. Como sacrificios vivos y santos no podemos llevar nuestro instrumento de adoración, es decir, nuestro cuerpo, a cualquier lugar. No podemos escuchar cualquier música o cualquier cosa, tampoco tocar lo indebido. De ninguna manera puede reinar el pecado en nuestro cuerpo, sino que debemos presentarlo a Dios como un instrumento de justicia para Su gloria. Nuestro cuerpo es la habitación de Dios Espíritu Santo y no podemos exponerlo a nada que no sea agradable a Él. Solo de esa forma podremos ofrecer una danza que conquiste Su Corazón y sea de edificación a las vidas.

1 Corintios 6:19- 20 ¿O ignoráis que vuestro cuerpo es templo del Espíritu Santo, el cual está en vosotros, el cual tenéis de Dios, y que no sois vuestros? Porque habéis sido comprados por precio; glorificad, pues, a Dios en vuestro cuerpo y en vuestro espíritu, los cuales son de Dios.

Nuestro cuerpo le pertenece a Dios y existe para glorificarle a Él. Si el Espíritu Santo mora en nosotros, nuestra danza entonces glorificará a Dios y elevaremos una adoración conforme el Padre busca, en espíritu y verdad.

El levantar nuestras manos y elevarlas a Dios en oración, es un movimiento que representa nuestra danza de dependencia y rendición a Él.

1 Timoteo 2:8 Quiero, pues, que los hombres oren en todo lugar, levantando manos santas, sin ira ni contienda.

Dios nos exhorta a orar en todo lugar, levantando manos santas, sin ira ni contienda. Cuando vamos a Su Presencia en oración, debemos ir en santidad y con limpio corazón, pero además, con una agradable danza de manos levantadas en total entrega y humillación.

Todos esperamos la gloriosa venida de nuestro Amado a buscar a Su Novia, la Iglesia. La Palabra nos habla de una celebración de bodas.

Apocalipsis 19:7- 9 Gocémonos y alegrémonos y démosle gloria; porque han llegado las bodas del Cordero, y su esposa se ha preparado. Y a ella se le ha concedido que se vista de lino fino, limpio y resplandeciente; porque el lino fino es las acciones justas de los santos. Y el ángel me dijo: Escribe: Bienaventurados los que son llamados a la cena de las bodas del Cordero.

Y ¿en qué boda no hay regocijo y danza? Pronto, muy pronto estaremos junto a nuestro Salvador, nos gozaremos y alegraremos en las bodas del Cordero y por siempre danzaremos con Él. En este verso la palabra gocémonos también viene del original griego "agalliao" que significa saltar de gozo. ¡Dancemos! Saltemos de gozo, alegrémonos y démosle gloria, porque ya se acerca el gran día donde le veremos cara a cara y danzaremos como uno, con el Rey por la eternidad.

La mayor evidencia que declara un veredicto a favor de la danza es la Palabra de Dios. Nutramos nuestro espíritu con la Palabra y permitamos que ella nos dirija en nuestra danza al ritmo del sonido de Su voz.

De mi corazón a tu corazón

La Danza es de Dios, y por supuesto, es bíblica. El fundamento de ella es la Palabra misma de la boca de Dios. Es muy difícil entender cómo muchos siervos de Dios rechazan la danza en sus iglesias o congregaciones diciendo que no es de Dios, pero aceptan otras expresiones que no se encuentran en la Palabra de Dios. He encontrado lugares donde prohíben la danza, pero promueven otras expresiones como la pantomima, que aunque no intento desacreditarla, no tiene un trasfondo bíblico como lo tiene la danza. Por otro lado, he escuchado a algunos decir: "aquí no se hace danza, se hacen himnos coreografiados". No puedo comprender porque es aceptable para ellos la expresión "himno coreografiado", cuando la Palabra de Dios habla de ¡DANZA! Pero, lo más irónico es que sin darse cuenta, lo acepten o no, están ¡danzando! Los vestuarios, o la intensidad y tamaño del movimiento no son lo que definen lo que es danzar. Danza es movimiento. No importa cómo le llamen, o qué nombre le quieran dar para tratar de desaprobar lo que Dios no ha condenado; si hay movimiento, entonces, hay danza. Entiendo que lamentablemente muchos han manchado la reputación de esta forma hermosa de adoración con mal testimonio y pecado. Sin embargo, muchos predicadores y otros ministros, profetas, pastores, maestros, etc., han mostrado mal testimonio y una vida de pecado, pero no por ello hemos dejado de predicar y mucho menos hemos concluido que la predicación de la Palabra no es de Dios. La danza es de Dios y le pertenece al pueblo de Dios, pero el mundo ha falsificado su uso y el de otras formas de adoración. Incalculables veces en la industria musical se ha pervertido el escribir canciones y no por eso hemos dejado de escribirle canciones a Dios. Todo lo que el enemigo ha inventado para hacer de la danza algo mundano no invalida la enseñanza y aprobación de la Palabra de Dios de la misma. Ministro de Dios, tú y yo estamos llamados a arrebatar todo lo que nos pertenece. La danza es de Dios y nos pertenece a los hijos del reino, tomemos este don hermoso de Dios y no se lo dejemos al mundo. Mientras la Iglesia divaga en pensamientos, el mundo se aprovecha y toma ventaja utilizando la danza para fines mundanos y malévolos. No permitamos que la falta de conocimiento destruya y nos arrebate las bendiciones que nos pertenecen. Oseas 4:6 "Mi pueblo fue destruido, porque le faltó conocimiento". Iglesia de Dios, ¡Danza con conocimiento! ¡Sé libre! ¡Regocíjate y Danza!

III

Comenzando un Ministerio de Danza

En el principio creó Dios...

Génesis 1:1

† En el Principio †

*T*odo ministerio tiene su comienzo y todo comienzo divino surge del llamado de Dios que nace de Su mismo corazón. Dios es el Alfa y Omega, Él es quien marca los tiempos y decide dónde, cómo y cuándo comenzar cada proyecto que pone en nuestras manos. Todo ministro debe tener la certeza de que es Dios quien levanta su ministerio y no las emociones, convicciones o voluntad humana. En esta ocasión haremos un recorrido con el mapa de la Palabra de Dios y la dirección del Espíritu Santo, hasta conocer la mejor forma de desarrollar un ministerio de danza conforme a los estándares del reino. Ya sea que vayas a comenzar un ministerio de danza o que ya seas parte de uno, estoy segura de que este recorrido te añadirá luz para avanzar en el camino hacia la excelencia en la tarea que Dios te ha confiado.

La **ORACIÓN** es el principio de todo comienzo. Es la clave para conocer la voluntad de Dios y el motor que mueve nuestra vida hacia un destino seguro en Él. Todo lo que hagamos o anhelemos hacer en la vida debe hacerse o ser en total dependencia de Dios a través de la oración. Por medio de la comunicación directa y comunión íntima con Dios es que emerge la concepción de Sus sueños y planes en nuestro vientre espiritual. Comencemos, pues, ¡orando!

Siguiendo el patrón bíblico, nos daremos cuenta de que todo comienzo requiere la acción de poner en **ORDEN** todas las cosas. En Génesis 1:1- 2 Dios nos da un buen ejemplo de cómo comenzar.

En el principio creó Dios los cielos y la tierra. Y la tierra estaba desordenada y vacía, y las tinieblas estaban sobre la faz del abismo, y el Espíritu de Dios se movía sobre la faz de las aguas.

En el principio de la creación había desorden y vacío. La Biblia nos dice que *"El Espíritu de Dios se movía sobre la faz de las aguas"*; la palabra hebrea utilizada aquí para "movía" es *"rakjáf"*, y su raíz viene de la palabra "empollar", además de "mover" y "temblar". El Espíritu Santo se movía en la primera danza registrada en la Palabra, la Danza de la creación. *"Comparamos el Espíritu de Dios con una paloma, que con sus alas cubre sus huevos hasta que, cumplido el tiempo, salen sus polluelos. Así Dios en ese momento empolló su creación dándole vida, se desplazó danzando con movimientos de estremecimiento y temblor que frotaba sobre toda la faz impregnando sobre ella Su Amor, Calor y Vida" (cita de la Pastora Kathleen Mudarra).* Mientras el Espíritu Santo se movía, danzaba y temblaba de emoción, Dios traía abundancia y orden.

Al momento de comenzar a dar forma al ministerio de danza, debemos invitar al Espíritu Santo para que se mueva en y a través de nosotros, traiga orden y decida todo lo que será parte de esta nueva creación. Muchas veces sucede que tenemos innumerables pensamientos en nuestra mente de todo lo que deseamos hacer y no sabemos cómo llevarlo a cabo. En medio de innumerables ideas, pensamientos, planes desordenados y sin estructura, podemos recurrir al Espíritu Santo para que se mueva en nuestra mente, alma y espíritu, llenando cada espacio vacío con Su luz y trayendo orden perfecto. Es necesario mantener nuestros oídos espirituales sintonizados a la dulce voz del maravilloso Espíritu Santo que es nuestro guía. En el principio, Dios comenzó a hacer y a ordenar, hasta quedar satisfecho con Su creación (*"Y vio Dios que era bueno"*). De igual forma, en el proceso de comenzar cualquier proyecto, con cada decisión tomada y con lo que se establezca, debemos procurar que Dios sea satisfecho y nosotros experimentemos Su paz y aprobación. También debemos asegurarnos de que se haya cumplido el tiempo perfecto para sacar a la luz lo nuevo de Dios.

Para iniciar es esencial separar tiempo de ayuno y oración en busca de **SABIDURÍA**, revelación y la voluntad perfecta de Dios. La sabiduría estuvo presente en la creación de Dios.

Proverbios 3:19 Jehová con sabiduría fundó la tierra; afirmó los cielos con inteligencia.

Proverbios 8:29- 30 Cuando establecía los fundamentos de la tierra, con Él estaba yo ordenándolo todo.

La sabiduría de Dios nos conducirá a tomar decisiones correctas motivadas por la razón y no por las emociones. Las emociones pueden ser engañosas, pero la sabiduría de Dios siempre nos llevará a un lugar seguro. La sabiduría es la mente de Cristo, es Cristo mismo en el momento de la creación trayendo orden y afirmación. Ella conduce aceleradamente hacia el establecimiento de la voluntad de Dios y la manifestación del deseo de Su Corazón.

Jesús, estando en la tierra, no hizo nada por su cuenta, sino que siempre estuvo sometido al Padre. Él vivió conectado y en obediencia total a las directrices específicas que venían de lo alto. Al igual que Jesús, nos es necesario vivir conectados a la Fuente de sabiduría y conocimiento para liberar Su poder creador en la tierra.

Juan 8:28- 29 Les dijo, pues, Jesús: Cuando hayáis levantado al Hijo del Hombre, entonces conoceréis que yo soy, y que <u>nada hago por mí mismo, sino que según me enseñó el Padre, así hablo.</u> Porque el que me envió, conmigo está; no me ha dejado solo el Padre, <u>porque yo hago siempre lo que le agrada.</u>

Una mujer embarazada no tiene la potestad de elegir con qué rasgos, características o facciones vendrá la criatura de su vientre. La elección viene del Dador de la vida misma; Aquel que es Quien entreteje cada célula y cada mínimo detalle de acuerdo a Su divino y exquisito diseño. De igual manera, nosotros no debemos tratar de dar forma a los planes de Dios a nuestro criterio, porque fracasaremos. Permitamos que Él le dé la forma perfecta; Él nunca se equivoca. Los diseños del Divino Arquitecto son insuperables.

Todo lo que se edifica debe tener buen fundamento y sólido para que permanezca. EL **FUNDAMENTO ES LA PALABRA DE DIOS.** No se puede hacer nada de forma efectiva si no está de acuerdo con la Palabra de Dios. Los consejos son buenos, es beneficioso preguntar, aprender observando otros ministerios de Dios, buscar información en diferentes fuentes, libros, etc. Sin embargo, todo debe pasar por el filtro de la infalible Palabra de Dios para ser tomado en consideración.

Hebreos 11:3 Por la fe entendemos haber sido constituido el universo por la palabra de Dios.

Salmos 119:130- 133 La exposición de tus palabras alumbra; hace entender a los simples... Ordena mis pasos con tu palabra.

Dejarnos dirigir por la Palabra de Dios nos libra de caer en error. Un mal comienzo puede ser la causa del fracaso de cualquier proyecto.

† Comenzando Bien †

Un buen comienzo te garantizará una gran victoria y el éxito en lo que emprendas. A continuación, algunas áreas importantes a tener en consideración en las primeras etapas para un buen inicio:

▲ **Tener aprobación pastoral**
Es importante tener una cobertura espiritual en el momento de comenzar. El pastor debe tener conocimiento de lo que Dios ha puesto en tu corazón. Antes de contactar personas para el ministerio, debe planificarse una reunión pastoral donde se evalúen los planes detalladamente y se exponga claramente la visión. Es esencial que lo que hagamos vaya de acuerdo con la visión del pastor o líder cobertura y de su ministerio. Si el pastor no estuviese de acuerdo con lo que se le ha expuesto, es probable que sea tiempo de esperar y continuar orando para que Dios abra las puertas en Su tiempo perfecto. Una buena confirmación de que vas por el camino correcto es que tus líderes abracen la visión que Dios te ha dado. Si tu pastor o cobertura accede y están unidos en una misma visión, ¡adelante! También existe el caso de pastores o líderes espirituales que simplemente se cierran a lo

que Dios quiere hacer por causa de fortalezas mentales, ideas preconcebidas, falsos conceptos previamente aprendidos, prejuicios, etc. Si ese fuera el caso, debes estar muy atento a la voz del Espíritu Santo, porque si Dios es quien te está ordenando, es mejor obedecer a Dios que a los hombres. De forma ordenada, en paz y bendición, Dios mismo te guiará a una cobertura que esté alineada a lo que Él ha diseñado para ti. Presta mucha atención; nada debe hacerse a la ligera sin la seguridad y confirmación de que Dios es Quien dirige cada paso. Nunca debemos movernos sin la aprobación de Dios, permanecer en Su voluntad nos mantiene seguros y protegidos. Mucho cuidado con los excesos, hay quienes se pasan cambiando de iglesias en todo tiempo y no por dirección divina, sino porque no han desarrollado madurez ni han aprendido la obediencia y el sometimiento. Nuestra vida tiene que estar regida por la Palabra que sale de la boca de Dios. Nuestros sentimientos no definen la tarea, posición o lugar de desempeño que Dios nos ha asignado. Por tanto, mientras estés bajo una cobertura, debes someterte a ella, según el Señor nos enseña en Su Palabra. Cualquier movida en nuestra vida debe ser impulsada por el viento de Su plan inequívoco y a la velocidad de Su tiempo perfecto.

Romanos 13:1 Sométase toda persona a las autoridades superiores; porque no hay autoridad sino de parte de Dios, y las que hay, por Dios han sido establecidas.

▲ **El tiempo perfecto de Dios**
Es mejor moverse en el tiempo de Dios que actuar con prisa y errar. El propósito de Dios para nuestra vida debe ser completado sin adelantarse a Su tiempo perfecto, pero también sin retrasos innecesarios. El Espíritu Santo nos indicará y confirmará el tiempo indicado para cada cosa en la agenda divina.

▲ **Establecer la visión**

Pedir a Dios en oración el nombre, logo, lema y Escritura bíblica conforme al llamado y visión de Dios para el ministerio.

Una vez tienes la aprobación de tu líder espiritual, es tiempo de comenzar a adentrarse en el proceso de la manifestación plena de la visión que Dios ha dado. El Señor irá revelando el diseño particular con el cual desea dar identidad al ministerio e irá definiendo cada detalle de forma exclusiva. Los primeros pasos casi siempre son los más difíciles. Pero hay que darlos en fe y sometimiento. Dios irá mostrando los pasos siguientes según vamos avanzando en obediencia.

Los primeros pasos conllevarán:

▲ **Planificación y toma de decisiones**
Lucas 14:28 Porque ¿quién de vosotros, queriendo edificar una torre, no se sienta primero y calcula los gastos, a ver si tiene lo que necesita para acabarla?

Es muy recomendable escribir, por ejemplo, utilizando un "journal" o libreta de apuntes para anotar las ideas que vienen a la mente. Muchas veces Dios habla repentina y súbitamente a nuestro corazón, en sueños, visiones, por Su Palabra o a través de algún profeta. Es muy importante recordar aun el más mínimo detalle para que Su diseño sea llevado a cabo a la perfección. Basado en la revelación y el plan recibido de Dios se comenzarán a tomar decisiones importantes para el desarrollo del proyecto divino.

▲ **Actuar por encima de temores o dudas**
Hacer cosas nuevas muchas veces provoca cierto temor a lo desconocido. Pero Dios no nos ha dado espíritu de temor, sino de poder. Por esta razón, el temor no nos puede detener, ni las dudas nos pueden paralizar. Más bien,

seguimos adelante con osadía sabiendo que Quien nos dirige es el Vencedor y nos ha dado como herencia ser más que vencedores. Cuando aprendemos a danzar en medio de la turbulencia, nuestros movimientos de adoración hacen nulos los movimientos adversos y como resultado, el temor se desvanece de tal forma que podemos llegar confiados a nuestro destino.

▲ **Venciendo circunstancias adversas, enfrentando obstáculos y oposición del enemigo**
Tenemos un enemigo en común que no nos hará la tarea fácil. Al contrario, tratará de impedir que se lleve a cabo el plan de Dios, el cual es amenazante para él. Pero Dios nos ha dado autoridad para vencer las tinieblas con Su luz. Así que, con la cobertura de la Sangre de Jesucristo, nos levantamos en poder y autoridad y cancelamos los planes del maligno hasta ver el cumplimiento de los diseños de Dios en la tierra. Cada obstáculo se convierte en una oportunidad de promoción divina cuando decidimos saltar sobre ellos a un nivel más alto. Las adversidades y ataques del enemigo no nos pueden detener; al contrario, nos impulsan a luchar con más fuerza y en la confianza de que Jesucristo ya nos ha entregado la victoria. En la cruz, el enemigo fue vencido de una vez y para siempre.

▲ **Mucho esfuerzo, trabajo y horas extras**
No podemos ignorar que el proceso para el cumplimiento de las asignaciones divinas requerirá de gran esfuerzo y trabajo. Nada de gran valor llega sin esfuerzo alguno. Al contrario, a mayores metas y retos, mayor es el costo. Habrá momentos donde descansaremos menos y trabajaremos más. Horas extras de trabajo, indudablemente, nos acercarán más a la meta. Nada nos llegará a la mano instantáneamente si permanecemos descansando. Es necesario levantarse, dejar la zona de comodidad, tomar acción con firmeza y avanzar hacia la meta con determinación.

▲ **Inversión económica** (materiales, instrumentos, documentos, talleres de capacitación, etc.)

En los comienzos de cualquier proyecto siempre hay una inversión. El área financiera es importante, ya que necesitaremos adquirir material que nos ayudará a alcanzar y llevar a cabo todo el diseño de Dios. Eso no debe convertirse en una preocupación, pues si Dios te ha llamado a comenzar un ministerio de Danza, Él te respaldará, capacitará, proveerá y te dará la victoria.

2 Corintios 9:10 Y el que da semilla al que siembra, y pan al que come, <u>proveerá</u> y multiplicará vuestra sementera, y aumentará los frutos de vuestra justicia.

En este verso, la palabra "proveerá" en hebreo es "*choregeo*", cuyo significado original es "ser líder de danza", "proveer abundantemente". Es muy interesante notar como Dios, que es Quien nos da la semilla para que sembremos, también como nuestro Líder de danza nos provee de todo lo que necesitamos en abundancia para que podamos producir frutos y nos multipliquemos. Él nos lleva siempre en aumento y de gloria en gloria, por lo cual, no debemos pensar limitadamente al hacer lo que nos ha llamado a hacer. Nos toca a nosotros dar el primer paso y Él pondrá todo lo demás en orden e irá abriendo camino delante de nosotros. El Creador, Organizador y Dueño del universo es quien va con nosotros, por lo cual sabemos y creemos que nada nos ha de faltar.

† A la manera de Dios †

❖ El Líder

El líder nace de un llamado directo del Corazón de Dios. A veces tenemos unos conceptos preconcebidos de cómo debe ser un líder; sin embargo, el lente de Dios es diferente al humano; Dios examina el corazón. Muchas veces Dios buscará en nuestro resumé cualidades muy diferentes a las que buscaría el hombre. Hay quienes piensan que el líder debe ser el que más experiencia tenga, o el que domine más la técnica de baile, o el que hable más elocuentemente, etc. Esas son excelentes cualidades, pero las cualidades principales son aún más profundas. Al momento de la elección divina, todas nuestras fortalezas, habilidades y virtudes son importantes; sin embargo, existen prioridades mayores en la lista. Saúl tenía admirables características y además tuvo un buen comienzo, pero su corazón no pasó la prueba. Cuando Samuel iba a ungir al nuevo rey, después de Saúl haber sido desechado, le fueron presentados muchos fuertes candidatos, con características muy llamativas e impresionantes a los ojos humanos, pero Dios eligió al apasionado adorador. Dios busca un líder con corazón conforme al de Él, humilde, obediente, entregado, disponible, sometido, sumiso... Dios busca un verdadero adorador.

▲ **Aceptando el liderato**

El líder debe tomar su lugar en Dios, estar sometido a sus autoridades y asumir su rol con seriedad, diligencia y responsabilidad. El líder viene a ser como un pastor de ovejas. Cuidará de sus discípulos, velará por el bienestar de ellos, se preparará para darles el alimento espiritual adecuado, los protegerá de cualquier peligro y se convertirá en el ejemplo que la mayoría seguirá. Un buen líder debe despertar en sus seguidores el deseo de imitarle, ya que a su vez, él imita a Cristo. Debe ser un buen punto de referencia, que refleje la imagen de Cristo y al cual todos puedan mirar y ser edificados. Si el líder no es comprometido, los discípulos modelarán su conducta y de igual forma no se comprometerán. Un buen líder producirá buenos discípulos. Inevitablemente, enfrentaremos el desafío de personas que no están dispuestas a alinearse a Dios ni al líder. Le sucedió a Jesús y nos sucederá a nosotros. Sin embargo, el líder con su buen ejemplo y testimonio le enseñará a estos la mayor lección de obediencia, entrega y sumisión.

▲ Reconociendo la autoridad

El líder debe mostrar total sometimiento a sus autoridades y de igual forma, todos deben reconocer su autoridad, respetarla y someterse con gozo. Un líder sometido a sus autoridades, que ha mantenido un buen testimonio y ha mostrado el carácter de Cristo, tendrá como resultado autoridad delante de los demás. Otros reconocerán la autoridad de aquellos que han aprendido a estar bajo autoridad. De igual forma en la dimensión espiritual, solo aquellos que están bajo autoridad serán reconocidos por el enemigo y las huestes de maldad como personas de autoridad a quienes tienen que someterse. Uno de los problemas más comunes que he visto dentro de los ministerios de danza es la falta de sometimiento hacia la autoridad puesta por Dios. Cuantos dolores de cabeza causan aquellos de corazón rebelde. Todo aquel que no esté dispuesto a someterse a la autoridad establecida por Dios, no está preparado para ser parte del ministerio. Para ser parte o continuar siendo parte de este privilegiado lugar de honor es preciso desarrollar la madurez espiritual necesaria para avanzar y fructificar. Dios busca vasijas llenas de obediencia y sumisión a través de las cuales Él mostrará Su gloria. Es importante mencionar que la autoridad del líder no le da licencia para ser un dictador. Jesucristo no manifestó Su autoridad con gritos o manipulación, sino con Su vida irreprensible, dependencia de Dios Padre y Su sometimiento a las autoridades establecidas por Dios en la tierra. Jesucristo es nuestro mejor y perfecto modelo a seguir de un liderato conforme al Corazón de Dios.

▲ **Obedeciendo a Dios antes que al hombre**

No hacemos las cosas para complacer a otros, sino a Dios. Si Dios ordena, nosotros obedecemos, aunque no todos estén de acuerdo. Muchos líderes caen en el error de salirse del plan perfecto de Dios por el temor al qué dirán o a que alguien se enoje y se vaya de la iglesia... Si Dios dice, nosotros sencillamente obedecemos sin cuestionar, le guste o no a los demás. Por nada ni por nadie podemos poner en riesgo el obedecer a Dios, Quien es nuestra autoridad mayor. Yo, personalmente, en un tiempo cometí el error de dejar de exigir a otros lo que Dios me estaba demandando, porque ciertas personas hacían espectáculos y comenzaban a llorar y a gritar como niños cuando se les corregía o se les decía lo que Dios quería de ellos. Comencé a callar por miedo a las niñerías que personas no sujetas a la voluntad de Dios pudieran manifestar. Luego me di cuenta que fallé delante de Dios y peor aún, retrasé el proceso de crecimiento de ellos; pero lo más lamentable, algunos terminaron en el mundo y fuera de la Presencia del Padre. Hoy día aprendí la lección. Es preferible que lloren y griten un poquito por la incomodidad de tener que morir a sí mismos y a su voluntad; pero al final puedan crecer a la medida de Cristo y alcanzar el propósito de Dios para sus vidas. La corrección al principio es amarga, pero luego da fruto abundante. Y yo ¡prefiero obedecer a Dios!

Hebreos 12:11 Es verdad que ninguna disciplina al presente parece ser causa de gozo, sino de tristeza; pero después da fruto apacible de justicia a los que en ella han sido ejercitados.

▲ **Complaciendo Su Corazón**

Cada danza, ministración, canción, vestimenta, planes, proyectos... todo debe ir dirigido a agradar y obedecer el corazón de Dios. Todo lo que hacemos, lo hacemos con propósito. No se trata de escoger danzas o canciones por hacerlo, no hacemos lo que hacemos porque nos gusta a nosotros, sino porque le gusta a Él. Hay quienes complacen a otros o a sí mismos, pero están muy lejos de complacer el corazón del Padre. Si lo que hacemos lo hacemos para Él, entonces es totalmente necesario conocer Sus deseos. El Espíritu Santo nos guiará, la luz de Jesucristo hará resplandecer delante de nosotros el Corazón del Padre y descubriremos el anhelo de Su Corazón. Nuestro enfoque principal debe estar en Él, y nuestra meta primordial debe ser convertirnos en Su deleite.

▲ Unidad

El líder debe promover y establecer lazos de unidad y compañerismo tanto en el ministerio como fuera de él. La unidad añade fuerza y permanencia; por el contrario, la división debilita al pueblo de Dios. Lamentablemente muchas veces existe división en los ministerios. He sabido de lugares donde permiten ministerios divididos dentro de la misma iglesia. Esto es totalmente afín con los planes del enemigo y contrario a los planes de Dios. Mientras más divididos el enemigo nos pueda mantener, más avanzan sus planes de destrucción y menos avanzamos nosotros en el propósito en Dios. Rompamos toda división y mantengamos la unanimidad que provoca la manifestación del poder de Dios.

▲ Cuidado Pastoral

El líder tiene la responsabilidad de velar por el bienestar físico y espiritual de cada miembro. Orar por cada miembro del grupo, llamarles o comunicarse y en la medida que pueda suplir sus necesidades. Un ejercicio que acostumbro hacer con mis discípulos es lo que le llamo "tiempo de oficina pastoral". Se trata de tomar un tiempo cada mes o cuando sea necesario y sentarme con cada uno para hablar de su desempeño en el ministerio, sus alcances, logros y crecimiento; pero también hablamos de las áreas donde necesitan mejorar, crecer o madurar. Ha sido muy beneficioso y he visto el crecimiento de la mayoría, en especial los que tienen un corazón humilde como para aceptar la guianza de un líder que le quiere impulsar a dimensiones espirituales mayores.

▲ Reproduciendo hijos espirituales

Una de las tareas de un líder es la de formar a otros líderes. Esto es algo muy importante y que muchos olvidan o ignoran. El ministerio no le pertenece al líder sino a Dios. Dios nos da el privilegio de ser colaboradores con el Espíritu Santo en Sus propósitos. El líder no puede apoderarse del ministerio ni de los integrantes. Debe enfocarse en levantar las próximas generaciones que continuarán la obra que él comenzó. He visto líderes que quieren adueñarse de sus discípulos y les prohíben capacitarse, salir a ministrar o compartir con otros ministerios. Algunos quieren ser los únicos en aprender o capacitarse para que los integrantes dependan solo de ellos. Se van a congresos o escuelas de capacitación solos, pero no les permiten a sus discípulos asistir. Es cierto que como líderes velamos por el bienestar de nuestros discípulos y tenemos que ser muy cuidadosos de saber a dónde van y qué reciben en otros lugares. Pero hay que tener cuidado con los extremos. Una cosa es cuidar a las ovejas como Dios nos cuida a nosotros y otra cosa es tratar de controlar completamente la vida de otros por motivaciones egoístas y que reflejan total inmadurez espiritual. Cuidado con las motivaciones incorrectas, no sea que se esté castrando espiritualmente a personas con gran potencial y todo con el peligroso disfraz de "cuidado pastoral". Ese no es el modo de Dios y no es así como opera Su reino. Un buen líder prepara a otros para que cuando él no esté, todo funcione en perfecto orden. Un ministerio fuerte y maduro es uno que funciona completamente bien cuando el líder está presente y de igual o mejor manera cuando el líder tiene que ausentarse. Jesucristo es nuestro mayor ejemplo: mientras cumplía Su propósito en la tierra, se encargó de preparar a aquellos que continuarían con la Gran Comisión. Gracias al liderato perfecto de Jesús, hoy día el evangelio no ha muerto; por el contrario, está ¡vivo y poderoso! Seguimos llevándolo y transfiriéndolo por generaciones. Jesucristo nos ha entregado todo lo que necesitamos, nos ha dado todo lo que Él es, para que llevemos a cabo Su plan perfecto. De igual forma, como líderes, necesitamos preparar discípulos con el conocimiento y la madurez necesaria para que el reino de Dios avance. Líder, impulsa a otros para que lleguen aún más lejos que tú, con el fin de que la voluntad de Dios sea hecha. ¡Eso es dar en el blanco, ese es el modelo de Jesús!

Juan 14:12 De cierto, de cierto os digo: El que en mí cree, las obras que yo hago, él las hará también; y aun mayores hará, porque yo voy al Padre.

❖ Los Integrantes

Llamados o escogidos

▲ Muchos son los llamados (invitados), pero pocos son los escogidos (elegidos de entre muchos, dispuestos). Los invitados a poner su mano en el arado son muchos, pero los verdaderamente dispuestos a permanecer son menos. Jesucristo llama y con Su dulce voz dice "Sígueme". Muchos se justifican, ponen excusas, culpan a sus limitaciones, su trabajo, su poco tiempo, su familia, su peso, su edad, su condición social... la lista es interminable. Muy tristemente, muchos llamados andan sin rumbo, lejos de su propósito, infelices ante la insatisfacción que trae estar fuera de los límites de la voluntad de Dios. Sin embargo, algunos decidieron escoger la mejor parte, escucharon el sonido de ese poderoso llamado y dejaron todo para acudir a Él. Los escogidos son evidentes ante el pueblo, no son parte de la multitud, sino de los que se sientan con Él a la mesa.

▲ Ser parte de un ministerio de danza requiere haber sido llamado y escogido por Dios para ello. Todos hemos sido llamados a danzarle a Dios, pero no todos hemos sido llamados a danzar al pueblo de Dios. La palabra de Dios nos invita a todos a alabar Su nombre con danza. Todos podemos elevar nuestras manos al cielo o saltar de júbilo y darle una danza personal a Dios. Sin embargo, solo algunos hemos sido llamados a danzar no solo a Dios, sino también a ministrarle al pueblo de Dios a través de la danza. No es suficiente con tener un buen deseo de ser parte de un ministerio o sentir una fuerte atracción hacia el mismo, es necesario haber sido llamado y escogido por Dios para ello. Tenemos que asegurarnos de estar posicionados en el lugar que Dios ha determinado para cada uno; ese es el lugar de nuestra bendición.

▲ El que no pueda o quiera cumplir con los requerimientos establecidos por Dios y por el líder dirigido por Dios, no está cualificado para permanecer en el ministerio. Si formar parte del ministerio es el llamado que Dios te ha hecho, lo más recomendable es que puedas organizar tu vida y prioridades. Además, se te requerirá de gran esfuerzo y valentía para cumplir con todas las exigencias que la responsabilidad conlleva.

▲ Características que debe tener todo integrante de un ministerio de danza:
✓ Ser Adorador
✓ Que Dios sea el centro y prioridad de Su vida
✓ Fiel a Dios
✓ Leal a sus líderes
✓ Sujeto
✓ Respeta y honra las autoridades establecidas por Dios

- ✓ Da buen testimonio
- ✓ Intachable, íntegro, sin doble vida
- ✓ Responsable y diligente en todo lo que se le asigna
- ✓ Comprometido con Dios y con el ministerio
- ✓ Alguien en quien se puede delegar y confiar
- ✓ Humilde
- ✓ Enseñable
- ✓ Vive en santidad, no tolera el pecado
- ✓ Siervo
- ✓ Dispuesto y disponible para Dios
- ✓ Tiene comunión íntima con Dios
- ✓ Apasionado por Su Presencia
- ✓ Obediente
- ✓ Sumiso
- ✓ Amor a Dios y al prójimo
- ✓ COMO JESUCRISTO

▲ Ser parte del ministerio es más que un simple deseo, es una vida de entrega y obediencia a Dios.

▲ Cuando se hace el primer llamado o la invitación a los interesados en ser parte del ministerio, muchos comienzan, pero al final terminan menos. Al momento de pagar el precio, se sabrá quién realmente es escogido. Los que no son, no podrán permanecer. No podrán aguantar las exigencias y se irán.

Consideraciones al momento de la selección de integrantes:

▲ Orar para que Dios muestre las personas escogidas por Él. Muchas veces hay personas con talentos y dones escondidos que nosotros mismos no podemos ver. Dios es Quien revela y nos lleva a descubrir esos tesoros ocultos y muy útiles en el reino.

▲ Asegurarse de que todos los integrantes o candidatos hayan aceptado a Jesucristo como Señor y Salvador en sus vidas. He visto casos donde niños que han sido criados en el evangelio entran a formar parte del ministerio y nunca han hecho profesión de fe. Es importante asegurarse de que todos hayan aceptado con convicción a Jesucristo como Salvador de sus vidas, aun aquellos que han estado toda su vida siendo parte de la Iglesia.

▲ Hablar personalmente con cada uno de los candidatos a ser parte del ministerio y presentarles la visión. Ver cómo responden al momento de exponerles la responsabilidad de ser parte del ministerio y evaluar si tienen la madurez para entrar o si es el tiempo correcto para comenzar en el mismo.

▲ Si se trata de candidatos que son menores de edad, es necesario solicitar una reunión en la cual los padres o encargados estén presentes, para explicarles todo lo que significa e implica ser parte del ministerio. En el caso de menores de edad, los padres tienen la mayor responsabilidad. Es ineludible que los padres se comprometan totalmente con sus hijos y el ministerio al que Dios les ha llamado para que éstos puedan cumplir diligentemente en todo. En la mayor parte de los casos el menor de edad depende de sus padres para todo, así que en este caso el compromiso requerido es doble. Si los padres o encargados no están dispuestos a aceptar la responsabilidad y apoyar a su hijo(a), lamentablemente el/la menor no podrá ser parte del ministerio hasta que pueda desenvolverse por sí mismo(a). No existe una edad específica para comenzar en un ministerio. Considero que a partir de los doce años de edad se puede considerar a las personas para formar parte del ministerio de danza. Sin embargo, quedará a discreción del líder evaluar la madurez que tenga la persona y decidir si es el tiempo de Dios para comenzar en el ministerio. Se puede tener el llamado de

Dios, pero también hay que esperar Su tiempo perfecto. Adelantarse a los tiempos de Dios puede ser muy peligroso.

▲ Todo integrante debe tener buen testimonio en y fuera de la Iglesia.

▲ Debe ser sometido a Dios y a sus líderes.

▲ Debe tener una relación diaria de comunión con Dios.

▲ Es necesario establecer normas claras y precisas (preparar un reglamento). Todos los integrantes deben estar dispuestos a cumplir con cada norma establecida en el reglamento.

▲ Es recomendable para comenzar, utilizar los primeros seis meses profundizando en enseñanza bíblica. Este tiempo de refuerzo en la Palabra ayudará a ver la respuesta, diligencia y responsabilidad de los candidatos. Además, será muy útil para que el líder pueda ver con claridad si verdaderamente están aptos para continuar siendo parte del ministerio o no.

▲ Considerar su habilidad técnica por medio de algunas pruebas físicas. Aunque creo que la técnica no es lo más importante, sí considero que es una parte esencial. Hay personas que aman el ministerio de danza pero carecen absolutamente de habilidad para danzar y eso es una limitación. Cuando Dios nos llama a un ministerio, juntamente con el llamado, nos da la gracia y nos equipa para llevarlo a cabo con excelencia. Los dones y habilidades que Dios nos entrega van a la par con la función ministerial para la cual nos ha escogido. No se trata de descartar a las personas; sin embargo, todos somos mucho más efectivos cuando nuestras habilidades y fortalezas se convierten en aliadas que nos impulsan a cumplir nuestra tarea a cabalidad. Imaginemos al cuerpo de Cristo como un gran rompecabezas, donde cada cual es una pieza importante y única para que éste pueda estar completo. En Dios, todos somos una pieza exclusiva y no podemos tratar de colocar a la fuerza nuestra pieza o la de otro en el lugar donde no encaja. Una persona puede amar el cantar, pero si no tiene la voz y la habilidad para hacerlo, probablemente ese no sea su lugar perfecto en el rompecabezas. Ahora bien, hay personas que sí han sido llamadas a un ministerio, pero por razones circunstanciales no han podido desarrollar sus habilidades. En ese caso, lo ideal es que la persona comience a prepararse tomando clases y capacitándose para desarrollar sus dones y talentos. En mi caso, cuando Dios me llamó a danzar, no tenía ninguna preparación en el área técnica, pero sí exhibía algunas destrezas que respaldaban el llamado de Dios a mi vida. Por eso es crucial tener la certeza y que no haya lugar a duda de que Dios le llamó para funcionar en el ministerio en el cual está operando o desea operar. No creo que haya que desechar a alguien solo porque en el momento no muestra toda la aptitud necesaria. Una vez que conocemos el llamado de Dios en una persona, podemos convertirnos en vehículo de bendición y ayudarle a desarrollarse en el lugar donde Dios desea posicionarle. Hay diamantes en bruto que necesitan ser pulidos para mostrar toda su gloria y hermosura. Hay mucho potencial oculto que necesita ser descubierto para edificación y bendición del Cuerpo de Cristo. Probablemente yo hubiera sido descartada totalmente si nadie hubiese visto el llamado de Dios en mí, creído en mí y me hubiese impulsado a desarrollar el don de Dios, el cual en aquel momento ni yo misma conocía. Ahora bien, es fundamental estar preparado en todas las áreas relevantes en el ministerio que se nos ha delegado. Todo el que ha recibido una asignación específica de Dios, levántese y prepárese para darle lo mejor a Él y ministrar al pueblo. Una persona con el llamado de Dios para ministrar en la danza pero sin haber desarrollado la habilidad para el movimiento corporal podría enviarse a tomar unas clases preparatorias específicamente para el área técnica antes o en el proceso de comenzar en el ministerio. Aún aquellos ministerios que Dios está levantando en la edad adulta, también los niños y aquellos que tienen impedimentos físicos, todos deben sentarse en la silla de aprendizaje y crecer en todas las áreas que involucra su ministerio. Esto es aplicable a cualquier ministerio. El que anhele cantar, vaya a la escuela de canto; el que fue llamado a predicar, vaya al instituto teológico... Todo el que ha sido llamado a un ministerio y anhele ser usado por Dios, edúquese, prepárese y capacítese. Invierta tiempo, esfuerzo y dinero en su asignación divina; le aseguro que la recompensa es invaluable. Nada más gratificante que responder a Dios diligentemente cuando Él confía Sus tesoros en nuestras manos. He visto ministerios donde no hay preparación en lo que hacen para Dios y cuando llega una persona bien preparada y profesional, se manifiestan los celos ministeriales y la rivalidad. Esa actitud no es del reino. Dios nos llama a ser ministros competentes para Su gloria. Que cuando se hable del mejor músico, danzor, cantante... no lo busquen en el mundo; que lo encuentren en la Iglesia. Hacer las cosas para Dios no es sinónimo de mediocridad, al contrario, seamos tierra deseada donde fluya la abundancia en todas las facetas. El mundo no puede superar a la Iglesia, porque todo don perfecto viene de lo alto y nosotros servimos al Dador de toda buena dádiva. ¿Por qué en el mundo los artistas se preparan toda su vida y llenan estadios de miles de personas para adorar ídolos y la Iglesia no lo hace para el verdadero Dios? Es necesario que se levanten ministros preparados, que no solamente tengan un hermoso corazón, sino que además sepan manejar con profesionalismo y excelencia su instrumento ministerial. Que el mundo tenga que venir a la iglesia a ver la excelsitud cubierta de unción que manifiestan los hijos de Dios, y como resultado anhelen y reciban salvación. Siempre diré que lo más importante en cualquier ministerio es el corazón del ministro, pero una cosa no exime la otra. Dios mira el corazón, pero el pueblo ve nuestras destrezas; cuando ambos funcionan en acuerdo y excelencia, la unción de Dios es liberada de forma sobrenatural.

❖ Los Ensayos

▲ Establecer ensayos semanales

Es muy recomendable seleccionar mínimo un día a la semana para ensayos. Los ensayos nos conducen a prepararnos para dar excelencia a Dios. También nos ayudan a aprender a trabajar en unidad. Todo ministerio requiere tiempo de preparación, siempre dando lugar a que Dios tome el control total. Hay quienes quieren justificar la negligencia y falta de preparación con la declaración de que "el Espíritu Santo obrará" o "Si es del Espíritu, no hay que ensayar". No se trata de ensayar lo que el Espíritu Santo va a hacer; se trata de prepararse para abrir camino para que el Espíritu pueda hacer lo que Él quiera, sin que nuestra falta de preparación sea un obstáculo para Su fluir ¡Hay que prepararse bien! Aquellos que ministran a Dios pero no pertenecen a un ministerio de Danza ofrecen a Él su danza personal de amor con toda espontaneidad. Sin embargo, aquellos que pertenecen al equipo de danza y ministran al pueblo de Dios, deben prepararse para que su mensaje se entienda con la mayor claridad, evitando así el desorden y la confusión. He escuchado a algunos decir que la danza tiene que ser en el espíritu y que para danzar en el espíritu no hay que ensayar. Estoy totalmente de acuerdo en que todo lo que hagamos tiene que ser en el espíritu. Cuando vivimos una vida conforme al Espíritu Santo, sometidos y rendidos a Él en obediencia, todo lo que hagamos será en el Espíritu y bajo Su cobertura. Si vivimos de esta forma, entonces creo que tanto danzar, así como cantar, tocar un instrumento, predicar... y todo lo que hagamos para Dios, todo lo haremos en el espíritu, por cuanto el Espíritu Santo habita y gobierna en nosotros. Aun nuestras tareas seculares serán en el espíritu para aquellos que somos regidos por el

Espíritu. Sin embargo, eso no nos releva de prepararnos para dar lo excelente a Dios y al pueblo.

▲ **En los ensayos:**

✓ Todos deben ejercitar la *puntualidad,* tanto el líder como los integrantes del ministerio. Necesitamos enfatizar la importancia de la puntualidad, que es parte de nuestra responsabilidad con Dios y con el ministerio. Es necesario romper con ese mal hábito, especialmente en algunas comunidades cristianas, de que se puede llegar tarde sin razón, solo por costumbre. Es muy común ver en el pueblo de Dios que se propone una hora de llegada y se llega una hora después; lamentablemente no solo lo hace la congregación, sino también los líderes. De igual forma, se establece la hora de comenzar una actividad y se comienza una o dos horas más tarde. Y luego se atreven a declarar públicamente frases como: "hora de cristiano" o "el tiempo ha corrido muy rápido" para describir este mal hábito o justificarlo. Lamentablemente, muchas veces apoyamos estas malas prácticas al esperar que los impuntuales lleguen para comenzar una actividad. Es una falta de integridad y veracidad anunciar una hora y comenzar mucho más tarde sin una razón justificada. Entendemos que pueden ocurrir circunstancias de envergadura que nos retrasen, pero comenzar tarde solo por esperar a que otros lleguen es una falta de respeto a aquellos que fueron puntuales y llegaron a tiempo. Además, habla de la falta de palabra del líder y le puede conducir a perder la credibilidad. Tenemos que romper con esto y trascender a la excelencia en todo. Se deben tomar medidas con las personas que no lleguen a tiempo al ensayo, sin previo aviso y/o razón justificada. Algunas sugerencias de medidas que se podrían tomar:

- No permitir a la persona ser parte de la danza que se vaya a coreografiar.

- Cobrar una cantidad de dinero por minuto de tardanza como multa y además no participar de la coreografía. Cuando las personas ven que la impuntualidad negligente les costará económicamente, se concientizarán más de la falta y les ayudará a dar a la puntualidad la importancia que requiere. En caso de que hayan muchas multas, el dinero recogido puede ser utilizado para necesidades específicas del ministerio. Obviamente, ese no es el propósito, sino enseñar a todos, la importancia de ser puntuales y excelentes en todo.
- En caso de que sea un comportamiento recurrente, suspender las participaciones del integrante en el ministerio por un período de tiempo hasta que muestre un cambio de conducta.
- En el caso de que el líder tenga un inconveniente y no pueda llegar a tiempo, debe delegar a alguno de los integrantes a comenzar en el tiempo que se estableció.

✓ Si el líder tuviera que ausentarse, debe dejar a uno de sus líderes en formación a cargo. El ensayo no se debe cancelar, sino que se debe proveer todo lo necesario para ser consistentes y mantenerse en crecimiento.

✓ En el ensayo debe haber un tiempo de oración individual donde cada uno pueda ir delante de Dios en arrepentimiento por cualquier falta en el camino o simplemente presentarse delante de Dios en agradecimiento dejando a un lado toda carga o preocupación.

✓ Se debe separar un tiempo de adoración en danza espontánea.

✓ Asignar ministraciones en danza individuales para desarrollar la creatividad de cada uno. En cada ensayo una persona diferente puede ministrar.

✓ Discipulado en la Palabra. No es opcional, sino que siempre debe haber enseñanza de la Palabra de Dios. Los temas pueden ser de danza, pero también de acuerdo a la necesidad del grupo, por ejemplo, compromiso, santidad, buen uso del tiempo, lidiando con temores, buena mayordomía, etc. El líder tiene la responsabilidad de llevar el mensaje de la Palabra. También en ocasiones puede delegar a algún miembro del ministerio para que exponga la Palabra y desarrollar así el área de la enseñanza y predicación en otros.

✓ Es totalmente necesario un tiempo de calentamiento. Esto es muy importante para cuidar el cuerpo, que es templo del Espíritu Santo, y evitar lesiones.

✓ Es importante que todos se mantengan hidratados, bebiendo suficiente agua, alimentándose bien y nutritivamente para evitar la debilidad y un bajo nivel de rendimiento. Deben llevar agua y alguna fruta o barra de proteína a los ensayos y consumirlos cuando se les dé el receso para hacerlo.

✓ Coreografiar. Algunas coreografías pueden montarse en unidad con todo el grupo para desarrollar trabajo en equipo y utilizar provechosamente la creatividad de otros. También es beneficioso y ahorra tiempo el llegar con la coreografía ya preparada y lista para enseñar. Pueden practicarse ambas.

✓ Un buen ejercicio es asignar tareas que promuevan la búsqueda de profundidad en la Palabra y el crecimiento de cada uno como ministro de danza. Durante el ensayo se pueden discutir las tareas para participación y beneficio de todos.

❖ **Capacitación**

▲ **Preparándonos para darle excelencia a Dios**
Nunca dejamos de aprender; por lo tanto, siempre debemos continuar creciendo y capacitándonos en nuestro llamado.

Hay quienes piensan que por causa de haber tomado algunos talleres o congresos, ya lo aprendieron todo y no necesitan más. Eso es una idea muy equivocada. Siempre debe haber lugar para recibir lo nuevo de Dios en humildad. Nuestra responsabilidad es mantenernos sintonizados al movimiento del Espíritu Santo para cada temporada. Seamos enseñables, ya que nuestro Maestro siempre tiene más y nuevas lecciones. Su revelación no tiene fin.

▲ **Espíritu, Alma y Cuerpo**
Nuestra preparación debe ser integral. Eso nos mantendrá en equilibrio espiritual para funcionar más eficazmente.
✓ Espíritu: Oración, lectura de la Palabra, ayuno
✓ Alma: Videos, libros, conferencias, congresos
✓ Cuerpo: Ejercicios, gimnasio, clases de danza, buena alimentación

▲ Buscar recursos de capacitación disponibles y unirte a ellos
✓ Instituto Conforme Tu Corazón Danzaré
✓ Eagles International Training Institute
✓ Asociación de Danza Cristiana (ICDF)

▲ Adquirir materiales de Danza
✓ Tienda Adórale (Hatillo y Manatí, Puerto Rico)
✓ Waves of Glory- Michele Vela (Dallas Texas)

† ¡No olvides lo principal! †

▲ **Conforme al corazón de Dios** (*1 Samuel 16:7*)
Es importante la técnica y la preparación, pero toda la técnica no tendría sentido ni fruto espiritual agradable si no viene de un corazón que adora a Dios y que vive rendido a Sus pies.

▲ **Se requiere una vida de Adoración**

Una vida de adoración requiere una entrega total. El verdadero adorador adora en todo tiempo y sin cesar. Adora, con su vida, testimonio, vocabulario, pensamientos, emociones, actitudes, vestimenta, fidelidad, responsabilidad, compromiso... con todo lo que hace.

▲ **Vivir una vida dirigida por el Espíritu Santo**

Todo adorador debe manifestar el carácter de Cristo y la evidencia del fruto del Espíritu. Procurar el bautismo y llenura constante del Espíritu Santo que le empoderará para servir y cumplir con el propósito de Dios.

▲ **Hacedor de la Palabra de Dios**

El ministro de danza debe ser **conocedor y amante de la Palabra de Dios,** pero más aún, debe ponerla en acción y vivir por ella.

▲ **Compromiso, entrega y excelencia**

El adorador no se conforma con darle a Dios algo bueno, sino, que se remonta a las alturas para dar lo excelente.

▲ **Intimidad con Dios**

Danza sin vida de Dios es vacía y sin fruto. El ministro de danza debe tener vida de intimidad con Dios consistente y que no sea una carga sino su mayor deleite.

▲ **Pasión**

La pasión de Cristo lo llevó a darse a sí mismo. Nuestra pasión debe llevarnos a darnos completamente a Él y a los demás, a desgastarnos por hacer la voluntad del Padre.

▲ **Ministro de danza aprobado**

Somos ministros de danza y no simplemente danzores. Un ministro reconoce que está para servir, para llevar al pueblo a la Presencia de Dios o llevar la Presencia de Dios al pueblo y no simplemente para presentar una pieza más. El ministro siente y reconoce la responsabilidad de ministrar a un pueblo con necesidad a quien debe alimentar y suplir. El ministro no busca aplausos, sino busca que el Espíritu Santo pueda moverse y traiga sanidad, salvación y libertad. El ministro no busca ser visto, sino que vean a Dios a través de él. El ministro no entretiene, sino que da la vida de Dios. (En el capítulo 10 veremos más de cerca las características del ministro de Dios.)

▲ **Danzamos por encima de las circunstancias**
Ministramos en y fuera de tiempo y por encima de nuestros sentimientos y emociones. Nada nos detiene de darle a Dios nuestro servicio, adoración y danza.

▲ **Danzando en todo tiempo**
Danzamos con o sin vestuario de Danza, al frente o en las bancas... **en todo tiempo y en todo lugar.** El verdadero ministro de danza, no necesita música para danzar, danza en y fuera de tiempo, su vida misma es una danza a Dios.

▲ **Compromiso con Dios**
Nuestro compromiso es con Dios antes que con el hombre. Lo que hacemos, lo hacemos para Él y nunca debemos olvidarlo. Dios fue Quien nos llamó, nos escogió y nos hizo real sacerdocio para anunciar las virtudes de Jesucristo.

▲ **Compromiso total**
Dios hace pactos con Su pueblo y no los olvida, Él es firme con Su Palabra. Un buen ejercicio con el ministerio es que cada integrante pueda comprometerse con Dios, haciendo un compromiso de fidelidad. Se procede a entregar el compromiso escrito tanto al discípulo como al líder. Si ambos están de acuerdo, deberán firmar y finalmente se les facilitará una copia a cada uno respectivamente. A continuación, un modelo que podría utilizarse como ejemplo.

† Compromiso con Dios †

Compromiso del ministro de danza

Reconozco que el Padre me ha llamado y escogido para adorarle y llevar el mensaje de Su Palabra a través de la danza. Es una gran responsabilidad, pero también un hermoso privilegio. Por amor a Dios y en obediencia a Él, hoy decido libre y voluntariamente aceptar Su llamado. Me comprometo a cumplir responsablemente con toda diligencia y excelencia, con todos los requisitos establecidos y discutidos en el ministerio. Me comprometo a:

- ♥ Tener vida de intimidad con Dios y búsqueda de Su Presencia en oración diariamente.
- ♥ Buscar conocer más a Dios cada día por medio del estudio de Su Palabra, y poner en acción cada principio bíblico aprendido en mi vida.
- ♥ Dar buen testimonio, reflejando el carácter de Cristo en todo tiempo y lugar.
- ♥ Llevar el mensaje de amor y salvación a otros.
- ♥ Realizar ejercicios espirituales constantemente, como ayunos e intercesión.
- ♥ Procurar el bautismo y constante llenura del Espíritu Santo.
- ♥ Asistir con puntualidad a los ensayos, servicios, reuniones, ministraciones y actividades del ministerio.
- ♥ Tomar clases y talleres continuamente que me capaciten en mi llamado.
- ♥ Adquirir la vestimenta e instrumentos necesarios para ensayos y ministraciones.
- ♥ Estar dispuesto(a) a pagar el precio que conlleva servirle a Dios, en todas las áreas.
- ♥ Mostrar respeto y sometimiento al líder y a las autoridades que Dios ha establecido sobre mí.

Hoy hago un compromiso firme con Dios, con la iglesia a la cual pertenezco, con mi líder y con el ministerio de cumplir plenamente mis responsabilidades como hijo(a) de Dios y ministro de danza. Lo prometo ante Dios, a Quien amo y me honro en servir. Amén.

Compromiso del líder del ministerio

Por la gracia de Dios he recibido la gran responsabilidad y el privilegio de guiarte, discipularte y mostrarte el camino a seguir en este ministerio de adoración a través de la danza. He decidido aceptar el llamado y ser un instrumento de bendición capaz de ayudarte a desarrollar plenamente el maravilloso don que de Dios has recibido. Me comprometo ante Dios a depender de Él y a buscar Su Presencia, dirección y guianza en toda esta jornada. Mantendré mi mirada fija en Jesucristo y mis oídos prestos a escuchar la voz del Padre para conocer Su voluntad para mi vida, tu vida y la visión del ministerio. Mi anhelo es bendecirte, dirigirte, cuidarte y ayudarte. Cualquiera sea tu necesidad, ya sea ministerial o personal, no dudes en acercarte confiadamente. Todo asunto será tratado de forma estrictamente confidencial. Me aseguraré de cubrirte en oración e intercesión según la fuerza y cobertura del Espíritu Santo. Me comprometo con Dios, a Quien amo y me honro en servir. Amén.

_____   _____   _____

Firma Ministro de Danza   Firma Líder Ministerio   Fecha

De mi corazón a tu corazón

Comenzar un ministerio de danza no es algo tan simple; como todo proyecto que se emprende, requiere de mucho esfuerzo, tiempo y pasión. Pero lo más alentador es que cuando Dios es Quien te ha delegado la tarea, Él se encarga de todo lo que nosotros no podemos. Su respaldo es nuestra confianza, y nuestro amor por Él es el motor que nos impulsa hasta completar nuestra misión. En el camino enfrentaremos muchas dificultades, pero ellas nos llevarán a un peldaño más en nuestro crecimiento espiritual. Como líderes, enfrentaremos grandes retos, pero si nos mantenemos alineados a Dios, saldremos victoriosos de todos y cada uno. En todos estos años he tenido que enfrentar muchas experiencias, tanto gratificantes como otras muy difíciles. He visto muy de cerca la falta de compromiso, falta de sometimiento, personas en las que sembré mucho y recogí a cambio traición, algunos que estuvieron muy cerca se fueron de mi lado, otros se desviaron por peligrosos caminos de tentación... he dirigido ministerios más grandes y otros muy pequeños en cantidad, he danzado sola por falta de ministros comprometidos y un sinnúmero de experiencias más. En momentos lloré, en otros me sentí frustrada, abandonada, traicionada... pero hoy puedo mirar atrás y ver que cada experiencia me ha formado en la ministro que soy hoy. Mi mejor escuela han sido las dificultades, y mis mayores testimonios han sido los momentos más difíciles en los cuales me aferré a mi Señor. Por otro lado, las experiencias hermosas han sido muchas. No todo es dolor y tropiezo. La Presencia de Dios ha sido tan real en este caminar que hace que todo se torne en bendición. Cuando comencé, no tenía un maestro o mentor, ni había muchos talleres o material como éste que me ayudara a hacerlo bien. Cometí errores, pero de ellos aprendí y ahora enseño a otros. Si estás leyendo este libro y deseas comenzar un ministerio de danza, atiende a cada sugerencia y ¡hazlo bien! ¡No temas! Si Dios te escogió, simplemente hónrale con tu obediencia y Él se encargará de lo imposible. Si eres líder de un ministerio de danza y has descubierto que hay cosas que cambiar, te exhorto a que con la guianza del Espíritu Santo hagas los cambios necesarios para que todo funcione en el orden divino. Si eres parte de un ministerio y no eres el/la líder, pero sientes que necesitan una transformación, ¡este es el tiempo! Ora a Dios, habla con tu líder y muévanse a lo nuevo de Dios. A veces es necesario comenzar otra vez. ¡Dios es Dios de nuevos comienzos!

IV

La Pasión que me mueve

Ponme como un sello sobre tu corazón...
Porque fuerte es como la muerte el amor...
Las muchas aguas no podrán apagar el amor...

Cantares 8:6- 7

Hemos escuchado mucho la palabra "pasión" y tal vez en muchas ocasiones ha sido en un sentido negativo. La Biblia nos habla de las pasiones de la carne, o de las pasiones desenfrenadas y pecaminosas. Sin embargo, es una palabra muy fuerte, poderosa y necesaria en nuestras vidas cuando se trata de la pasión alineada a la voluntad Dios.

Una definición para la palabra "pasión" en un diccionario regular, sería: "Sentimiento impetuoso, capaz de dominar la voluntad. Entusiasmo o vehemencia grandes en algo que se hace o se defiende. Afición (devoción) o inclinación viva por alguien o por algo". (Diccionario Vox).

Basados en la definición de la palabra "pasión", podemos concluir que la misma ejerce un gran poder en quien la posee, hasta el punto de vencer la voluntad misma. Uno de los desafíos más difíciles de un ser humano es vencer su propia voluntad. Se nos hace muy difícil ceder nuestra voluntad, ya sea a alguien, a algo y aun a Dios. Jesús mismo tuvo la lucha en el Getsemaní de vencer Su voluntad para aceptar la del Padre.

Marcos 14:35- 36 Yéndose un poco adelante, se postró en tierra, y oró que si fuese posible, pasase de él aquella hora. Y decía: Abba, Padre, todas las cosas son posibles para ti; aparta de mí esta copa; mas no lo que yo quiero, sino lo que tú.

La pasión es capaz de vencer esa poderosa fuerza que nos intenta gobernar llamada voluntad. El mayor ejemplo de pasión es Jesucristo. Su pasión por la humanidad le llevó al mayor de los padecimientos y el mayor de los desafíos; a los látigos, las heridas y los agravios más terribles jamás experimentados. La pasión del Salvador le condujo a dar la vida misma, solo por amor. Basándome en el ejemplo perfecto que nos brinda la pasión de nuestro Señor Jesucristo, mi definición de pasión, sería: "Aquella poderosa fuerza que nos impulsa a rendir la voluntad y nos constriñe hasta darlo todo y aún la vida misma por amor a alguien, a algo, o por alcanzar el fin más anhelado".

Cada ser humano tiene pasión por algo en la vida, siempre hay algo o alguien por quien daríamos todo o haríamos cualquier cosa. Algunos viven apasionados por su pareja, por alguna relación sentimental, otros por su trabajo, posesiones, por el dinero, el poder y hasta por sí mismos. Lo cierto es que todos tenemos una gran pasión. Es muy peligroso cuando nuestras pasiones están mal dirigidas. Por causa de pasiones desviadas o mal direccionadas, muchos han derramado sangre inocente y hemos visto los mayores y más terribles crímenes. Antes de tener un encuentro con Jesucristo, Saulo de Tarso tenía una gran pasión, pero errada, que le llevó a quitarle la vida y a lastimar a muchos inocentes hijos de Dios. Sin embargo, cuando nuestra pasión está alineada con la voluntad del Padre, el resultado es una vida plena y victoriosa. Además, esa pasión divina nos impulsa a llegar a ser completos en Dios dentro del propósito para el cual hemos sido diseñados.

El ministro de danza ha sido llamado a ser adorador antes que danzor. La mayor pasión de nuestra vida tiene que ser Dios y Su Presencia. La meta principal de nuestra existencia debe ser conocerle más a Él, amarle con todo nuestro ser, espíritu, alma y cuerpo; entregarle a Él todo lo que somos y poseemos.

Marcos 12:30 Y amarás al Señor tu Dios con todo tu corazón, y con toda tu alma, y con toda tu mente y con todas tus fuerzas. Este es el principal mandamiento.

Nosotros somos el objeto de la pasión de Dios. De igual forma, Él debe ser nuestra pasión principal. Cuando Dios es nuestra mayor pasión, todo lo demás toma un segundo lugar en la vida, aun el ministerio. La pasión por un Dios apasionado nos llevará a luchar hasta alcanzar lo imposible por amor a Él. Nos conducirá a enamorarnos tan perdidamente de ese extraordinario Dios de amor, que se reflejará en todo lo que hacemos. Nuestra pasión por Dios pondrá en orden todas las demás cosas, establecerá prioridades en nuestra vida y nos transportará hacia nuestro destino profético en Él. Sin pasión por Dios es imposible servirle o danzarle a Él y a la vez disfrutarlo. Servirle a Dios y adorarle nunca será una carga, sino el mayor deleite de nuestra vida cuando estamos apasionados. Es la pasión esa fuerza que nos sacude de la comodidad y nos impulsa a dar lo mejor y lo excelente para Él. Nos lleva a sacrificarnos, nos añade fuerzas cuando ya todos se han cansado, nos levanta cuando hemos caído, es el motor que nos mueve, el combustible espiritual, la inyección divina que imparte ánimo persistente e incansable. La pasión nos lleva a no mirar atrás, a perseguir la meta hasta obtenerla, a no aceptar un NO como respuesta final, a ir más allá de lo establecido, a no darnos por vencidos, a comenzar de nuevo cuantas veces sea necesario. Ella nos impulsa a ir por encima de la tormenta, de las críticas, burlas y de los obstáculos, a entregar lo más valioso, a rendirlo todo sin reservas.

La pasión del rey David por adorar a Dios lo llevó a continuar danzando aun por encima de las ofensivas críticas de su propia esposa.

2 Samuel 6:16 Cuando el arca de Jehová llegó a la ciudad de David, aconteció que Mical hija de Saúl miró desde una ventana, y vio al rey David que saltaba y danzaba delante de Jehová; y le menospreció en su corazón.

v. 20- 23 Volvió luego David para bendecir su casa; y saliendo Mical a recibir a David, dijo: ¡Cuán honrado ha quedado hoy el rey de Israel, descubriéndose hoy delante de las criadas de sus siervos, como se descubre sin decoro un cualquiera! Entonces David respondió a Mical: Fue delante de Jehová, quien me eligió en preferencia a tu padre y a toda tu casa, para constituirme por príncipe sobre el pueblo de Jehová, sobre Israel. Por tanto, danzaré delante de Jehová. Y aun me haré más vil que esta vez, y seré bajo a tus ojos; pero seré honrado delante de las criadas de quienes has hablado. Y Mical hija de Saúl nunca tuvo hijos hasta el día de su muerte.

No es de extrañarnos que después de entregar nuestra mejor ofrenda a Dios en adoración y danza, recibamos de parte de algún religioso, críticas dañinas y destructivas. Muchos hemos tenido que enfrentar las burlas de aquellos que no pueden ver las cosas como Dios las ve. Sin embargo, nada de eso nos puede detener cuando la pasión por Él es mayor que el orgullo propio o la vergüenza ante el dedo señalador. En esta historia podemos ver el gran riesgo que corren aquellos que se levantan en contra de lo que Dios hace y en contra de aquellos que apasionados por Su Presencia se atreven a adorar sin reservas. Mical tuvo que enfrentar una de las más fatales consecuencias, la esterilidad. En el caso de Mical, su esterilidad fue física y hasta el día de su muerte. Sin embargo, la esterilidad y muerte espiritual son aún más terribles. Tal vez aquí se halle la respuesta al cuestionamiento de muchos, de porqué sus ministerios no prosperan. ¡Mucho cuidado! Cuidado con juzgar apresuradamente, no sea que al final te encuentres peleando contra Dios mismo y sea esa la razón que te lleve a experimentar esterilidad espiritual.

Hechos 5:38- 39 Y ahora os digo: Apartaos de estos hombres, y dejadlos; porque si este consejo o esta obra es de los hombres, se desvanecerá; mas si es de Dios, no la podréis destruir; no seáis tal vez hallados luchando contra Dios.

Esta escritura nos revela claramente que lo que viene de Dios, nada ni nadie lo puede destruir. La danza ha permanecido y continúa siendo restaurada por encima de todos los intentos del enemigo de destruir ese maravilloso don de Dios. Mientras existan verdaderos adoradores apasionados por Su Presencia, la danza continuará dando fruto. Los apasionados danzaremos sin cesar y el fuego de nuestra pasión incendiará los corazones endurecidos y traerá avivamiento de adoración a la tierra. Cuando Dios es el recipiente principal de todo nuestro amor apasionado, entonces nuestra vida, nuestra adoración y nuestra danza serán un reflejo de esa pasión que hay en nuestro interior. Nuestras prioridades serán las prioridades de Dios, nuestra visión se alineará con la de Dios, nuestros anhelos nacerán del corazón de Dios. Cuando vivimos una vida apasionada por Dios, podemos dejar de hacer aquello que nos gusta hacer pero que sabemos que no debemos hacer, solo por obediencia. Un corazón apasionado hace que nuestra voluntad se convierta en una esclava rendida totalmente por amor y en una buscadora incansable de complacer el corazón del Padre. La pasión nos hace capaces de poner en el altar de adoración nuestros más grandes anhelos y sacrificarlos allí por amor. Nos hace fuertes, nos empuja a lograr hacer aquello que nunca nos ha gustado o que le tememos hacer, solo por amor a Él. La pasión nos lleva a hacer cosas que nunca pensamos que podríamos hacer. Nos da la energía y el entusiasmo para seguir adelante cuando todo lo demás falta.

En mi caminar en lo que es la aventura de danzarle a un Dios extraordinario, algunas personas me han dicho que mi danza refleja gran pasión. Incluso hay quienes me han confesado que les gustaría danzar de la forma en que me ven a mi hacerlo para Dios y hasta inocentemente me han dicho que han tratado de imitar mis gestos. La realidad es que la pasión no se puede imitar. Los pasos, rutinas y técnicas sí, pero no la pasión. En mi vida la pasión es una vivencia, es lo que siento real y sinceramente en todo mi ser. Mi pasión por Dios me lleva a danzarle con cada célula y cada átomo de mi ser. Cuando danzo, siento que me transformo, que todo lo que soy, espíritu, alma y cuerpo se unen a gritar en movimiento lo que siento en mi interior. Sí, a gritar, porque siento que no puedo expresarlo de forma pasiva, sino de una forma extravagante. Danzo desde la punta de los dedos de mis pies hasta cada uno de los cabellos de mi cabeza. Mis pies hablan, mis dedos gritan, mi rostro exalta a Dios, mis manos intentan tocarle, mis ojos entregan una mirada fija y enamorada, mi pecho brota y mi corazón palpita de amor, mis labios no pueden dejar de sonreírle a Él en medio del más exquisito momento de amor. La experiencia es inigualable, no se trata de un simple baile o coreografía, se trata de una vida apasionada.

La pasión que tienes o que no tienes se reflejará en todo lo que haces y específicamente en tu danza. Muchas veces he visto ministrar grupos de danza y me ha sucedido que inconscientemente mi mirada queda fija en una persona en particular. Me he descubierto perdiéndome de observar la coreografía, porque mis ojos se enfocan solo en la misma persona. Al final no supe cómo fueron los pasos, no pude distinguir quien mostró mejor técnica o habilidad física, no me di cuenta si alguien se equivocó en algún patrón, simplemente un rostro que reflejaba la pasión por el Amado cautivó completamente mi mirada y fui ministrada.

La pasión del corazón de un ministro de danza es lo que determinará la magnitud de su ministración y la unción que desatará a través de su ofrenda. Seamos una ofrenda apasionada en el altar de adoración a Dios que invite a otros a disfrutar de Su Presencia. Que nuestra pasión se refleje en cada parte de nuestro ser.

† Movimientos Apasionados †

Cada uno de nuestros movimientos debe reflejar la pasión que hay en nuestro corazón. La pasión por Dios nos lleva a realizar movimientos fuertes y no débiles e inertes. Movimientos grandes y completos que describen a perfección el mensaje que estamos comunicando. He visto a muchos danzores ejecutando una danza de gozo pero con sus caras exageradamente serias, que lo menos que reflejan es gozo. El mensaje que se comunica es contradictorio y vacío. Si vas a hablar del gozo que Dios te ha dado, ¡tienes que mostrarlo! Y no solo se muestra con palabras o con la letra de una hermosa canción, sino que se muestra con hechos y movimientos reales que son producto de una vivencia genuina y que confirman claramente el mensaje que se desea transmitir. Si vas a danzar de gozo, eso es precisamente lo que tiene que haber en ti y además se debe reflejar a través de ti. No puedes hablar de gozo con cara de tristeza y amargura porque el mensaje será confuso. Cuando ministramos, estamos dando algo a otros, tenemos que dar el mensaje correcto. Nuestra tarea es dar la esencia de Dios mismo, todo lo que Él es debe fluir a través de nosotros. Sin embargo, no podrás transmitir aquello que no tienes. No podrás transmitir gozo si realmente no experimentas el gozo de Dios y Su salvación en tu vida. También he visto el caso de aquellos que tratan de expresar con su danza la fuerza y el poder de Dios, pero sus movimientos son tan débiles como su convicción de lo que están tratando de decir. Cuando danzamos nos convertimos en un libro abierto que está a punto de ser leído por todos. Tal vez un músico pueda ocultar su estado de ánimo detrás del instrumento que va a tocar, pero el ministro de danza será expuesto totalmente a quienes le observan. Recordemos que la danza es un vocabulario y llevamos un mensaje a través de la misma. Para que ese mensaje sea efectivo, debe ir enlazado a la pasión y convicción real de tu interior. Es indispensable creer y vivir lo que decimos a través de nuestro cuerpo; de lo contrario, el mensaje será impreciso e infructuoso. Si tus movimientos no reflejan verdadera pasión por Él y la realidad de una vivencia con el Amado, entonces tu danza se convertirá en un especial más dentro del programa. Cabe señalar que los movimientos apasionados para Dios no son sinónimo de movimientos sensuales. Nuestros movimientos deben reflejar la pureza de un Dios Santo. El ministro debe ofrecer a Dios una danza consagrada y limpia, no una copia de lo que el enemigo ha tergiversado y corrompido con el fin de robarnos este maravilloso y divino regalo. Cada movimiento, cada danza debe mostrar, sin dejar lugar a dudas, que Jesucristo es la mayor pasión de tu corazón, y esa verdad se reflejará en todo tu ser de la forma más pura y santa que exalte a Jehova-Kadosh, el Dios Santo, Santo, Santo.

† Un Rostro Apasionado †

A pesar de que nos preparamos en todo nuestro cuerpo para darle al Señor lo mejor y lo excelente, he llegado a la conclusión después de muchos años de que lo que más ministra en una coreografía es el rostro del ministro de danza. El rostro es el mensajero principal en la ministración. Muchas veces en la Palabra de Dios cuando se habla del rostro, está muy relacionado a resplandor, brillo y luz. Y es que el rostro refleja, alumbra y muestra lo que hay en el interior. Aún sin conocer a una persona, observando su rostro se puede descifrar su estado de ánimo o su condición presente.

Isaías 3:9 La apariencia de sus rostros testifica contra ellos.

En el libro del profeta Isaías, podemos ver un ejemplo de cómo el rostro trae un mensaje revelador y da testimonio de la condición de un pueblo. El rostro habla de presencia y de la persona misma. Nuestro rostro es la pantalla gigante que anuncia el mensaje principal de nuestra predica corporal. El mismo debe alumbrar la luz de Cristo y revelar el corazón de Dios. De igual forma, lejos de la comunión con Dios, puede reflejar un sinnúmero de cosas que no edifican. He visto personas danzando que la primera impresión que me dan sus rostros es que están molestos, cansados o tristes. Algunos parecen estar haciendo lo que hacen por obligación y no por deleite. Otros hasta muestran en su rostro gestos de sensualidad copiados del baile en el mundo. El rostro reflejará lo que hay en el corazón. Procuremos reflejar el fruto del Espíritu que es el resultado de vivir una vida rendida y llena de la maravillosa persona del Espíritu Santo. Un rostro apasionado es poderoso. Es uno que tiene ojos como llamas de fuego que penetran en lo más profundo de las vidas y las conducen a Cristo. Una sonrisa apasionada por Dios es contagiosa y transforma la tristeza y el dolor en alegría; es capaz de desarraigar la depresión y traer esperanza donde había frustración y derrota. El rostro apasionado es un guerrero capaz de vencer los mayores enemigos en medio de la danza.

Salmos 44:3 Porque no se apoderaron de la tierra por su espada, Ni su brazo los libró; Sino tu diestra, y tu brazo, y la luz de tu rostro, Porque te complaciste en ellos.

Nuestros enemigos no caerán con estrategias humanas o con nuestra propia fuerza, sino con la autoridad de Jesucristo, del Santo Espíritu y del Rostro de Dios, en los cuales hay poder sin límites. Cuando hemos complacido el corazón de Dios, los gigantes que nos asechan son derrotados por la Presencia poderosa del Dios Trino. En este salmo, puedo ver a Jesucristo como la diestra de Dios, al Espíritu Santo como ese brazo que ejecuta las órdenes del Todopoderoso y el rostro del Padre complacido, dándonos la victoria en medio de la más difícil batalla. Revelemos el rostro de Dios a través de nuestra danza. Mostremos en nuestro rostro al Dios Poderoso que habita en nuestro corazón y conduzcamos a otros a su victoria.

Ministro de Dios, danza con tu rostro apasionado, muéstrale a Dios todo lo que no puedes esconder. Publícale al mundo la pasión que te ha cautivado, contágiales con el gozo de la salvación, derrota a tus enemigos con la espada de tu boca. Tu rostro nunca mentirá, dirá la verdad de ti, revelará quién realmente eres y será el testimonio vivo de aquello que impartirás. Moisés, al estar delante del Gran Yo Soy, capturó el resplandor de Su rostro y todos pudieron ver una pizca de la gloria de Dios a través del suyo. Un apasionado por Dios busca Su rostro en la intimidad. Allí su rostro se funde con el resplandor del rostro del Rey para luego ir y disipar toda tiniebla por medio de la luz que le fue impregnada en Su Presencia. Tu pasión por Dios te llevará a buscarle en la intimidad y cuando salgas de allí, todos verán el brillo de Su gloria en ti, tu rostro resplandecerá y vidas serán impactadas.

† Manos Apasionadas †

Nuestras manos son instrumentos muy importantes en nuestra adoración a través de la danza. Podemos ver en la Palabra de Dios que levantar o extender las manos es símbolo de victoria, de fuerza y de poder.

Éxodo 14:21 Y extendió Moisés su mano sobre el mar, e hizo Jehová que el mar se retirase por recio viento oriental toda aquella noche; y volvió el mar en seco, y las aguas quedaron divididas.

Éxodo 17:11 Y sucedía que cuando alzaba Moisés su mano, Israel prevalecía; mas cuando él bajaba su mano, prevalecía Amalec.

Cuando alzamos las manos en adoración, estamos diciendo que nos rendimos a Dios pero a la vez provocamos que nuestros enemigos se rindan y sean vencidos. Dios nos ha concedido manos para adorar, que se convierten en armas amenazantes contra el reino de las tinieblas y esas mismas manos son las que recogen triunfantes el botín de la victoria.

Una de las palabras en hebreo más utilizadas para "mano", es "yad" que significa fuerza y poder. Cuando Dios levanta Su mano, fluye Su poder sobrenatural y los enemigos son derrotados.

Jeremías 21:5- 6 Pelearé contra vosotros con mano alzada y con brazo fuerte, con furor y enojo e ira grande. Y heriré a los moradores de esta ciudad, y los hombres y las bestias morirán de pestilencia grande.

Nuestras manos son armas de guerra. El Dios de los ejércitos y Poderoso en batalla es Quien enseña a nuestras manos a pelear de forma que obtengamos la victoria.

Salmos 18:34 Quien adiestra mis manos para la batalla, Para entesar con mis brazos el arco de bronce.

Cuando el Rey Victorioso extiende Su mano, Su poder es desatado. Siendo nosotros imagen y semejanza de Él, y además, siendo Él quien adiestra nuestras manos para la batalla; podríamos concluir entonces que ese mismo poder es liberado cuando nosotros extendemos o levantamos nuestras manos en obediencia y adoración a Él. Nuestras manos han sido adiestradas por el Gran Guerrero para aplaudir y para hacer huir al enemigo. Son armas de guerra que se mueven en dirección a la destrucción de nuestros enemigos.

Jesús extendió su mano (griego- "cheir"- "poder") sobre el leproso y éste fue sano.

Lucas 5:13 Entonces, extendiendo él la mano, le tocó, diciendo: Quiero; sé limpio. Y al instante la lepra se fue de él.

Podemos ver entonces las manos en la Palabra de Dios vinculadas a la manifestación del poder, sanidad y los milagros. Nuestras manos apasionadas son una fuente de sanidad, por lo que debemos moverlas con intención y propósito, liberando por fe el poder sobrenatural de Dios.

Jesucristo también nos habla de la autoridad conferida a aquellos que hemos sido comisionados por Él para establecer Su Reino en la tierra y menciona las manos como instrumento de bendición. El poder de Dios fluye a través de las manos de un ministro apasionado y aprobado por Dios.

Marcos 16:18 Tomarán en las manos serpientes, y si bebieren cosa mortífera, no les hará daño; sobre los enfermos pondrán sus manos, y sanarán.

Hay poder en las manos de un ministro ungido y apasionado por hacer la voluntad de Dios. Ese poder es el que debe reflejarse en medio de una danza apasionada. En ocasiones he notado que, tanto en los ensayos como en el momento de danzar en la congregación, algunos danzores ni siquiera extienden completamente sus brazos al cielo, teniendo la capacidad de hacerlo. Lo hacen de forma incompleta, con los codos doblados reflejando cansancio y debilidad. El ministro debe entender el poder que opera en su vida cuando su pasión principal es Dios. La pasión por Dios extrae de nuestras manos ese poder divino el cual es liberado al pueblo. Ministro de danza, deja salir toda la pasión de tu corazón a través de tus manos, bátelas con entrega, levántalas con la actitud de alcanzar tocarle, aplaude con poder, lanza golpes que deshagan el mal, ábrelas con extravagancia y esparce bendición. Conviértete en las manos de Dios en la tierra. Cosas sobrenaturales suceden cuando manos apasionadas se mueven al ritmo del corazón de Dios.

Cuando Dios abre su mano, trae bendición. Provoquemos a través de nuestra danza apasionada que Dios abra Su mano y todas las necesidades sean suplidas.

Salmos 104:28 Abres tu mano, se sacian de bien.

Abre tus manos con pasión; no lo hagas a medias ni vagamente, hazlo como entregándolo todo. Cuando abrimos nuestras manos apasionadamente, estamos profetizando bendición para otros, pero también nos colocamos en la posición correcta para recibir todo lo que Dios tiene para entregarnos. Recuerda que cada vez que abres tus manos para Dios en adoración y entrega, Él derrama abundancia sobre ellas y te sacia de Su bien.

Cantares 5:5 Yo me levanté para abrir a mi amado, y mis manos gotearon mirra, Y mis dedos mirra, que corría sobre la manecilla del cerrojo.

La palabra "gotearon" viene del hebreo "nataph", que significa "profetizar", "predicar". Y la palabra "mirra" viene del hebreo "more", que habla del material utilizado para perfumes y aceite sagrado. Cuando le abrimos nuestro corazón a Dios, cuando Él nos apasiona más que nada en la vida, de nuestras manos fluirá Su poder profético y predicaremos a través de nuestros movimientos. No solo profetizaremos con nuestras manos, sino que Su unción se manifestará como aceite fresco, el perfume de Su Presencia se esparcirá por todo el lugar y traerá como resultado milagros y señales.

Los brazos apasionados de Jesús un día se extendieron en amor por la humanidad. Sus manos fueron clavadas en una cruz predicando el más elocuente mensaje de amor, y de ellas destiló el perfume más maravilloso de Salvación a la humanidad.

† Pies Apasionados †

Si fuésemos a hablar de nuestros pies en forma literal, podemos decir que son un instrumento primordial para el danzor, aunque quien tiene pasión ha logrado danzar aun sin ellos. Al momento de derramar toda nuestra pasión a Dios, también nuestros pies pueden hablar. La danza es movimiento, es libertad… la danza apasionada es una danza de grandeza, que se mueve con intrepidez, se desliza, ejecuta saltos y giros y se manifiesta con todo el templo del Espíritu Santo. Al danzar, nuestros pies deben ser parte de la historia que estamos contando. No hay porque permanecer estático en una sola posición todo el tiempo. Permitamos a nuestros pies hablar y proclamar al mundo que Jesucristo, nuestro Salvador, ya no está clavado en una cruz estático, sino que venció la muerte; los clavos no lo pudieron detener. ¡Qué nuestros pies cuenten las nuevas de resurrección y vida! No olvidemos entrenar y disciplinar nuestros pies para moverse correctamente, evitando lesiones y proyectando la excelencia que caracteriza a un Dios Excelente ¡Apunta tus pies! Además, procura que siempre vayan en la dirección correcta, en dirección al propósito de Dios, al camino de la eternidad en Él.

Algunos significados para la palabra "pies" en el hebreo son: "paso", "camino", "mensajero", "posesión". Nuestros pies son mensajeros que marcan un camino y dejan huellas de bendición. A través de nuestra danza apasionada podemos dejar huellas divinas en los corazones de las vidas.

La Palabra de Dios describe como hermosos los pies de aquellos que los utilizamos para anunciar las buenas nuevas.

Romanos 10:15 ¿Y cómo predicarán si no fueren enviados? Como está escrito: ¡Cuán hermosos son los pies de los que anuncian la paz, de los que anuncian buenas nuevas!

Nuestros pies son mensajeros de las buenas nuevas de Dios. Con ellos nos movemos, son el vehículo que nos lleva de un lugar a otro. A través de nuestra adoración en danza, nuestros pies llevan un grandioso mensaje, el mensaje del Shalom de Dios.

Efesios 6: 14- 15 Estad, pues, firmes, ceñidos vuestros lomos con la verdad, y vestidos con la coraza de justicia, y calzados los pies con el apresto del evangelio de la paz.

El mensaje del Shalom de Dios implica lo completo, la prosperidad, el bienestar total que proviene de Dios. Pero nuestros pies no solo predican cuando se mueven en una hermosa danza, sino que también hablan cuando se mueven en nuestro caminar diario. Muy tristemente hay quienes ofrecen una danza mezclada con la suciedad del camino amplio que lleva a la perdición. En el altar mueven sus pies en supuesta adoración a Dios y cuando salen de allí, caminan hacia lugares pecaminosos a ofrecer una danza de maldición, donde la pasión va dirigida al orgullo propio, el egoísmo, la auto-exaltación, la lujuria y más. No me refiero a ministros ungidos que se atreven a pararse en la brecha e ir a proclamar el evangelio en lugares donde abunda el pecado en busca de ganar almas, pero sin abandonar su integridad e identidad como hijos de Dios. Hablo de aquellos que se convierten al mundo utilizando vestuarios indecentes, provocando, seduciendo e induciendo con sus cuerpos a otros al mal. Mi corazón gime de dolor al ver ministros de danza que un día le entregaron sus vidas a Dios en adoración, pero más adelante se fueron a tomar clases de baile, se desenfocaron y terminaron ensuciando sus pies, influenciados por las pasiones desenfrenadas del mundo y danzando al ritmo del pecado. Hermosos son los pies que predican un evangelio no adulterado. Los pies de un ministro de Dios no caminan hacia cualquier lugar, son dirigidos por el Espíritu de Dios en todo tiempo. Puedo testificar para la gloria de Aquel que me escogió, que cuando he ido a tomar clases de danza a alguna escuela, la mayoría de mis profesores han terminado recibiendo a Jesucristo como Salvador de sus vidas. Y cuando el ambiente no ha sido apropiado según la guianza del Espíritu Santo, he salido del lugar sin cuestionar.

Dios ha otorgado a Sus ministros adoradores autoridad para poseer todo territorio que pisen sus pies en obediencia y adoración. Nuestros pies han sido diseñados para sellar el territorio transitado de forma tal que conquistemos naciones y establezcamos el reino de Dios en la tierra.

Josué 1:3
Yo os he entregado, como lo había dicho a Moisés, todo lugar que pisare la planta de vuestro pie.

Deuteronomio 11:24
Todo lugar que pisare la planta de vuestro pie será vuestro; desde el desierto hasta el Líbano, desde el río Éufrates hasta el mar occidental será vuestro territorio.

¡Nuestros pies proclaman nuestra victoria y la derrota de Satanás!

Romanos 16:20 Y el Dios de paz aplastará en breve a Satanás bajo vuestros pies. La gracia de nuestro Señor Jesucristo sea con vosotros.

Si caminamos en obediencia a Dios, podremos danzar profetizando la derrota de todo enemigo que nos haga frente.

Una de mis escrituras preferidas se encuentra en el libro de Efesios:

Efesios 1:16-23 No ceso de dar gracias por vosotros, haciendo memoria de vosotros en mis oraciones, para que el Dios de nuestro Señor Jesucristo, el Padre de gloria, os dé espíritu de sabiduría y de revelación en el conocimiento de él, alumbrando los ojos de vuestro entendimiento, para que sepáis cuál es la esperanza a que él os ha llamado, y cuáles las riquezas de la gloria de su herencia en los santos, y cuál la supereminente grandeza de su poder para con nosotros los que creemos, según la operación del poder de su fuerza, la cual operó en Cristo, resucitándole de los muertos y sentándole a su diestra en los lugares celestiales, sobre todo principado y autoridad y poder y señorío, y sobre todo nombre que se nombra, no sólo en este siglo, sino también en el venidero; y sometió todas las cosas bajo sus pies, y lo dio por cabeza sobre todas las cosas a la iglesia, la cual es su cuerpo, la plenitud de Aquel que todo lo llena en todo.

Me emociona la revelación de quiénes somos verdaderamente en Dios, lo que poseemos en Él y el poder que opera en nosotros por medio de Jesucristo. Estos versos son una realidad transformadora. El mismo poder que operó en Jesucristo y que le levantó de la muerte, ha sido otorgado a la Iglesia. A Jesucristo le fue concedida toda autoridad sobre todo lo creado a través de Su obediencia hasta la muerte. El Salvador nos ha sido dado a la Iglesia por Cabeza, siendo la Iglesia Su cuerpo. Esta escritura nos muestra cómo todas las cosas han sido sometidas bajo los pies de Jesucristo. Y ¿dónde están los pies? En el cuerpo; y ¿quién es el cuerpo? La Iglesia. Podemos concluir entonces, que a la Iglesia se le ha conferido la autoridad y el poder para vencer sobre todo enemigo y circunstancia. Somos la Iglesia, los pies de Jesucristo, llamados a proclamar el evangelio a toda criatura y a derrotar todo enemigo por medio del poder de la resurrección en nosotros. Nuestra danza, nuestros pies moviéndose en obediencia, santidad y adoración a Dios, son armas de fuego en contra de Satanás. El enemigo no podrá resistirse y tendrá que huir ante un ministro de Dios que danza sometido en toda su manera de vivir a Quien es la Cabeza, Aquel que lo llena todo en todo. Cada vez que muevas tus pies, que pisotees, saltes, marches y los utilices para glorificar a Dios, hazlo con pasión y entendimiento. No olvides que estás proclamando las buenas nuevas de bendición, profetizando la victoria sobre todo enemigo, ejerciendo autoridad, tomando posesión territorial, liberando el poder de Dios en la tierra... Ministro de Dios, aplasta al enemigo con pies apasionados y consagrados al Rey Vencedor.

† Corazón Apasionado †

Un corazón apasionado por Dios es capaz de hacer cualquier cosa y a cualquier costo por complacer Su Corazón. Los deseos de Dios son órdenes para el que vive apasionado por Él. Un apasionado se deleita en pasar tiempo de intimidad en Su Presencia, en la dulce lectura o meditación de Su Palabra. Este tiempo se hace tan maravilloso que el apasionado desearía que no terminara jamás. Al pasar tiempo en la intimidad, Su pasión nos consume y Él comienza a revelarnos Su amor y Sus propósitos para con nosotros. En la medida en que Dios se nos revela, más nos apasionamos por Él, más le amamos y nuestra obediencia se convierte en una acción espontánea, inmediata e irrefutable. Mientras más le conozcamos en la intimidad, más nos apasionaremos por el Deseado de las naciones. Un corazón apasionado por Dios rinde sus anhelos, sus planes, su voluntad, su vida... todo a los pies de Aquel que le amó primero. La danza mostrará el reflejo de lo que un ministro posee en su corazón. Si tu corazón desborda de pasión por Dios, tu danza revelará el resplandor de Su gloria y la grandeza de Su poder.

De mi corazón a tu corazón

Recuerdo que desde niña había en mi corazón un amor muy especial por Aquel Dios del que me hablaban pero que no conocía. En mi inocencia e ignorancia, le hablaba y trataba de buscarle a la manera de una niña. Sin darme cuenta, mi pasión por Él comenzó a crecer y me iba enamorando más de Su Presencia. No puedo explicar con exactitud, cómo fue que Él conquistó mi corazón, solo puedo decir que hoy mi vida es solo Él, respiro por Él, vivo para Él y moriría al instante, si me faltara. ¡Que falte todo, que lo pierda todo, que todos se alejen, que los que amo me abandonen, que no reciba lo que tanto he esperado, pero que no me falte Su Presencia!

Mi pasión por Él me ha llevado a abandonar mi voluntad por la de Él, a hacer cosas por complacerle que jamás pensé que haría. Danzar frente a multitudes, es algo que si me dieran a elegir, escogería a otra persona para hacerlo. Prefiero danzar en la intimidad de la recámara donde solo estamos Él y yo, donde puedo perderme en la libertad de un mágico momento de amores a solas con Él. Sin embargo, por amor, he aceptado, por encima de los nervios o la inseguridad, complacer Su deseo de mostrarme al mundo danzando para Él. Mi pasión por Él me ha llevado a tomar grandes riesgos, a aceptar grandes retos y hacer lo que para muchos ha sido locura, incluso a ser criticada, juzgada y hasta rechazada por pararme con firmeza por Su Verdad. Cosas que muchos jamás comprenderán, solo aquellos que han perdido su voluntad por amar a un Dios apasionado.

Con el tiempo descubrí algo que llena mi ser de un gozo indescriptible; no solo Él conquistó mi corazón, sino que mi pasión ha conquistado el Suyo. Yo me deleito en Él, pero Él se deleita en mí. Yo lo anhelo y Él me anhela aún más. Algunos han cuestionado el trato de Dios conmigo, y yo misma no puedo comprender a cabalidad tal derroche de amor. Hoy puedo decir, sin lugar a orgullo en mi corazón, solo porque lo vivo, que mi pasión por Él me ha llevado a alcanzar Su favor. Él ha extendido Su cetro delante de una perdidamente apasionada por Él y ha dicho: "Prendiste mi corazón, hermana, esposa mía; Has apresado mi corazón" (Cantares 4:9).

Te adoro mi Señor, eres mi mayor pasión, y mi mayor anhelo es estar contigo, cara a cara por la eternidad.

V

El Precio de Su Gloria

... Y si perezco, que perezca

Ester 4:16

† El Precio †

*T*odos deseamos la unción, la manifestación del poder de Dios en nuestros ministerios. Creo que si hay algo que todos los ministros tenemos en común es un deseo ardiente de que Dios nos use como Sus instrumentos y que Su gloria se manifieste a través de lo que hacemos para Él. Una cosa nos lleva a la otra, para poder llevar Su gloria, tenemos que ser vasijas llenas de ella. Antes de mostrar Su gloria tenemos que haber experimentado el peso de la misma. Moisés elevó a Dios una gran petición, ver Su gloria. Dios contestó mostrándole el destello de Su gloria de forma tal que cuando el pueblo le miraba, veía el reflejo de la misma a través de él (Éxodo 33- 35).

Éxodo 33:18 Te ruego que me muestres tu gloria.

Dios le permitió experimentar y palpar el resplandor de Su gloria. Luego de un encuentro sobrenatural con Dios, Moisés ni siquiera se había percatado de que su rostro resplandecía. Existía una evidencia en Moisés de que había estado en la misma Presencia de Dios. Su gloria se impregnó en él.

Éxodo 34:29 Y aconteció que descendiendo Moisés del monte Sinaí con las dos tablas del testimonio en su mano, al descender del monte, no sabía Moisés que la piel de su rostro resplandecía, después que hubo hablado con Dios.

Es un deseo muy genuino y válido delante de Dios el querer ser portadores de Su gloria, siempre y cuando nuestras motivaciones sean las correctas. Todos nuestros anhelos y planes en Dios deben ir dirigidos a darle a Él toda gloria y exaltación. Solo aquellos que busquen primeramente el Reino de Dios y Su justicia, aquellos que anhelen engrandecer el nombre de Jesucristo y no el suyo, serán aptos para recibir la gloria tan anhelada.

Pero, ¿qué es Su gloria? ¿Qué es lo que realmente estamos pidiendo cuando hacemos esta oración? El libro de Isaías Capítulo 40 nos da una ilustración muy interesante con relación a la gloria de Dios.

Isaías 40:5 Y se manifestará la gloria (kabód) de Jehová, y toda carne juntamente la verá; porque la boca de Jehová ha hablado.

La palabra hebrea para gloria en este verso es "kabód". El significado de "kabód" es "peso", "esplendor", "majestad", "honor", "poder", "riqueza". La Palabra nos muestra en este verso que Dios manifestaría Su esplendor, Su majestad, Su poder, Su riqueza y que todos lo veríamos. Esto nos revela que no es absurdo hacer la misma petición de Moisés. Dios quiere manifestar Su gloria y mostrarla a la humanidad. Esta es una palabra profética de que la gloria de Dios se mostraría y hemos visto el cumplimiento a través de todos los tiempos. Se cumplió en Jesucristo al venir a la tierra y mostrarse a la humanidad, Él es la gloria de Dios manifestada. Vemos también al Espíritu Santo derramado sobre la Iglesia y haciendo un despliegue del poder y la gloria de Dios. Así mismo hemos visto muchos ministerios de siervos que Dios ha utilizado como canales de Su gloria. Más adelante en el verso nueve del mismo capítulo de Isaías vemos:

v. 9 Súbete sobre un monte alto, anunciadora de Sión, Levanta fuertemente tu voz; levántala, no temas; di a las ciudades de Judá: ¡Ved aquí al Dios vuestro!

Hoy día somos nosotros quienes anunciamos el evangelio del amor y la salvación de Dios. Dios nos invita a subir a un monte alto. La palabra "súbete" viene del hebreo "alá", que significa "ascender", "elevar", "crecer", "ensanchar", "exaltar" y "ofrecer". En otras palabras, Dios nos llama a elevarnos a las alturas, a crecer a la estatura del Varón Perfecto, a ensanchar nuestro territorio, a traer ofrenda agradable a Él, a exaltar Su nombre con nuestras vidas. Esa es la posición de aquellos que anhelamos Su gloria, posición de altura, de elevarnos a Su Presencia por encima de toda circunstancia. Sin embargo, esa misma palabra también significa: "abandonar", "alejar", "sacrificar", "sobrepasar", "trepar", "gastar", y "desaparecer". Es aquí donde vemos la espada de dos filos de Su Palabra. Ver Su gloria majestuosa y esplendorosa requerirá abandonar nuestra pasada manera de vivir, alejarnos completamente del pecado y de toda distracción, sacrificar nuestra vida misma en pos de Su voluntad, sobrepasar todo obstáculo del enemigo. La palabra trepar implica esfuerzo máximo, se trata de darlo todo hasta gastarnos nosotros mismos por amor a Él. Desaparecer implica que al recibir Su gloria, Él crece y nosotros menguamos. Es a través de nosotros que Dios quiere mostrar Su gloria a la humanidad. Somos nosotros los llamados a decirle el mundo "¡Ved aquí al Dios vuestro!" Cuando nos vean a nosotros, el mundo verá a Dios, verá Su gloria, Su esplendor, Su poder, Su majestad. Pero para que eso ocurra, tenemos que subir al monte alto, al lugar de crecimiento espiritual donde reconocemos que todo se trata de Él. Necesitamos ir a ese lugar donde hay un precio a pagar, al lugar donde el peso de Su gloria nos aplasta, desaparecemos y ya no nos vemos nosotros, sino Él a través de nosotros. Tenemos acceso a Su gloria entrando al lugar de sacrificio donde podemos decir sin duda:

Gálatas 2:20 Con Cristo estoy juntamente crucificado, y ya no vivo yo, mas vive Cristo en mí; y lo que ahora vivo en la carne, lo vivo en la fe del Hijo de Dios, el cual me amó y se entregó a sí mismo por mí.

El subir a ese monte alto implica sacrificio, dolor, esfuerzo y muerte al yo. Los lugares altos son lugares de soledad, muchas veces tendrás que alejarte de la multitud para poder subir a la cima donde habita la gloria que anhelas. Siempre nos han enseñado que el precio a pagar por servirle a Dios y por Su gloria es el orar, ayunar, ser fiel en congregarse, etc. Sin embargo, creo que más allá de esto ser el precio, realmente es el deleite y privilegio de servirle a Él. Orar, escudriñar las Escrituras, ayunar, pasar tiempo con Dios, debe ser nuestra mayor delicia y gozo. Es la recompensa de haber aceptado el sacrificio de Jesucristo, y a través de Él poder acercarnos confiadamente al trono de la gracia por Su justicia y por Su sangre redentora. Entonces, ¿Cuál es el precio a pagar?

El precio... alto, el costo... difícil, la recompensa... inigualable. He aquí algunos de los costos para la mejor inversión.

Decimos...
... Quiero ver Tu gloria... *el alto costo*... levantarte muy temprano, mientras otros duermen.
... Quiero que me uses... *el alto costo*... atender los asuntos del reino cuando todos van al cine o salen a divertirse en placeres terrenales.
... Deseo salvación para mi familia... *el alto costo*... más tiempo para el reino de Dios y Su justicia y menos para el Internet, las redes sociales, el teléfono celular, la televisión, etc.
... Quiero ir a las naciones y proclamar Tu Palabra... *el alto costo*... abstenerme de los apetitos carnales mientras otros se "divierten en los placeres del mundo".
... Quiero mostrar tu gloria al mundo... *el alto costo*... vivir una vida de santidad total mientras muchos se contaminan y llevan doble vida.

Todo lo que queremos en la vida tiene un costo. Si tomamos como ejemplo los atletas, ellos requieren entrenamiento diario, entrega total, enfocarse en la meta, dietas rigurosas, disciplina física y mental, voluntad, esfuerzo, sacrificio, etc. Nos maravillamos al ver las olimpiadas y quedamos perplejos al ver tanta perfección, tiempos récord, velocidad increíble, habilidad insuperable, etc. Nos preguntamos cómo puede alguien llegar a tanto. La contestación está muy cerca; muy sencillo, ese es el resultado de aquellos que calcularon el costo y pagaron el precio. El obrero para poder recibir su salario debe cumplir con sus responsabilidades en todo tiempo, levantarse muy temprano, ser puntual, realizar las tareas establecidas, etc. Solo así recibirá la recompensa de su jornal. Un estudiante universitario muchas veces tiene que amanecerse estudiando, madrugar, soportar profesores difíciles, estudiar aunque no le guste, etc. Pero luego viene la recompensa, una profesión que traerá satisfacción, sustento y abrigo. No existe tal cosa como ir de compras a una tienda y llevarte algún artículo diciendo que pagarás solo una parte. Si no pagas el costo establecido, no obtendrás lo que deseas.

Toda promesa de Dios está condicionada. Vemos que Dios en Su Palabra nos promete muchísimas bendiciones, pero muchas veces queremos ignorar las condiciones requeridas para el cumplimiento.

Algunos ejemplos:

- *Jeremías 33:3 Clama a mí, y yo te responderé, y te enseñaré cosas grandes y ocultas que tú no conoces.*
  Promesa: Dios responde y se revela
  Condición: Clama a Él
  Especificaciones: (Clama en hebreo es "qara") Clamar como Él requiere de nosotros. Buscar encontrarte con Él, gritar, invitar, proclamar
- *Mateo 7:7- 8 Pedid, y se os dará; buscad, y hallaréis; llamad, y se os abrirá. Porque todo aquel que pide, recibe; y el que busca, halla; y al que llama, se le abrirá.*
  Promesa: Recibirás, hallarás, se te abrirá
  Condición: Pide, Busca, Llama
  Especificaciones: (Del griego) Pedir y desear con determinación, buscar con esfuerzo y adoración, llamar golpeando hasta alcanzar

Pagar el precio implicará no solo aceptar la condición de Dios para el cumplimiento de Sus promesas, sino también cumplir a cabalidad con todas las especificaciones de cómo Él desea que se lleve a cabo cada asignación. El problema está en que muchos anhelan la promesa, pero pocos están dispuestos a cumplir con las condiciones y especificaciones. Existen varias formas de alcanzar una meta; una es de forma mediocre y con resultados temporales; otra es pagando el alto precio que conduce al cumplimiento permanente y eterno del plan divino. Por ejemplo, puedes llegar a una profesión de dos formas: Una, sin mucho esfuerzo, en la zona cómoda y fácil, sin abnegación, aprendiendo nada, tardándote mucho más tiempo del establecido, repitiendo muchas veces las mismas clases y aparentando algo no real. Otra forma es con entrega, pasión, sacrificio, enfoque, con conocimientos reales y en menos tiempo. La mediocridad conduce al fracaso. El mediocre se conforma con poco o nada. Dios no usa perezosos; los esforzados y valientes trabajan en la empresa divina. Ministro de adoración y danza, tus palabras, tus cánticos o tu danza serán vacíos e inefectivos si no estás dispuesto a pagar el precio requerido. Nuestras palabras, nuestra danza y ministerio deben ir respaldados por una vida de entrega a Dios sin reservas. La unción que se manifieste en nuestra vida y ministerio vendrá como resultado del precio que hemos pagado en lo secreto. La gloria y la unción por la que oramos costará. Jesucristo ya pagó el más alto precio por nuestra victoria eterna. El pago nuestro nunca superará al de Él, pero no significa que Su gloria no nos costará.

Como ministros de danza, también debemos estar dispuestos a pagar el precio que sea necesario para que la gloria de Dios se manifieste a través de nuestras vidas y podamos cumplir con la gran comisión de llevar el evangelio a toda criatura a través de nuestro instrumento de adoración, el templo del Espíritu Santo. Se te requerirá tiempo, tu agenda controlada por Aquel que te escogió, sacrificio, buen testimonio, disciplina, inversión financiera, entrenamiento físico, sujeción, humildad, compromiso, responsabilidad, puntualidad, entrega, etc. La calidad de lo que hagas dependerá del precio que estés dispuesto a pagar.

He descubierto con el pasar del tiempo que Dios requiere TODO de nosotros. En momentos Él requerirá que cambiemos nuestros planes originales, desistir de nuestras propias metas por las de Él, cambiar drásticamente de dirección, doblegar nuestra voluntad, renunciar al sueño más anhelado. Muchas veces tendremos que trabajar muy fuerte, a veces disfrutar de menos horas de sueño, realizar tareas difíciles e ir por encima de nuestras emociones y de lo que sentimos solo por obedecerle a Él. Pagar el precio es guardarte en santidad mientras otros manchan sus vestiduras con el pecado, soportar las críticas y la persecución por seguirle a Él, no ser comprendido muchas veces, soledad, abandono de muchos y ser juzgado injustamente por pararte por la verdad. El precio es realmente alto, pero la satisfacción obtenida nos impulsará a efectuar el pago total y a experimentar el gozo incomparable de vivir dentro de la perfecta voluntad del Padre. Nuestro mayor deleite será disfrutar de las delicias de Su Presencia en la intimidad. En la medida en que profundizamos en nuestro tiempo de oración, ayunos, estudio de la Palabra, búsqueda de la Presencia de Dios y comunión con el Espíritu Santo, más fácil será pagar el precio. Como resultado veremos Su gloria manifestarse en nuestras vidas de forma sobrenatural y además en las vidas de otros a través nuestro.

Muchos personajes en la Biblia son de gran inspiración a nuestras vidas al momento de pensar en el asunto difícil de pagar el alto precio por Su gloria. Son personas admirables y dignas de reconocimiento. Personas como tú y como yo, con debilidades y deficiencias, pero con un alto grado de compromiso y adoración hacia Aquel que les llamó.

Ester, era una mujer de propósito, mujer virtuosa y favorecida. Después de haber sido posicionada en un lugar de autoridad y privilegio, fue pasada por la prueba del alto precio a pagar. Fue la elegida por el rey para ser la primera, la esposa, la reina. No carecía de nada, era respetada y admirada, pero tenía que subir más alto, al lugar donde la gloria de Dios sería mostrada a través de ella. El precio, muy alto; su vida misma a favor de la liberación de un pueblo. El riesgo era grande, la sentencia definiría su reinado, sus comodidades, su alta posición, sus riquezas, más aun, su existencia... Ester decidió pagar el costo.

Ester 4:16 Y si perezco, que perezca.

Abraham, padre de naciones, el hombre de la fe, después de una larga espera para recibir la anhelada promesa, al fin la obtuvo. El hijo de la promesa, esa semilla que se multiplicaría y daría a luz naciones. Isaac, la evidencia de la fidelidad de Dios, el gozo del cumplimiento, descendencia, linaje, el amor de un padre que finalmente ve la manifestación de la Palabra hablada por la boca de Dios. Pero era necesario ascender aún más alto, a mayores alturas para ver Su gloria.

El precio, muy alto, la entrega de lo más preciado, lo de más valor; su hijo, el hijo de la promesa, lo más amado. Abraham decidió pagar.

Génesis 22:9- 10 Cuando llegaron al lugar que Dios le había dicho, edificó allí Abraham un altar, y compuso la leña, y ató a Isaac su hijo, y lo puso en el altar sobre la leña. Y extendió Abraham su mano y tomó el cuchillo para degollar a su hijo.

Jesucristo, el Perfecto, el Santo, la Palabra Viva, la Gloria de Dios manifestada... vino a la tierra. Se ofreció voluntariamente, decidió pagar el MAYOR PRECIO, las burlas, el rechazo, la traición, el abandono, el desprecio, mentiras, injurias, soledad, calumnias, heridas, críticas, injusticia, dolor, crueles latigazos, golpes físicos y emocionales, sangre inocente derramada... Jesucristo pagó con todo, con Su vida, Su cuerpo ofrecido en sacrificio por el pecado para salvación, libertad y sanidad de todos. Nunca pagaremos un precio mayor que el de Jesús. Jesucristo decidió pagar el mayor costo.

Juan 10:15, 17-18 Así como el Padre me conoce, y yo conozco al Padre; y pongo mi vida por las ovejas... Por eso me ama el Padre, porque yo pongo mi vida, para volverla a tomar. Nadie me la quita, sino que yo de mí mismo la pongo.

Jesucristo, Aquel que hizo la mayor inversión para obtener el mayor beneficio, salvarte a ti y a mí y llevarnos de vuelta a casa.

El verso 9 de Isaías 40 continúa diciendo:

v. 9 Súbete sobre un monte alto, anunciadora de Sión, Levanta fuertemente tu voz; levántala, no temas; di a las ciudades de Judá: ¡Ved aquí al Dios vuestro!

- Anunciadora- (hebreo "basar"): anunciar buenas nuevas, predicar, demostrar, enseñar, explicar, mostrar, proclamar, publicar, revelar, mensajero

- Ved- (hebreo "jianné"): ¡He aquí! ¡Miren! He aquí miren bien

Cuando la gloria de Dios se manifiesta te llama a subir más alto, al monte del sacrificio y de la entrega. Desde allí tus hechos hablarán fuertemente por ti y tu vida resplandecerá con Su "kabód". Su gloria en ti proclamará a las naciones: "¡Ved aquí al Dios vuestro!"

Cualquiera sea el ministerio que Dios te haya entregado, sea adoración, danza o cualquier otro; si quieres que la gloria de Dios se manifieste en tu vida y otros la puedan ver en todo Su esplendor, hay un precio a pagar. Ester estuvo dispuesta a perecer, Abraham, a dar lo más preciado, a su hijo, Jesucristo se dio a sí mismo. La pregunta es, ¿cuánto estás dispuesto a pagar tú?

† El Precio a pagar de un Ministro de Danza †

Toda meta, todo sueño, todo lo que deseamos alcanzar requiere sacrificio. De igual forma es el ministerio. La meta de un ministro es cumplir a cabalidad con la tarea asignada por Dios. El ministerio de danza requiere mucho esfuerzo, sacrificio y un gran precio a pagar. Hay una inversión muy alta de tiempo; se te requerirá tiempo para ensayos, clases, talleres, discipulados, congresos y preparación en todas las áreas. Por otro lado, las vestimentas e instrumentos de adoración en la danza son costosos. Todo ministro debe adquirir sus propios instrumentos para ejercer su llamado. Muchos se conforman con pedir instrumentos y vestimenta prestados. Me parece necesario mencionar que nadie debe vivir de la experiencia o esfuerzo de otros. Cada cual debe esforzarse por obtener todo lo necesario para poder fluir en la tarea encomendada por Dios sin ninguna limitación. Creo que los instrumentos de adoración a Dios y la vestimenta son muy personales y tienen un significado profético para cada ministro. Cada cual debe conseguir lo suyo propio, cuidarlo y consagrarlo para su uso personal y con el propósito exclusivo de dar una adoración íntima y de excelencia al REY. Parte del precio, entonces, es el área financiera. Si vas a una escuela de danza a tomar clases, costará. Si deseas adquirir material educativo para tu crecimiento personal, costará. Si quieres ir a talleres y congresos de capacitación, costará. Cada uno necesita invertir en el reino, en su destino profético, cada cual pagará un precio personal. No hay inversión más sabia y que devengue mayores intereses que la inversión en el reino. ¡Vale la pena!

Hay quienes buscan utilizar la gloria de alguien que ha pagado un alto precio como trampolín para subir alto. La motivación de sus corazones es egoísta y arrogante. Desean quitar a otros para colocarse ellos, buscan posiciones y títulos, quieren estar en lugares altos solo para ser reverenciados. Podrán en ocasiones obtener gloria y aplausos de hombres, pero esa gloria es pasajera y se desvanece. Si algún impulso buscamos, que sea el del Espíritu Santo, si alguna posición, la de siervo, a los pies de Jesús; si alguna intención para con nuestros hermanos en Cristo, que sea cubrirles en intercesión, sujetarles para que no caigan e impulsarles a ganar más para el reino. Ministro de Dios, hay un precio que solo tú podrás pagar por Su gloria, no intentes cobrar en donde no invertiste. Hay una inversión que te corresponde solo a ti, ¿estás dispuesto?

Pagar el precio requerirá abstenernos de placeres cuando otros disfrutan de los mismos, cambios de planes repentinos, rechazar ofertas tentadoras, pero que no nos impulsan hacia el llamado de Dios, etc. Te costará persecución, perder popularidad, renunciar a una vida fácil. Tendrás que tener disciplina firme, decir no a la tentación y al mundo; requerirá salir de la multitud para estar a solas con Jesús. Demandará pararte como levita por Jesús, aun cuando nadie más decida por Él... todo por Su Gloria. Es mejor pagar el precio requerido antes y cobrar después la recompensa divina, que cobrar ahora buscando solo beneficios y comodidad, y pagar después el precio del estancamiento, fracaso y pérdida de propósito verdadero. Nuestro Dios no busca ministros talentosos, Él busca adoradores en espíritu y verdad dispuestos a pagar el precio de Su gloria. Adoradores que nada los detiene, que saben danzar en medio del cansancio y adorar en medio del dolor y la enfermedad, adoradores que adoran sin importar cuan alto sea el costo.

† ¿Qué haremos con tan costosa Gloria? †

Si la motivación de nuestro corazón es la correcta, si estamos dispuestos a pagar el precio, inevitablemente la gloria vendrá. ¿Y qué haremos con tal gloria? La respuesta es simple: se la devolveremos a Él. A mayor gloria en nosotros y a través de nosotros, menos debemos vernos y más se verá el Dueño de ella. Nuestra vida tiene que permanecer escondida con Cristo en Dios. Dios quiere elevarnos a lugares altos de gloria, pero el trono le pertenece a Él. Hay quienes desean pararse frente al trono de Dios para verse ellos. Éstos perderán la oportunidad de permanecer en la gloria porque sus corazones no están preparados. Otros comienzan entregando a Dios toda la gloria, pero no tienen el carácter para permanecer allí libres de la vanagloria y auto-exaltación. Estos exhibirán frutos artificiales y finalmente perderán su posición de honor. El mejor lugar para estar es detrás del trono, donde Su gloria se manifestará y nosotros nos convertimos en reflejo de Su esplendor y majestad. Solo corazones humildes podrán contener la gloria postrera que ha de manifestarse. Ministro de Dios, Él quiere exponerte a las alturas; recuerda siempre y nunca olvides que toda la gloria pertenece a Él y solo a Él.

Romanos 11:36 Porque de él, y por él, y para él, son todas las cosas. A él sea la gloria por los siglos. Amén.

De mi corazón a tu corazón

En mi caminar a lo largo de los años he encontrado ministros que me piden que les enseñe algún taller de danza, que quisieran aprender lo que han visto de mí o del ministerio que dirijo. Pastores me han pedido que instruya a su ministerio local porque desean que sus ministros de danza aprendan lo que Dios me ha dado. Yo con gusto lo he hecho, he ido a ministrar, a dar y enseñar a muchas iglesias, ciudades y naciones. Sin embargo, el resultado final no está en mis manos, sino en las de cada ministro individual. A cada uno se le requerirá pagar un precio por Su gloria y nadie lo podrá pagar por otro. Ya Jesucristo pagó el precio de Salvación para todos, pero el precio por Su gloria le corresponde a cada cual. Cada uno decidirá el precio que esté dispuesto a pagar. No hay atajos, se trata de una vida misma de entrega y adoración con olor a sacrificio. Lo que suceda en público cuando danzas será el resultado de lo que has ofrecido en tu altar privado. El precio por Su gloria es alto. A mí personalmente me ha costado mucho, sueños a los que he renunciado, placeres dejados a un lado, renuncias, negarme a mí misma y mucho más. El precio de Su gloria es mucho más que tomar clases de danza y mejorar las extensiones, va más allá de entrenar fuertemente hasta el cansancio, es más que adquirir todas las técnicas dancísticas. Su gloria requiere TODO, todo de ti. Su gloria te despertará cuando otros reposan, Su gloria cambiará tu agenda y tus planes, Su gloria te pedirá lo que más amas, Su gloria te apartará de aquellos que un día estuvieron cerca pero que ya no son parte de lo que Dios tiene para ti, Su gloria demandará tu tiempo, tus finanzas, amigos y relaciones. Su gloria te costará, te llevará al Monte Moriah a sacrificar lo más valioso, pondrá en riesgo tu estadía en el palacio, o más aun demandará tu VIDA. Pero el resultado es incomparable. A cambio, Su gloria hará manifiesta Su Presencia en tu vida, transformará atmósferas, cambiará tristeza por gozo y derrota por victoria. Su gloria abrirá el portal para el mover profético, traerá consuelo al enlutado, restaurará corazones, hará a los demonios huir, la enfermedad desaparecerá, milagros se manifestarán, la revelación descenderá, gigantes serán derrotados, el fuego del Espíritu Santo traerá avivamiento e incendiará corazones con la llama de la pasión por el Amado. Su gloria traerá libertad para el oprimido, sanidad al enfermo y salvación al perdido. Muchos quieren Su gloria, pero pocos están dispuestos a invertir, a pagar el precio. ¡Yo decido por Su gloria! Espíritu Santo, ayúdame cada día a pagar el precio por tan maravillosa gloria.

VI

Cómo me presentaré ante el Rey

Y deseará el rey tu hermosura;
E inclínate a él, porque él es tu señor.

Salmos 45:11

*A*ntes del sacrificio de Jesucristo nuestro Salvador, durante el antiguo pacto, era imposible que el pueblo pudiera acercarse a la Presencia de Dios. En el Antiguo Testamento, únicamente el Sumo Sacerdote podía acercarse una vez al año al Lugar Santísimo, en el tabernáculo, donde habitaba la Presencia de Dios. Después del derramamiento de la Sangre de Jesucristo para nuestra redención, el velo del Templo se rasgó, como símbolo de la apertura que Dios nos da como hijos hacia Su Presencia.

Hebreos 10:19- 22 Así que, hermanos, teniendo libertad para entrar en el Lugar Santísimo por la sangre de Jesucristo, por el camino nuevo y vivo que él nos abrió a través del velo, esto es, de su carne, y teniendo un gran sacerdote sobre la casa de Dios, acerquémonos con corazón sincero, en plena certidumbre de fe, purificados los corazones de mala conciencia, y lavados los cuerpos con agua pura.

Hoy día, y gracias a nuestro Amado Salvador, podemos acercarnos confiadamente al trono de Dios y alcanzar gracia y misericordia.

Hebreos 4:16 Acerquémonos, pues, confiadamente al trono de la gracia, para alcanzar misericordia y hallar gracia para el oportuno socorro.

Es maravilloso el regalo que Dios nos ha dado a todos los que hemos sido cubiertos con la preciosa sangre del Cordero Inmolado; ahora tenemos acceso a Su Presencia. Hemos sido constituidos Real Sacerdocio por Su gracia y esa gracia nos da la oportunidad de presentarnos ante Él íntimamente y sin temor a perecer en el intento.

Ya conocemos del increíble y maravilloso beneficio que se nos ha otorgado, de tener libre acceso a Su Trono; la Palabra de Dios es muy clara al respecto. Sin embargo, la pregunta que nos hacemos es, ¿Cómo nos presentamos ante un rey? Más aún, ¿Cómo nos presentamos ante el Rey de reyes y Creador del universo? ¿Cuál es el protocolo aceptable ante el trono real del Dios Omnipotente?

La Palabra de Dios nos da mucha luz con relación a las condiciones en las que debemos presentarnos ante el Rey. Ella nos muestra un sinnúmero de personajes que se acercaron a Su Presencia, de los cuales aprendemos y ampliamos nuestro conocimiento. Aun así, he podido ver que muchas veces el creyente se acerca a Dios con ligereza, sin la búsqueda del conocimiento de cómo hacerlo correctamente, sin la preparación previa requerida, sin la reverencia y respeto que Su Majestuosa Presencia demanda.

Hace un tiempo Dios me permitió vivir una experiencia que marcó mi vida con relación a este tema y me enseñó una gran lección, la cual me motivó a escribir este capítulo. Deseo compartirlo, ya que pienso que será de edificación para muchos.

Durante un mes de diciembre, Dios habló a mi corazón y me dijo que deseaba tener una cita conmigo, algo muy íntimo entre Él y yo. Parecía locura, pero así lo recibí en mi espíritu. La verdad es que en el momento pensé que tal vez eran pensamientos míos y no le presté seria atención al asunto. Luego al pasar de los días una persona, miembro de la congregación a la cual pertenezco, se me acercó para decirme que había tenido una revelación de parte de Dios relacionada conmigo. Dios le mostró a esta persona que Él deseaba tener una cita conmigo. Ella pudo percibir en la revelación que durante ese encuentro, Él me contestaría muchas peticiones y además podía ver en el espíritu que yo me estaba preparando con mucho entusiasmo para ese momento. Me dio otros detalles de lo que Dios le mostró, pero la palabra fue clara, me estaba confirmando lo que ya Él había hablado a mi espíritu. Así que, entendiendo que era un mandato de Dios, decidí tomar acción y prepararme para ese especial momento. Oré a Dios para que me mostrara lo que debía hacer, ya que era algo nuevo para mí y sabía que era algo serio. Medité en el encuentro de Ester con el rey Asuero y traté de planificar en mi mente lo que debía hacer. El Espíritu Santo me mostró muchos detalles que debía preparar, tales como música, vestimenta y decoración para el lugar que se convertiría en ese Lugar Santísimo de nuestro encuentro.

Establecí una fecha, sería en la noche de mi cumpleaños, que es en diciembre, el cual estaba ya muy cercano, y a las once de la noche. Algunas de los detalles que el Espíritu Santo me había mostrado fueron: utilizar vestimentas nuevas, también debía preparar el lugar (que sería la sala de mi casa) con un trono representando Su Presencia y además debía colocar telas desde el techo que separaran el espacio como formando una entrada a ese íntimo lugar. También me indicó preparar un listado de canciones para entrar al encuentro con una música en particular y en adoración.

Al fin llegó el señalado día y la verdad es que se me estaba haciendo bastante difícil la preparación para la gran cita divina. Muchas personas quisieron honrarme en el día de mi cumpleaños y no me estaba dando el tiempo para preparar todo como lo había planificado en mi mente o más bien, como Él me había mostrado. Tuve visitas en mi casa durante todo el día, luego en la noche, debía prepararme para ir a la iglesia. Una vez en la iglesia, mis discípulos e hijos espirituales continuaron celebrándome. Mientras tanto, el tiempo pasaba, se hacía cada vez más tarde y yo no había preparado nada. Cuando pude, salí de la iglesia con prisa para mi casa. Comencé a preparar el lugar, pero ya la hora de la cita se acercaba, así que decidí poner una decoración muy hermosa, pero algo mucho más sencillo y rápido de preparar, no lo que había escuchado del Espíritu Santo. El tiempo no me daría para preparar el trono, las telas y demás. Así que preparé una decoración más simple, pero muy bonita. Pude tomar fotos y fueron verdaderamente muy bellas. Yo ya tenía preparados los vestidos nuevos que iba a utilizar, solo que el que utilizaría de base necesitaba arreglarle el ruedo antes de utilizarlo porque danzando podría tropezar. Como ya era muy tarde, no tenía el tiempo suficiente como para arreglar el ruedo del vestido nuevo. Decidí utilizar el vestido de encima nuevo, pero como base utilizaría uno que ya había utilizado antes y que estaba en perfectas condiciones. De esa forma no correría el riesgo de tropezar. Tampoco pude escoger las canciones apropiadas para el momento, así que tomé una canción muy sublime y hermosa y la puse a repetir todo el tiempo. Pude resolver todo a mi forma; me di un baño, me preparé y me arreglé como mejor pude y con mucha prisa. Al terminar, ya la hora establecida había pasado, era un poco más de las 11 p.m., pero había hecho todo lo que había podido dentro de las circunstancias. Cuando ya estuve lista, coloqué la música y caminé hasta el lugar de encuentro. Llevando una ofrenda en mis manos, entré con prisa y comencé a danzarle a Él. Luego de entregar mi ofrenda, continué danzando. Dancé hasta el cansancio, pero ya en un punto sentí sueño y decidí retirarme a descansar. ¿Resultado? Ninguno, no sentí nada, estaba muy frustrada, me pareció que todo había sido vacío y sin sentido. No escuché la voz de Dios, y ni siquiera sentí Su Presencia que me mostrara Su aprobación. Yo tenía grandes expectativas, ya que Él me había convocado y me había hablado de muchas cosas hermosas, pero no ocurrió NADA. No quise contarle del suceso a nadie. De hecho, nadie sabía al respecto, ni siquiera la persona que tuvo la revelación. Tampoco quise hablar con Dios del asunto; en el fondo sabía que no había hecho bien y me sentía avergonzada.

Al pasar de los días, hablé con Dios nuevamente y le pedí perdón y una segunda oportunidad. Mi petición de intentarlo nuevamente fue aceptada y escogí otra fecha en el mismo mes de diciembre. Comencé a hablar con el Espíritu Santo nuevamente, pero esta vez mucho más seria y diligentemente. Tenía mucho temor de equivocarme y de que me fuera a suceder lo mismo. Esta vez tenía conocimiento y mi error anterior me hizo tomar mayor responsabilidad. El Espíritu Santo me llevó a meditar acerca del rey David. Meditaba en las dos veces que éste quiso trasladar el Arca del Pacto, una vez de la forma equivocada, pero la segunda vez alcanzó la aprobación de Dios. Yo necesitaba profundizar más en ese segundo intento, porque me sentía muy identificada con la situación.

Hay dos relatos en la Palabra acerca de la historia de David al trasladar el Arca del Pacto de Baala de Judá hacia Jerusalén, una en 2 Samuel y otra en 1 Crónicas. Estudiando ambos relatos, pude notar muchos detalles muy importantes que me condujeron a entender la gran pregunta; ¿cómo nos acercamos ante la Presencia del Rey?

Veamos ahora el primer intento de David relatado en 2 Samuel 6 y 1 Crónicas 13.

Cuando el arca fue regresada a Israel después de un breve cautiverio en Filistea, fue guardada en la casa de Abinadab durante veinte años. David quiso trasladar el Arca del Pacto, que representaba la Presencia de Dios en medio del pueblo, hacia Jerusalén. Lo primero que hizo David fue convocar asamblea y consultar a los líderes del pueblo de Israel acerca de lo que sintió que debía hacer con el arca. La intención de David fue buena y los líderes del pueblo estuvieron de acuerdo. Sin embargo, ¿qué pensaba Dios? Vemos que David sí le habló de Dios al pueblo, pero no lo vemos buscando la dirección de Dios al respecto. Muchas veces tenemos la tendencia de consultar al hombre antes que a Dios y eso nos puede conducir directamente al fracaso. Todos nuestros planes, ya sean personales o ministeriales, debemos llevarlos a Dios como primera opción. Sus pensamientos son más altos que los nuestros y Él sabe lo que realmente nos conviene. A veces incluso confiamos demasiado en nuestra propia opinión. No es malo hacer planes, lo malo es excluir a Dios de los mismos. No está mal pedir consejería a los líderes de autoridad que Dios nos ha conferido, siempre y cuando no ignoremos al Admirable Consejero, Jesucristo. Aunque lo que queramos hacer sea bueno, todos nuestros planes deben ser filtrados por el corazón del Padre a quien queremos agradar. Necesitamos entender que no se trata de nosotros, se trata de Él; no es a nuestra manera, sino a Su manera. Necesitamos consultar a Dios antes que a los hombres. Luego que Dios nos haya indicado Sus deseos, Él usará hombres y mujeres alineados a Su Corazón que vendrán a confirmar lo que ya nos ha dicho.

Otro detalle que vemos en el relato es que David decidió llevar el arca en un carro nuevo. El hecho de cargar el arca en carretas de bueyes era implementar la forma en que lo hacían los filisteos. Podía parecer más conveniente y hasta elegante pero no era la manera de Dios. Copiando los patrones del mundo o del pecador nunca será la manera adecuada de presentarse ante el Rey. Podemos elaborar excelentes planes y hacer muchas cosas buenas en nuestra opinión, pero que no sean mandato de Dios ni Su perfecta voluntad. Cuanto más conocemos a Dios y Sus mandatos, más se nos demandará, más se requerirá de nosotros y mayores serán las consecuencias de nuestra desobediencia. Las ordenanzas de Dios no podemos ignorarlas, modificarlas, mejorarlas o alivianarlas, solo obedecerlas.

Dios había establecido la forma en que se debía cargar el arca; no debía ser llevada en carro sino a pie y sostenida con varas. Además, había designado quienes eran las personas que debían llevarla, los levitas.

Éxodo 25:14 Y meterás las varas por los anillos a los lados del arca, para llevar el arca con ellas.

Números 3:6- 8, 31
Haz que se acerque la tribu de Leví, y hazla estar delante del sacerdote Aarón, para que le sirvan, y desempeñen el encargo de él, y el encargo de toda la congregación delante del tabernáculo de reunión para servir en el ministerio del tabernáculo; y guarden todos los utensilios del tabernáculo de reunión, y todo lo encargado a ellos por los hijos de Israel, y ministren en el servicio del tabernáculo.

v. 31 A cargo de ellos estarán el arca, la mesa, el candelero, los altares, los utensilios del santuario con que ministran, y el velo con todo su servicio.

Aunque David tuvo una buena intención e incluso preparó un buen servicio de alabanza y adoración con danzas e instrumentos para la jornada, eso no cambiaba el mandamiento de Dios. Tampoco cambiaba el hecho de que lo que se estaba haciendo fuera de Sus especificaciones estaba incorrecto. Finalmente, pese a sus buenas intenciones, el resultado de todo el plan humano de David fue muerte. Uza tocó el arca para que no se cayera, se encendió la ira de Dios y allí mismo murió.

Podemos tener buenas intenciones, pero ellas no son suficientes; las cosas se hacen como Dios ha dicho, sea lo que sea lo que Él haya dicho. Dios da instrucciones específicas para que nosotros las llevemos a cabo en su totalidad. Él no nos sugiere, nos ordena. Y nuestro trabajo no es simplemente intentarlo, sino cumplir Su voluntad a cabalidad. ¿Cuántas veces le hemos preguntado a Dios qué quiere Él que dancemos? ¿Qué canción desea Él que se interprete? ¿Qué movimiento desea Él para la coreografía? ¿Qué quiere hacer Él en el ensayo? Hay muchos danzores buscando movimientos y técnicas nuevas para interpretar una danza impresionante, pero no han tomado el tiempo para intimar y conocer si esa es la ofrenda que Él recibirá con agrado. Este principio no solo aplica para nuestro ministerio o iglesia, Dios nos llama a un nivel aún más alto. Él requiere que hagamos todas las cosas a Su manera, en nuestro trabajo, universidad, con nuestra familia, matrimonio, en nuestras relaciones, en fin, en todas las áreas de nuestra vida. Nuestra desobediencia producirá ofrendas vacías y sin fruto, pero peor aún, muerte. Por el contrario, nuestra obediencia traerá gozo, vida y salvación.

Transportémonos al segundo intento de David de trasladar el arca. Después de una experiencia tan fuerte y difícil, David se hizo una pregunta:

1 Crónicas 13:12 Y David temió a Dios aquel día, y dijo: ¿Cómo he de traer a mi casa el arca de Dios?

Me puedo identificar con David, cuando yo estaba en aquella sala, llena de frustración por la falta de respuesta de parte de Dios en nuestra cita divina. Mi pregunta fue: ¿Cómo me presentaré ante el Rey de forma que le agrade?

En esta ocasión David, decidió aprender de sus errores y comenzar de nuevo. También yo decidí aprender de los míos y subir a otro nivel. Tal vez Dios te está haciendo el mismo llamado, a aprender de cada error cometido en el pasado y comenzar de nuevo haciendo las cosas a la manera de Dios.

El relato de la segunda vez en que David trasladó el Arca del Pacto se encuentra en 2 Samuel 6 y 1 Crónicas 15. Ahora David estuvo pendiente a cada mínimo detalle del deseo del corazón de Dios. Aun los pequeños detalles son importantes para Dios. Hay quienes clasifican los pecados en grandes y pequeños o por colores, blancos o negros, y piensan que Dios solo reprueba las desobediencias "grandes". No es así, pecado es pecado y no hay tamaño o color que justifique nuestra desobediencia. Cuando Dios nos da instrucciones, tenemos que obedecerlas con exactitud, cumpliendo cada especificación y en todas sus partes, no a medias.

Ahora David llevaba el Arca a Jerusalén a la manera de Dios. Esta vez no iba sobre una carreta, sino que era llevada por los levitas, con las varas fabricadas para esa función.

1 Crónicas 15:2 Entonces dijo David: El arca de Dios no debe ser llevada sino por los levitas; porque a ellos ha elegido Jehová para que lleven el arca de Jehová, y le sirvan perpetuamente.

1 Crónicas 15:15 Y los hijos de los levitas trajeron el arca de Dios puesta sobre sus hombros en las barras, como lo había mandado Moisés, conforme a la palabra de Jehová.

Hubo preparación previa, reverencia, consagración y santidad, ingredientes muy importantes al momento de presentarnos ante el Rey.

1 Crónicas 15:12- 14 Y les dijo: Vosotros que sois los principales padres de las familias de los levitas, santificaos, vosotros y vuestros hermanos, y pasad el arca de Jehová Dios de Israel al lugar que le he preparado; pues por no haberlo hecho así vosotros la primera vez, Jehová nuestro Dios nos quebrantó, por cuanto no le buscamos según su ordenanza. Así los sacerdotes y los levitas se santificaron para traer el arca de Jehová Dios de Israel.

Se ofrecieron sacrificios, los cuales fueron aceptables delante de Dios.

1 Crónicas 15:26 Y ayudando Dios a los levitas que llevaban el arca del pacto de Jehová, sacrificaron siete novillos y siete carneros.

2 Samuel 6:13 Y cuando los que llevaban el arca de Dios habían andado seis pasos, él sacrificó un buey y un carnero engordado.

Algunos comentaristas bíblicos exponen que durante todo el trayecto de llevar el arca eran constantemente levantados altares para ofrecer sacrificios a Dios. Esta vez David y los levitas emprendieron su tarea con temor y temblor; no querían experimentar nuevamente la ira divina, así que se aseguraron de agradar a Dios en todo. Ofrecieron un buey y una oveja engordada después de emprender la marcha, además de siete novillos y siete carneros, un sacrificio perfecto.

La atmósfera era de alegría, gozo y júbilo porque todo se estaba haciendo a la manera de Dios.

1 Crónicas 15:16 Asimismo dijo David a los principales de los levitas, que designasen de sus hermanos a cantores con instrumentos de música, con salterios y arpas y címbalos, que resonasen y alzasen la voz con alegría.

David iba vestido con su efod de lino, vestidura apropiada para la ocasión. El lino fino representa las acciones justas y la rectitud de los santos.

Apocalipsis 19:8 Y a ella se le ha concedido que se vista de lino fino, limpio y resplandeciente; porque el lino fino es las acciones justas de los santos.

La obediencia le hizo *libre* para danzar con todas sus fuerzas delante de Jehová ¡La obediencia nos hace libres! Libres para danzar y ofrecer una adoración que imparte vida, en vez de muerte.

2 Samuel 6:14 Y David danzaba con toda su fuerza delante de Jehová; y estaba David vestido con un efod de lino.

Después de una gran victoria, David fue señalado y criticado por su propia esposa. Debemos estar preparados y no sorprendernos que después de pararnos firmes por agradar a Dios y no a los hombres, y en obediencia a Aquel que nos llamó, se levanten aún los nuestros en contra. Nosotros, al igual que el adorador conforme al corazón de Dios, proclamemos a los cuatro vientos que nada nos detendrá de darle la mejor ofrenda a Aquel que nos eligió y nos constituyó real sacerdocio para Su gloria.

Así como David, decidí hacer mi segundo intento de acercarme una vez más ante el Rey para nuestra cita divina, pero esta vez, a Su manera y no a la manera que las circunstancias, la prisa y los compromisos me condujeron. Me preparé con bastante tiempo de anticipación. Me aseguré de que la vestimenta fuera nueva y que estuviera arreglada e impecable. Preparé la música y la decoración según el Espíritu Santo me había indicado. Comencé a prepararme con suficiente tiempo para ser puntual según la hora acordada y no hacerle esperar. Me preparé con perfumes y un arreglo personal digno de presentarse ante un Rey. Una vez lista, me detuve en el pasillo de mi casa y le pedí guianza al Espíritu Santo para saber qué hacer. Le dije que no daría ni un paso sin Su consentimiento. Así lo hice, solo me movía hacia adelante cuando Él me lo indicaba. En cada paso que daba, me aseguraba de darle a Dios un sacrificio de alabanza y además de examinar mi vida y pedir perdón por cualquier ofensa a Su santidad. Procuré llevar una vestidura espiritual de lino fino con la cobertura de la sangre de Jesucristo. Caminar desde el pasillo de mi casa hasta la sala, solo toma algunos tres segundos, pero yo tardé esa noche casi dos horas en llegar, examinado mi vida en cada paso que daba. Una vez que llegué frente al velo que daba acceso a lo que representaba Su trono, allí me detuve. Comencé a sentir que Él me hacía girar lentamente como si me estuviera observando y viendo si me había preparado apropiadamente para entrar. Luego de hacerme girar y sentir Su aprobación, caí al suelo y pude pasar de rodillas a aquel pequeño espacio que representaba el Lugar Santísimo. Se sentía una Presencia tan poderosa de Dios en el lugar que mi cuerpo no lo podía contener. Comencé a hablar unas lenguas angelicales que nunca antes había hablado. La gloria Shekina de Dios me envolvió de una forma tan intensa que apenas podía moverme. En ese momento no pude danzar, solo estar allí, postrada frente a Su trono, recibiendo palabra directa de Él y muchas respuestas, como Él me había prometido. Así pasé varias horas y puedo decir que esas fueron las mejores horas de mi vida. Finalmente recobré fuerzas y pude ofrecerle una danza desde lo más profundo de mi ser. Allí en aquel pedazo de cielo y de una forma única recibí la respuesta a la gran pregunta; ¿Cómo me presentaré delante del Gran Rey?

He aquí la gran lección y las palabras que escuché de parte de Dios en aquel primer intento de acercarme a Él a mi manera. Esto fue lo que oí a Dios hablar: "No pienses o creas que voy a recibir cualquier ofrenda que me vengas a dar. Yo no recibo cualquier cosa que traigas, no recibo cualquier danza, cualquier cántico, cualquier servicio que vengas a traer. El hecho de que lo traigas, no significa que Yo lo voy a recibir. No recibiré ninguna ofrenda que no sea el resultado de la obediencia a mis ordenanzas y de una vida de adoración y entrega total a mí".

Hay quienes piensan (y yo lo pensaba) que pueden llegar delante de Dios con ofrendas mediocres a causa de infinidad de excusas y justificaciones que muchas veces utilizamos para no dar lo excelente, y que Él se contentará con eso. Dios es el mismo ayer, hoy y por los siglos, Él siempre merecerá nuestra máxima adoración. No nos engañemos pensando que Él recibió lo que ni siquiera miró por causa de nuestra negligencia. Hay quienes llegan a la Presencia de Dios con ofrendas livianas, cubiertas de pretextos y justificaciones, manchadas de pecado, cojas de santidad, enfermas de envidia, celo ministerial, competencia y contiendas... llenas de mediocridad y cargadas de desobediencia. ¿Aceptará esa ofrenda el Rey del universo? La respuesta es clara, NO la aceptará. Hay quienes se presentan al templo con mucha prisa a ofrecer una danza, un cántico de adoración, o algún servicio a Él, sin haberse ocupado antes de penetrar en Su Corazón con la guianza del Espíritu Santo.

No buscan ni se esfuerzan por complacerle a Él con la mayor expresión de adoración, la obediencia que no cuestiona y que tan solo acciona. También he visto quienes pretenden dar ofrenda a Dios con instrumentos que fueron hechos para adorar a otros dioses. No importa cuánto aceite derramemos sobre un instrumento diciendo que lo santificamos, Dios no aceptará una ofrenda que no sea la primicia que Él merece. Podemos llevarle cualquier ofrenda al Señor, pero eso no significa que Él la aceptará. Podemos levantar una ofrenda hermosa en su apariencia externa, pero eso no significa que a Él le agradará. Observemos pues, la ofrenda de Caín.

Génesis 4:3- 5 Y aconteció andando el tiempo, que Caín trajo del fruto de la tierra una ofrenda a Jehová. Y Abel trajo también de los primogénitos de sus ovejas, de lo más gordo de ellas. Y miró Jehová con agrado a Abel y a su ofrenda; pero no miró con agrado a Caín y a la ofrenda suya.

Nos queda claro entonces, que Dios no mira solo la ofrenda, Él observa también al dador de ella, su corazón, su intención y su obediencia. Además, sus ojos miran fijamente la ofrenda, que cumpla con ser lo mejor, lo excelente, lo primero; aquello que no está adulterado habiendo dado adoración a otros dioses antes que a Aquel que merece las primicias en todo. No todo lo que es impresionante para el mundo es importante para Dios. Hay cosas que son muy importantes y atractivas aquí en la tierra, pero no lo son en el reino. Hay cosas que mueven las emociones de muchos, pero no mueven el corazón de Dios. Ocupémonos de elevar a Dios la ofrenda que cuesta el alto precio de la obediencia, a la altura del Rey que merece lo más excelente de lo excelente. Nuestras más grandes ejecutorias o las danzas más elaboradas, las orquestas más extravagantes no impresionan a Dios; a Él le impresiona nuestro corazón sometido al deseo del Suyo. Nuestra ofrenda y adoración tiene que estar fundamentada en el cumplimento de Su voluntad y solo será aceptable si viene como resultado de la obediencia total a Él. Recuerda que, no adoramos a quien le cantamos, aplaudimos o danzamos; adoramos a quien obedecemos, porque la máxima expresión de adoración es la obediencia. No es suficiente con servir a Dios, hay que hacerlo, conforme a Su Corazón.

Malaquías 1:6- 14
El hijo honra al padre, y el siervo a su señor. Si, pues, soy yo padre, ¿dónde está mi honra? y si soy señor, ¿dónde está mi temor? dice Jehová de los ejércitos a vosotros, oh sacerdotes, que menospreciáis mi nombre. Y decís: ¿En qué hemos menospreciado tu nombre? En que ofrecéis sobre mi altar pan inmundo. Y dijisteis: ¿En qué te hemos deshonrado? En que pensáis que la mesa de Jehová es despreciable. Y cuando ofrecéis el animal ciego para el sacrificio, ¿no es malo? Asimismo cuando ofrecéis el cojo o el enfermo, ¿no es malo? Preséntalo, pues, a tu príncipe; ¿acaso se agradará de ti, o le serás acepto? dice Jehová de los ejércitos. Ahora, pues, orad por el favor de Dios, para que tenga piedad de nosotros. Pero ¿cómo podéis agradarle, si hacéis estas cosas? dice Jehová de los ejércitos. ¿Quién también hay de vosotros que cierre las puertas o alumbre mi altar de balde? Yo no tengo complacencia en vosotros, dice Jehová de los ejércitos, ni de vuestra mano aceptaré ofrenda. Porque desde donde el sol nace hasta donde se pone, es grande mi nombre entre las naciones; y en todo lugar se ofrece a mi nombre incienso y ofrenda limpia, porque grande es mi nombre entre las naciones, dice Jehová de los ejércitos. Y vosotros lo habéis profanado cuando decís: Inmunda es la mesa de Jehová, y cuando decís que su alimento es despreciable. Habéis además dicho: ¡Oh, qué fastidio es esto! y me despreciáis, dice Jehová de los ejércitos; y trajisteis lo hurtado, o cojo, o enfermo, y presentasteis ofrenda. ¿Aceptaré yo eso de vuestra mano? dice Jehová. Maldito el que engaña, el que teniendo machos en su rebaño, promete, y sacrifica a Jehová lo dañado. Porque yo soy Gran Rey, dice Jehová de los ejércitos, y mi nombre es temible entre las naciones.

La próxima vez que te presentes delante del Rey, vístete con la justicia de Cristo, escudriña el corazón del Padre a través del Espíritu Santo, procura conocer Su deseo y no demores en complacerlo. Acércate dignamente, en obediencia total y llevando las primicias no adulteradas que Él merece. Conviértete en esa ofrenda fragante que perfume Su trono. He aquí la respuesta a la pregunta en cuestión, he aquí la manera de acercarte al Gran Rey.

De mi corazón a tu corazón

A lo largo de mi caminar en Dios, he podido experimentar las consecuencias de obedecerle a Él, pero también las de desobedecer a Sus mandatos. La desobediencia siempre trajo lágrimas y quebranto. La obediencia, aunque muchas veces me ha costado un alto precio, ha traído bendición y libertad. Hubo tiempos en que la inmadurez me llevó a "obedecer a medias", lo cual es desobediencia, tal vez porque muchos me dijeron que "Dios entiende". Pero al pasar de los años descubrí con golpes y caídas que Dios no acepta un noventa y nueve por ciento de obediencia, Él recibe ofrendas de obediencia total. Ha sido una lección y aprendizaje de años. A veces me pregunto, cuántas cosas difíciles tuve que atravesar en la vida y no necesariamente fueron a causa del ataque del enemigo, sino la consecuencia de una falsa obediencia a medias. ¿Cuántas danzas no llegaron a Su trono, cuántas ofrendas que Él no aceptó?

Con el pasar del tiempo y a medida que me voy acercando a la estatura del Varón perfecto, mi deseo por agradarle a Él ha superado todas mis limitaciones. Nada me causa más tristeza que sentir que pueda fallarle al Rey. Es insoportable para mí la idea de que pueda yo herir Su Corazón a causa de la desobediencia. El Rey ha conquistado mi voluntad y ya no vivo yo, sino que vive Cristo en mí.

La reina Ester, en su búsqueda por conquistar el corazón del rey, dejó a un lado sus deseos, sus gustos o preferencias y decidió escoger lo que le agradaba a él. Cuando se presentó delante del trono, el cetro fue extendido hacia ella, halló el favor del rey y recibió la corona. No solamente llegó al palacio a reinar, sino que se convirtió en el instrumento de Dios para liberar a toda una nación.

Que nuestra obediencia nos lleve a olvidarnos de nosotros mismos, que nuestro corazón se funda con el corazón del Rey de modo que sintamos una misma cosa. Que nada nos interese más en la vida que rendir todo nuestro ser y nuestra voluntad a Él. Te invito a disponer todo tu ser para complacer el deseo del corazón del Rey y sin darte cuenta un día te encontrarás frente a Su trono cara a cara, recibiendo en tus manos el cetro que te da acceso a todas las riquezas del reino y la autoridad para liberar naciones.

VII

Vestiduras Sacerdotales

Y harás vestiduras sagradas… para honra y hermosura

Éxodo 28:2

Jehová Dios mío, mucho te has engrandecido; Te has vestido de gloria y de magnificencia. El que se cubre de luz como de vestidura...
Salmos 104: 1- 2

¿Te has imaginado alguna vez cómo es Dios? ¿Cuál es Su vestidura? ¿De qué color es Su vestido? La Palabra nos habla en esta porción de la vestimenta de Dios. Dice que Él se viste de gloria y de magnificencia. Esa palabra gloria viene del hebreo que significa: "honor", "grandeza", "majestad", "excelencia" y la palabra magnificencia viene del hebreo que significa: "esplendor", "hermosura", "honor", "adorno". También expresa el verso bíblico que Dios se cubre de luz como de vestidura. Vemos aquí, entonces, una buena descripción de la vestidura de Dios. Nuestro Dios está cubierto de hermosura, de grandeza, de gloria, de resplandor... Su vestido es luz.

En la visión que tuvo el apóstol Juan en la isla de Patmos de Jesucristo glorificado, le vio vestido de ropas largas y cinto de oro. Vio tal resplandor que cayó como muerto a sus pies.

Apocalipsis 1:13- 17 Y en medio de los siete candeleros, a uno semejante al Hijo del Hombre, vestido de una ropa que llegaba hasta los pies, y ceñido por el pecho con un cinto de oro. Su cabeza y sus cabellos eran blancos como blanca lana, como nieve; sus ojos como llama de fuego; y sus pies semejantes al bronce bruñido, refulgente como en un horno; y su voz como estruendo de muchas aguas. Tenía en su diestra siete estrellas; de su boca salía una espada aguda de dos filos; y su rostro era como el sol cuando resplandece en su fuerza. Cuando le vi, caí como muerto a sus pies. Y él puso su diestra sobre mí, diciéndome: No temas; yo soy el primero y el último.

Isaías vio unas faldas (raíz del hebreo "shul", que significa "orillas", "orla", "parte inferior") que llenaban el lugar.

Isaías 6:1 En el año que murió el rey Uzías vi yo al Señor sentado sobre un trono alto y sublime, y sus faldas llenaban el templo.

Si a nosotros nos impacta ver la belleza de vestiduras reales terrenales, podremos entender cuan impresionante fue para estos siervos ver parte de la vestidura de Dios. Es lógico pensar que nuestro Dios, siendo el Rey del universo, tiene las vestiduras reales más esplendorosas que jamás hayamos podido imaginar. Esto nos lleva a concluir que de igual forma debe ser muy especial la vestimenta del linaje real. Nosotros hemos recibido como herencia por medio de Jesucristo, apertura a la familia real. Ya no somos extranjeros ni huérfanos; ahora somos hijos, y por lo tanto, somos real sacerdocio.

1 Pedro 2:9 Mas vosotros sois linaje escogido, real sacerdocio, nación santa, pueblo adquirido por Dios, para que anunciéis las virtudes de aquel que os llamó de las tinieblas a su luz admirable.

Dios es un Dios de detalles; a Él le interesa aun el mínimo detalle en nuestras vidas. En Éxodo 28 y 29 vemos cómo Dios tuvo el cuidado de diseñar la vestimenta sacerdotal. Él se encargó minuciosamente de plasmar el diseño y confección de la vestimenta de sus siervos. Todo fue diseñado con significado y propósito. Cada detalle de la vestimenta sacerdotal es simbólico de una verdad divina. Más adelante mencionaré cada parte de la vestidura y el principio bíblico detrás de cada una. Es importante señalar que la ley del Antiguo Testamento es sombra de lo que Dios quiere revelar hoy a nuestras vidas.

Hebreos 10:1 Por que la ley, teniendo la sombra de los bienes venideros.

Por lo tanto, cada detalle de los diseños de Dios en Su Palabra tiene un mensaje guardado, o significado para nosotros hoy. Los diseños del corazón de Dios son una palabra profética que hablan directo a nuestro espíritu. Estemos muy atentos a cada pincelada del diseño de Dios, ya que Él tiene algo muy importante que susurrar al entendimiento del sacerdote de hoy.

En el libro de Job, vemos a Dios confrontando la arrogancia de Job y haciéndole una serie de preguntas desafiantes con el fin de mostrarle que solo Él es Dios Justo. La descripción que Dios hace de Sí mismo es que se adorna de majestad y alteza y que se viste de honra y hermosura.

Job 40:10 Adórnate ahora de majestad y de alteza, Y vístete de **honra** *y de* **hermosura.**

Dios habla a Moisés dándole instrucciones específicas del modelo y patrón para la vestidura del ministerio sacerdotal.

Éxodo 28:2 Y harás vestiduras sagradas a Arón tu hermano, para **honra** *y* **hermosura.**

Podemos ver entonces que Dios describe Sus vestiduras como de honra y hermosura y así mismo ordena que sean las vestiduras del sacerdote. En otras palabras, el deseo y ordenanza de Dios es que las vestiduras del sacerdote fueran un reflejo de las de Él.

La vestidura sacerdotal comunica *honra* y *hermosura*. La palabra "honra" implica en su significado original: "gloria", "abundancia", "esplendor", "dignidad", "reputación", "*reverencia*". Me llama la atención la palabra "*reverencia*", ya que puedo ver a través de la misma lo que debe ocurrir como resultado del diseño de Dios. La vestidura sacerdotal debe provocar reverencia a Dios y no al hombre. Las vestiduras sacerdotales eran muy esplendorosas, pero el fin era honrar al Único Dios, Digno y Santo.

Real sacerdote de hoy:
Tus vestiduras deben brindar gloria, honra, alabanza y reverencia a Dios. La vestidura que utiliza el ministro de danza muchas veces es llamativa y esplendorosa; sin embargo, no se debe perder la perspectiva

divina y correcta, de que debe comunicar honra a Dios y no a nosotros. No puede haber en el corazón del ministro un deseo de impresionar o sobresalir con lo que lleva puesto. Todo lo que hacemos debe ser para glorificar a Dios. Tampoco podemos perder de vista que con nuestra vestidura debemos reverenciar al Padre. Aunque hoy día existe mucha variedad de vestuarios, estilos y formas, tenemos que recordar para Quien vestimos y que cada diseño muestre respeto y reverencia al Rey. Llevo más de veinticinco años involucrada con las artes y danza en el Señor y he visto cómo muchas cosas han cambiado con el pasar de los años. La vestimenta en la actualidad no es igual a la de hace dos décadas atrás. En este tiempo podemos ver estilos más modernos y variados, lo cual no está mal, siempre y cuando no perdamos de perspectiva que le danzamos al mismo Dios inmutable, Quien siempre será digno de ser reverenciado. Lo moderno no se puede confundir con lo indecoroso e irrespetuoso. No es reverente presentarse al Rey con vestimentas escotadas y con el cuerpo descubierto. Entiendo que hay técnicas que requieren vestimenta que provea mayor libertad al movimiento, pero no creo que hay que ir a los extremos, ya que estos pueden ser peligrosos. El Espíritu Santo nos da la habilidad de ser equilibrados en todo para nuestro beneficio y bendición. Hay diseños que están disponibles en el trono para los adoradores, que cumplen con todos los requisitos necesarios, sin tener que caer en la falta de reverencia o en copiar la modalidad del mundo. Podemos utilizar la vestimenta apropiada sin dejar de honrar dignamente al Dios a quien danzamos. No tenemos que hacer lo que hace el mundo cuando podemos hacerlo mucho mejor. He visto danzar a ministros de Dios ungidos, de alto nivel profesional, con gran técnica y movimientos extremos y con vestuarios decorosos y dignos del Rey. ¡Si se puede! Creo firmemente que no importa la técnica dancística que ejecutemos, la cultura a la que pertenezcamos, la época en que vivamos o cualquier otra razón… debemos mantener el pudor y la reverencia ante el Dios Temible y Santo. Tal vez para muchos parezca exagerado, pero yo he aprendido a cuidarme de ir a la Presencia de Dios con vestimenta apropiada y recatada aun en mis tiempos personales de intimidad donde nadie me ve, solo Él. Prefiero ser tildada por exagerada, que arriesgarme a faltar el respeto al Dios Santo, Digno y Respetable. Pidamos dirección al Espíritu Santo en todo; Él escogerá la vestidura adecuada para presentarnos ante Su Presencia y nos guiará a dar la ofrenda correcta al Padre.

Además de honra, las Escrituras también nos hablan de *hermosura*. Esta palabra nos habla de belleza, de renombre y atributo de Dios. Toda obra de Dios es hermosa, pues la creación lleva la firma impresa de la belleza, perfección y excelencia de Dios. La vestidura sacerdotal habla de un Dios excelente, de un Dios de hermosura que con el toque de Su mano todo resulta perfecto. Dios escogió para el diseño de la vestidura del sacerdote materiales de alto valor tales como oro, lino y piedras preciosas como topacio, esmeralda, zafiro... (Éxodo 28). El lino era una de las telas más importantes en Israel. El lino fino lo utilizaban personas de alto rango en la sociedad.

Génesis 41:41- 43 Dijo además Faraón a José: He aquí yo te he puesto sobre toda la tierra de Egipto. Entonces Faraón quitó su anillo de su mano, y lo puso en la mano de José, y lo hizo vestir de ropas de lino finísimo, y puso un collar de oro en su cuello; y lo hizo subir en su segundo carro, y pregonaron delante de él: ¡Doblad la rodilla!; y lo puso sobre toda la tierra de Egipto.

El Diseñador del universo utilizó los mejores materiales y los más finos para la confección del vestido de Su representante en la tierra.

Real sacerdote de hoy:
Que tu vestidura sea una que refleje hermosura y excelencia al Rey. Muchos ministros de danza se resisten a invertir económicamente en sus vestimentas; prefieren buscar lo más económico a lo excelente. Como sacerdotes de este tiempo, no debemos escatimar al momento de darle nuestra ofrenda a Dios. Darle lo excelente a Dios siempre nos costará. Las vestimentas de danza son en su mayoría costosas. Cada ministro debe aprender a invertir en su ministerio sin que eso le cause pesar. Hay marcas de vestimentas e instrumentos y accesorios de adoración que son muy económicos, pero a la larga todo resulta mucho más costoso pues no son de la mejor calidad. Si Dios te ha llamado a danzar, invierte en ti mismo, invierte en tu ministerio para bendición. Creo con firmeza

que Dios respalda también financieramente a quienes ha llamado a Su servicio. Pero, mantente alerta siempre, que la motivación de tu corazón sea la correcta. De ninguna manera puede motivarnos el orgullo, competencia o vanidad.

Romanos 13:14 Sino vestíos del Señor Jesucristo.

Colosenses 3:12 Vestíos, pues, como escogidos de Dios, santos y amados, de entrañable misericordia, de benignidad, de humildad, de mansedumbre, de paciencia.

En otras palabras, no cambiemos el orden de prioridades, lo primordial es la vestimenta interna, la vestidura de nuestro corazón, el amor, la misericordia, humildad, santidad... Nuestra vestidura interna debe ser la de Cristo, todo lo que Él es. Vistámonos de Cristo en nuestro interior, y que la vestidura externa siempre refleje excelencia para el Rey.

La vestimenta tenía un gran valor para el pueblo hebreo. Un hombre valoraba más su vestido que su cabalgadura. Cuando pasaba la noche en algún mesón extraño, dormía con todas sus prendas puestas para no exponerlas a un robo. El valor que se le daba al vestido era comparable con el de la moneda. Dar una prenda de vestir era pagar un alto precio o dar un premio.

Jueces 14:12- 13 Y Sansón les dijo: Yo os propondré ahora un enigma, y si en los siete días del banquete me lo declaráis y descifráis, yo os daré treinta vestidos de lino y treinta vestidos de fiesta. Mas si no me lo podéis declarar, entonces vosotros me daréis a mí los treinta vestidos de lino y los vestidos de fiesta. Y ellos respondieron: Propón tu enigma, y lo oiremos.

Real sacerdote de hoy:

¿Cuánto valor le das a tus vestiduras? ¿Cuánto las cuidas? ¿En qué condición se encuentran tus vestiduras? Lamentablemente he visto muchos ministros con sus vestiduras en pésimas condiciones, no dignas de rendir adoración al Gran Rey. He visto personas danzando con

zapatillas y vestuarios rotos, vestimentas sucias, sin planchar, etc. Nuestras vestiduras también ofrecen adoración a Dios y hay que cuidarlas con empeño. Algunas requieren ser lavadas con detergentes especiales o cuidados especiales para que no se deterioren. También he visto ministros que al terminar de ministrar o al final del servicio de adoración no se quitan sus vestiduras y van directamente a saludar a otros, a comer y hasta se van a lugares públicos con sus vestiduras de adoración puestas. ¡Esto no es aceptable! Puede darse el caso de que tengamos que detenernos o saludar a alguien mientras nos movilizamos hacia el cambio de vestimenta, pero no debe ser una costumbre o patrón. Hagamos todo lo que esté en nuestras manos para cuidar nuestras vestimentas de adoración.

Ezequiel 42:14 Cuando los sacerdotes entren, no saldrán del lugar santo al atrio exterior, sino que allí dejarán sus vestiduras con que ministran, porque son santas; y se vestirán otros vestidos, y así se acercarán a lo que es del pueblo.

La vestidura del sacerdote era muy distintiva; se utilizaba durante la ministración y se quitaba inmediatamente después. Nuestras vestiduras son sagradas y separadas para el ministerio; una vez que terminamos de ministrar debemos quitárnoslas y guardarlas en perfectas condiciones. No se trata de salir corriendo del altar a cambiarse después del tiempo de adoración. Nuestra ministración termina cuando el servicio ha concluido completamente. Puede ocurrir que el Señor quiera usar al ministro de danza durante la prédica o al final en el llamado. Debemos estar en posición todo el tiempo para cuando Dios nos necesite. Luego de concluido el servicio debemos cambiarnos inmediatamente y darle el cuidado a las vestimentas que ellas requieren. Increíblemente he visto danzores con sus vestiduras de danza en establecimientos de comida rápida y peor aún, personas que no entienden el significado de las mismas, burlarse y hacer comentarios tratando de ridiculizarlas. Por otro lado, la vestimenta que reemplaza a la de adoración al momento de cambiarse, debe ser igualmente digna del Rey a Quien le sirve. No es admisible utilizar una vestimenta de santidad en el altar y una descuidada e indecorosa fuera de él. Nuestra vestimenta debe ser digna del Rey en todo tiempo, circunstancia y lugar.

Las vestiduras del sacerdote eran ungidas y consagradas para el servicio sacerdotal. Eran rociadas con aceite de unción y además con la sangre del sacrificio.

Levítico 8:30 Luego tomó Moisés del aceite de la unción, y de la sangre que estaba sobre el altar, y roció sobre Aarón, y sobre sus vestiduras, sobre sus hijos, y sobre las vestiduras de sus hijos con él; y santificó a Aarón y sus vestiduras, y a sus hijos y las vestiduras de sus hijos con él.

Vemos en la Escritura que las vestiduras del sacerdote fueron rociadas literalmente con aceite y sangre. Creo que esto nos habla de que debemos consagrar nuestras vestiduras; debemos orar y presentárselas a Dios como instrumentos de Su gloria y honra. El aceite nos habla de unción y separación; la sangre nos habla de redención y purificación.

Real sacerdote de hoy:
Definitivamente el sacerdote de Dios que lleva la vestidura sagrada debe estar cubierto por la sangre del Cordero, vivir una vida que refleje la santidad de Cristo y además debe estar revestido con la unción del Espíritu Santo. De esto se trata lo anteriormente mencionado; estar vestido de Cristo. Las vestiduras del ministro de danza deben estar dedicadas al Señor y separadas para su uso ministerial exclusivamente. Como sacerdotes del nuevo pacto, debemos separar un tiempo de intimidad con Dios y ungir nuestras vestimentas de adoración como símbolo de separación exclusiva para el ministerio. Debe hacerse con sumo cuidado, vertiendo el aceite sobre las manos y no sobre la vestimenta directamente, para no mancharlas. No debemos utilizar las vestiduras de danza para ocasiones o actividades seculares donde no vayamos a ejercer nuestro oficio ministerial. Me refiero a usar las vestiduras no para ministrar, sino para vestir de manera formal o casual. Algunos estilos por su elegancia podrían ser utilizados para

alguna fiesta u ocasión particular con accesorios que les hagan parecer ropa convencional de vestir y no de danza. Además, la Sangre de Cristo nos habla de perfección y limpieza. Una vez que la vestimenta ha sido utilizada, debe lavarse y verificarse que no tenga algún defecto o se haya roto en alguna parte. De tener algún desperfecto, el ministro debe arreglarlo inmediatamente y guardarlo en perfectas condiciones. Otra cosa que he notado es que muchos piensan que la vestimenta debe ser eterna. Con el tiempo habrá que reemplazarla porque se deteriorará. No hay que pretender utilizar la misma vestimenta después que ha perdido su color, su forma y función original. Eso no representa la perfección y excelencia de Dios. Muchas veces encontramos en nuestro armario infinita cantidad de zapatos de todos los colores y estilos para cada combinación. Pero ¿cuántos pares de zapatillas para adorar? Tal vez un par, roto y hasta con mal olor; todo por no invertir en el ministerio, aunque eso signifique dar una ofrenda mediocre al Rey. Dios se merece lo mejor y no menos. Ministro de Dios, no te conformes con darle a Dios menos que lo excelente.

Otro aspecto que considero importante es el hecho de prestar las vestiduras. En una ocasión David trató de utilizar las vestimentas de Saúl y no le fue bien, tuvo que desistir de la idea.

1 Samuel 17:38- 39 Y Saúl vistió a David con sus ropas, y puso sobre su cabeza un casco de bronce, y le armó de coraza. Y ciñó David su espada sobre sus vestidos, y probó a andar, porque nunca había hecho la prueba. Y dijo David a Saúl: Yo no puedo andar con esto, porque nunca lo practiqué. Y David echó de sí aquellas cosas.

Real Sacerdote de hoy:

He notado que muchos prestan sus vestiduras de adoración. Entiendo que las vestiduras son algo muy personal y hay que ser sabio al respecto. Cada cual debe invertir en su ministerio y en sus herramientas de trabajo, si es que verdaderamente fue Dios Quien le llamó al mismo. Comúnmente observaremos que otros no cuidarán de nuestras pertenencias mejor que nosotros mismos. Además, nunca sabremos a plenitud la condición espiritual en la que se encuentran otros. Las vestiduras deben ser utilizadas por quienes se han hallado dignos de llevarlas. Ellas se convierten en una armadura espiritual diseñada exclusivamente para cada ministro. Cada cual adquiera sus vestimentas, use lo suyo y entregue su ofrenda particular a Quien merece lo mejor de cada uno.

Dios se encargó de escoger y equipar personas específicas para que llevaran a cabo los diseños de Su Corazón.

Éxodo 31:1- 11 Habló Jehová a Moisés, diciendo: Mira, yo he llamado por nombre a Bezaleel hijo de Uri, hijo de Hur, de la tribu de Judá; y lo he llenado del Espíritu de Dios, en sabiduría y en inteligencia, en ciencia y en todo arte, para inventar diseños, para trabajar en oro, en plata y en bronce, y en artificio de piedras para engastarlas, y en artificio de madera; para trabajar en toda clase de labor. Y he aquí que yo he puesto con él a Aholiab hijo de Ahisamac, de la tribu de Dan; y he puesto sabiduría en el ánimo de todo sabio de corazón, para que hagan todo lo que te he mandado; el tabernáculo de reunión, el arca del testimonio, el propiciatorio que está sobre ella, y todos los utensilios del tabernáculo, la mesa y sus utensilios, el candelero limpio y todos sus utensilios, el altar del incienso, el altar del holocausto y todos sus utensilios, la fuente y su base, los vestidos del servicio, las vestiduras santas para Aarón el sacerdote, las vestiduras de sus hijos para que ejerzan el sacerdocio, el aceite de la unción, y el incienso aromático para el santuario; harán conforme a todo lo que te he mandado.

Dios escogió a Bezaleel y le llenó de Su Espíritu, lo dotó con sabiduría e inteligencia en ciencia y artes para diseñar conforme a Su deseo. También eligió a Aholiab como su ayudante y les dio la capacidad creativa necesaria para plasmar Sus diseños en la tierra. Para Dios esto era un trabajo muy importante el cual no cualquiera podía realizar, así que se encargó de reclutar a las personas adecuadas para tal tarea.

Real sacerdote de hoy:

Debemos orar para traer los diseños de Dios a la tierra y también por las manos escogidas por Dios para esa especial misión. No cualquier persona debe confeccionar nuestras vestiduras de adoración, ya que no todos están llamados y capacitados para ello. De igual forma que lo establece la Palabra para la vestidura del sacerdote en el Antiguo Testamento, nuestras vestiduras deben ser confeccionadas por una persona escogida por Dios, llena del Espíritu Santo, sabiduría, ciencia y creatividad en todo arte. Hay quienes, por tratar de pagar menos van a cualquier lugar o recurren a cualquier persona para confeccionar sus vestiduras. Creo que necesitamos ser muy cuidadosos en permitir que alguien tenga parte en la confección de aquello que debe ser consagrado exclusivamente para Dios. No sabemos qué influencias puedan ejercer sobre nosotros o nuestras pertenencias quienes no estén alineados totalmente a Dios. Pidamos discernimiento y entreguemos el diseño del Padre a la persona indicada por Él. En el caso de que la vestidura se compre, de igual forma debemos ser cuidadosos en escoger con acierto la compañía que vamos a utilizar. Si se trata de que desconocemos los detalles del origen de un vestuario que hemos adquirido o que vamos a adquirir, es aplicable lo anteriormente discutido; debemos orar, ungir y consagrar cada pieza de nuestras vestiduras para el uso exclusivo de exaltar al Rey.

Éxodo 28:3 Y tú hablarás a todos los sabios de corazón, a quienes yo he llenado de espíritu de sabiduría, para que hagan las vestiduras de Aarón, para consagrarle para que sea mi sacerdote.

En los tiempos bíblicos el vestuario era un símbolo externo de los sentimientos y deseos del individuo, y además identificaba a la persona que lo llevaba. La vestimenta de los pobres era diferente a la de personas de clase alta. Los ricos utilizaban en sus vestimentas telas más finas, delicadas y costosas. Los pobres utilizaban tejidos más gruesos. La vestimenta de la mujer era distintiva de la del hombre. Un judío afligido se ponía saco o cilicio dando a conocer con su vestimenta sus sentimientos. Un leproso llevaba vestidos rasgados y su cabeza descubierta. De esa forma, las vestimentas identificaban a las personas en la sociedad.

Levítico 13:45 Y el leproso en quien hubiere llaga llevará vestidos rasgados y su cabeza descubierta, y embozado pregonará: ¡Inmundo! ¡Inmundo!

Real sacerdote de hoy:

Nuestras vestimentas como ministros de danza también nos identifican. Muchas veces hasta revelan lo que hay en el interior. Las vestimentas de adoración deben llevar a otros a ver a Dios y de ninguna manera deben revelar el cuerpo del ministro. No son aceptables los escotes o estilos tan exageradamente ceñidos al cuerpo que muestren la forma o figura del mismo o de sus partes íntimas, causando distracción y otras reacciones fuera del orden de Dios. He visto especialmente mujeres que utilizan vestimenta demasiado ajustada y que revela más información de la necesaria. Nuestro propósito es mover las vidas a la Presencia de Dios por medio de nuestra adoración, no moverles a despertar pasiones ilícitas o deseos carnales por causa de vestimenta provocativa o extremadamente reveladora. Ese tipo de vestimenta puede hablar de quien la utiliza. Hay personas que por medio de su físico buscan llamar la atención, ya sea por problemas de autoestima, sensualidad y otras situaciones que necesitan ser trabajadas a través de la Palabra de Dios y el Espíritu Santo. Considero que, en vez de edificar, resulta incómodo para aquellos que genuinamente esperan recibir la ministración de Dios, tener que ver vestimenta indecorosa al momento en que lo divino está siendo representado. Por otro lado, las vestimentas también nos identifican cuando estamos fuera de la iglesia. Necesitamos que el Espíritu Santo nos dirija en el momento de comprar nuestra ropa. Recordemos que somos ministros en y fuera del altar. No es tolerable que un ministro utilice hermosas vestiduras blancas en el altar y ropa indecente fuera de él. Hay un refrán que dice: "El hábito no hace al monje, pero lo distingue". Tenemos que guardar nuestro testimonio en todo tiempo, no solo en las reuniones ministeriales.

Eclesiastés 9:8 En todo tiempo sean blancos tus vestidos, y nunca falte ungüento sobre tu cabeza.

En ocasiones he visto que la mayoría de las mujeres, quieren ser talla "small" (pequeña) sin importar cuanto peso indique la balanza. Quien quiera ser "small" tiene que trabajar para ello, pero no tratar de meterse a la fuerza en el vestido de la talla que a usted le gustaría tener, pero no tiene aún. Creo que cada cual debe utilizar la talla correcta y si usted sabe que Dios le ha dotado con "grandes atributos" en su cuerpo, pues es recomendable que utilice un tamaño más grande del que le corresponde. En la Biblia las vestiduras de los leprosos eran quemadas. La lepra es símbolo del pecado. Las vestiduras de pecado son diferentes a las de santidad. La vestimenta que utilizamos ahora que somos real sacerdocio y nación santa de Dios no puede tener las mismas características que la que utilizábamos cuando estábamos en pecado.

Dios todo lo hace con propósito, nada hace al azar. En la elaboración del tabernáculo, así como en el diseño de las vestiduras sacerdotales, todo tiene un significado y razón de ser que nos guía a una verdad bíblica que Él nos quiere revelar.

Real sacerdote de hoy:

Todo lo que hacemos debe ir cargado de propósito de Dios, incluyendo nuestras vestiduras de adoración. Los colores, diseños, cortes, estilos... todo debe tener un significado espiritual, todo en nosotros debe hablar el mensaje divino. He visto personas que utilizan vestuarios que no van de acuerdo con el mensaje que tratan de llevar. Por ejemplo, si se va a danzar del amor de Dios, entonces no se deberían utilizar vestuarios de guerra; o si se va a ministrar del Espíritu Santo, no me parece que se debe utilizar vestimenta de color negro. La vestimenta nos ayuda a completar y complementar el mensaje de la coreografía. El mensaje no debe ser contradictorio, ya que puede causar confusión o ser infructuoso. No se trata de utilizar cierta vestimenta solo porque se ve bonita o está de moda. Se trata de que cumpla su propósito de mostrar el mensaje de Dios de forma clara y completa, además de ser complemento junto con todo lo demás con el mismo fin.

Datos importantes y recomendaciones para el real sacerdote de hoy:

➤ **Mujeres**

✓ El color de uñas debe ser neutral o sin color. Uñas con colores brillantes, fluorescentes o muy fuertes llaman mucho la atención y desvían la atención de lo realmente importante.

✓ No usar joyas o prendas de joyería como cadenas, pulseras, brazaletes o relojes. Debemos resaltar más las imágenes de todo lo que es celestial. Además, las joyas como collares o cadenas tienden a moverse y rozar con la cara. Esto puede ser molestoso para danzar y desenfocar la atención de forma no edificante. De utilizar aretes o pantallas, deben ser lo más pequeñas posible para que no desvíen la atención.

✓ Utilice "sport bra" (sujetador deportivo) para mayor sostén y evitar movimientos excesivos y distracciones innecesarias.

✓ También deben utilizar "leggins" y/o palazos debajo de la falda o traje para cubrir mejor su cuerpo.

✓ El cabello debe estar bien arreglado. Preferiblemente no suelto, o lo más recogido posible. He visto algunas danzoras que ni siquiera se peinan. Presentarnos ante el Rey no es cualquier cosa, como hablamos en el capítulo seis. ¿Por qué preferiblemente el cabello recogido? El rostro del danzor es una de las partes de nuestro cuerpo que más ministra al momento de ver una danza. Éste refleja la pasión del corazón del adorador. Con el rostro le hablas a Dios y al pueblo en una danza. Pienso que la danza es como una carta escrita que otros leerán, el contenido de la carta es el mensaje de Dios a los hombres. La forma en que ejecutas la coreografía sería cómo organizas el escrito, los párrafos, las comas, puntos, etc. El rostro del danzor es comparable al papel que utilizas para hacer esa carta, es la presentación principal del mensaje. Puedes usar un papel estrujado, manchado y roto, o puedes utilizar un papel especialmente decorado y presentable que refleje la dignidad de Dios. El cabello suelto puede ocultar el rostro y no permitir que se vea esa parte tan importante de la ministración. Si el mensaje que se quiere transmitir requiere llevar el cabello suelto, entonces debe hacerse con excelencia y teniendo el mayor cuidado de no opacar el mensaje principal que viene del corazón y se proyecta a través del rostro. Aquellas que tienen el cabello muy corto tal vez no puedan recogerlo o sujetarlo, pero sí arreglarlo y fijarlo de forma que se vea impecable y no oculte el rostro. También hay que tener en consideración que Dios nos ha dado diversidad de tipos de cabello. Si se le exige a todo el grupo llevar el cabello suelto, resulta muy complicado para las personas que tienen rizos y volumen extremos, que no es nada fácil manejar. Hay quienes han tenido que recurrir a pagar altas cantidades de dinero por tratamientos para bajar el volumen de su cabello y poder así ministrar. Creo que es algo que se puede resolver de una forma más simple y conveniente, recogiendo el cabello al momento de ministrar. Por otro lado, puede ser de distracción ver el cabello moverse de lado a lado. También, el movimiento del cabello combinado con ciertos gestos intencionales pueden exponer un mensaje sensual no edificante. Tenemos que evitar cualquier tipo de distracción y ser de tropiezo para alguien. Hay quienes van a la iglesia, pero no van por Dios. Hay quienes te verán ministrar y no tienen a Dios en sus vidas o no están alineados a Él; nuestra tarea es mostrarles el camino al Padre. Que cuando termines de ministrar te pregunten como pueden recibir a Jesucristo en sus corazones y no que tinte usas en el cabello, o que estilista te atiende, o si aceptas salir en una cita amorosa. No perdamos el enfoque, cada cosa tiene su propósito, tiempo y lugar. Cumplamos nuestra tarea con excelencia, sigamos todas las instrucciones que nos llevarán a ser completamente efectivos y acertados para aprobar en la labor que Dios nos ha delegado.

➢ **Hombres**

✓ Utilizar faja de hombre para danzar. Es una faja que está hecha específicamente para hombres que bailan y es muy necesaria. Esta faja ayuda a mantener las partes íntimas en su lugar y no sueltas provocando distracción y todo tipo de pensamientos. Con ella se evitarán movimientos innecesarios y mostrar imágenes prohibidas y que no edifican al público.

➢ **Mujeres y hombres**

✓ Utilizar ropa interior apropiada. La vestimenta blanca casi siempre es de telas finas o no lo suficiente gruesas, por lo que la ropa interior debe ser del color de la piel del ministro para que no se vean otros colores, marcas o diseños.

✓ El cuerpo debe estar libre de malos olores. Utilice desodorante, tenga sus toallas para secar el sudor, utilice mentas para el aliento antes de ministrar. Queremos impactar por la Presencia de Dios y no por olores desagradables. Evite utilizar zapatillas que han adquirido mal olor, encárguese de lavarlas o comprar nuevas. Es muy desagradable tratar de ministrar a alguien y que la persona no pueda recibir el mensaje a cabalidad por causa de nuestra falta de cuidado personal.

✓ Las mujeres y los hombres casados deben utilizar su anillo de matrimonio. De esta forma todos sabrán que la persona está comprometida y se evitan malos entendidos, ilusiones erradas o pensamientos prohibidos.

✓ Preferiblemente danzar con zapatillas a menos que la situación o la técnica lo ameriten. Las zapatillas protegen los pies de lesiones, al darles el soporte que necesitan. Hay estilos como la danza moderna que permiten el danzar descalzo, por la forma particular en que ha sido diseñada esta técnica. Normalmente los huesos de un bailarín profesional están lo suficientemente fuertes para dominar este tipo de técnica y otras. En el caso de un danzor que no tenga la suficiente técnica y fortaleza en sus huesos, danzar descalzo podría hacerle más mal que bien. Es importante conocer que hay condiciones como fascitis plantar y otras, que pueden desarrollarse a causa de algún descuido. He visto a muchos ministros danzar descalzos y creo que de tener que hacerlo, debe ser por instrucción divina o por una razón de envergadura. Hay lugares donde el piso es muy resbaloso y representa un peligro para el danzor. En ese caso, por motivo de prevenir una caída o un accidente, es preferible danzar descalzo. Sin embargo, se deben buscar otras alternativas para que no se convierta en una costumbre, cuando no siempre hay necesidad de hacerlo. Existen multiplicidad de zapatillas de diferentes formas y estilos con el propósito de suplir todas las necesidades del bailarín. Necesitamos proteger nuestro cuerpo, que es nuestro instrumento de adoración a Dios, incluyendo los pies. Algo que no debe suceder es tomar por hábito el danzar descalzo, solo por no estar dispuesto a comprar zapatillas o por simplemente copiar lo que ven de otros, pero sin entendimiento. Personalmente, pienso que se ve mucho más elegante, presentable y formal ministrar con las zapatillas adecuadas. Debe existir una razón verdadera y de peso para no usarlas. En el caso de tener una razón auténtica y justificable, los pies deben estar bien cuidados, recordando siempre que Dios se merece lo mejor y lo excelente.

Vestidura Sacerdotal

Las vestiduras del sacerdote bíblico son muy simbólicas y significativas. Dios nos habla a través de ellas y es asombroso ver como Él utiliza todos los recursos para transmitirnos Su mensaje de amor. Cada parte de las vestiduras representa una verdad que Dios quiere que veamos y oigamos. Las vestiduras son tan importantes para Dios que en ellas escribió una carta caligrafiada por Su poderosa mano con Su especial mensaje plasmado. Disfrutemos de la carta divina escrita en telas de unción.

> **Efod - *Éxodo 28:5- 14***
> ***Representa la imagen de Cristo proyectada a través de nosotros***

El efod era una de las partes más importantes de la vestidura del sacerdote. Una especie de chaleco que servía como la principal prenda característica del oficio del sumo sacerdote. Se llevaba puesto sobre la túnica y sobre el manto, pero debajo del pectoral. El material del efod del sumo sacerdote era igual al utilizado en la confección del velo del tabernáculo, con hebras de oro tejidas en él para añadirle a su honra y hermosura. El frente y parte posterior del efod estaban unidos con hombreras. Sobre estas hombreras se colocaron dos piedras de ónice en engastes de oro. Las piedras de ónice inscritas con los nombres de los hijos de Israel servían como memorial y simbolizaban a todo el pueblo de Israel. El sumo sacerdote había de llevar los nombres de ellos delante de Jehová sobre sus dos hombros por memorial cuando buscaba el perdón y las bendiciones del Señor.

Real sacerdote de hoy:

Hoy día nosotros llamamos efod a la prenda que utilizamos sobre las vestimentas bases (el leotardo, los palazos o pantalones, la falda o el traje básico). Nuestro efod actual puede ser de diferentes diseños según el Espíritu Santo nos muestre y en conexión con el mensaje que queremos desatar. Hay personas que utilizan sus vestimentas básicas sin un efod encima de ellas. Creo que con esto se debe ser muy cuidadoso. Las vestimentas básicas solas, cubren muy poco, muchas veces marcan completamente la silueta del cuerpo y/o muestran cosas que deben estar ocultas al público. Aunque los tiempos han cambiado, nuestro Dios no cambia. Es cierto que las vestimentas hoy día son más modernas, pero siempre debemos guardar el pudor ante la Presencia de Dios. Hay quienes no desean utilizar mucha ropa por el clima caluroso en que viven. Sin embargo, hay alternativas, como leotardos de manga corta y estilos más livianos y frescos. Personalmente, pienso que siempre se debe utilizar un efod para ministrar, puesto que nos brindará mayor cobertura. De igual forma como para el sacerdote del Antiguo Testamento, para nosotros es una de las prendas principales de nuestra vestidura de adoración. Nos identifica como real sacerdocio de este tiempo y nos debe hacer reflejar la imagen de Jesucristo.

➢ **Pectoral** - *Éxodo 28:15- 30*

Representa al sacerdote como proclamador de la voluntad de Dios. Tipifica a Cristo como Sumo Sacerdote llevando a la iglesia en Su Corazón

Se le llama pectoral del juicio o la decisión. Esa palabra, "juicio", está relacionada a la toma de decisiones y puede que se refiera al papel que el pectoral jugaba en determinar la voluntad de Dios. El pectoral era un emblema de honor. Su forma era cuadrada y estaba ubicado sobre el efod y a la vez sobre el corazón del sacerdote. Estaba confeccionado del mismo material que el Efod. Contenía cuatro filas de tres piedras preciosas cada una, para un total de doce piedras que representaban las doce tribus de Israel. El nombre de cada tribu estaba grabado en cada piedra. El pectoral estaba unido al efod por un sistema de anillos de oro y de cordones. Debido a que los nombres de los hijos de Israel estaban en el pectoral y el sumo sacerdote los llevaba sobre su corazón, otra función que se le adjudica al pectoral es que cuando el sacerdote entrara en el santuario, llevaba a todo Israel al Señor, pidiéndole a Dios que recordara a Su pueblo y les bendijera. Era cuadrado y doble, aparentemente para proveer espacio para guardar el Urim y Tumim (*Levítico 8:8*). Tomado del hebreo, el significado de "Urim" y el "Tumim" es "luces" y "perfecciones". Tenían la función de indicar las respuestas de Dios a consultas (*Números 27:21; 1 Samuel 28:6*) o estaban vinculadas con revelaciones de parte de Dios. En este contexto, los israelitas no recibieron instrucciones para la confección de Urim y Tumim. Este hecho sugiere que ya existían y se usaban.

Real sacerdote de hoy:

Esta pieza de la vestidura sacerdotal me hace pensar en nosotros como proclamadores de la Palabra de Dios. Creo firmemente que somos los profetas de este tiempo. No necesitamos un artefacto como Urim y Tumim, porque tenemos al Espíritu Santo en y con nosotros, Quien nos conduce a toda verdad. Una de nuestras responsabilidades es hablar la Palabra de Dios a través de nuestro cuerpo y para eso necesitamos mantener nuestros oídos espirituales sensibles a Su voz. No se trata de danzar por danzar, sino de buscar Su voluntad en todo, desde la música, la coreografía, los instrumentos... hasta la vestimenta adecuada. Que la voz de Dios sea escuchada fuerte y claramente a través cada detalle de nuestra ministración. Por otro lado, el hecho de que en el pectoral se encontraban los nombres de las tribus de Israel grabados en piedras, eso me habla del amor que siempre debe haber en nosotros por el pueblo de Dios. Como ministros, debemos orar e interceder por el pueblo de Israel, nación del corazón de Dios. Además, debemos orar por la Iglesia y los que aún no han recibido el beneficio de ser parte de la gran familia divina a través de Jesucristo. Durante el proceso de prepararnos para ministrar necesitamos haber orado por todos aquellos que nos verán. Debemos interceder por ellos para que sean transformados por el poder del Espíritu Santo. Más allá de que nos digan lo bien que lo hicimos, debemos buscar que nos testifiquen lo que Dios hizo en ellos. Danzamos con propósito, con el anhelo ardiente de que nuestro corazón pueda latir al ritmo del corazón del

Padre. Que nuestro corazón se una con el de Dios en una danza de amor por Su pueblo.

➢ **Manto** - *Éxodo 28:31- 34*

Representa cobertura de autoridad, potestad y reino. Simboliza la autoridad para representar a Cristo
El manto estaba hecho de lana azul y el sumo sacerdote lo llevaba debajo del efod y encima de la túnica. Era más corto que la túnica. Estaba hecho de una sola pieza de tela con una abertura para la cabeza del sacerdote. *Juan 19:23* menciona que el manto de Jesús era sin costura, una manera indirecta de señalar la función de Cristo como Sumo Sacerdote. Las orlas del manto estaban decoradas con granadas y campanas. Las campanillas eran de oro, melodiosas, y nos hablan de caminar agradable a Dios. El pueblo podía seguir las actividades del sacerdote, aun sin verle, al escuchar el tintineo de las campanas. El sonido era señal de que Dios había aceptado la ofrenda del sumo sacerdote por el pecado del pueblo y les aseguraba el perdón. Por lo tanto, el sonido de las campanas, cuando el sumo sacerdote salía del tabernáculo, era motivo de gran regocijo e inspiraba a adorar ya que implicaba que se había completado la expiación y el sacerdote estaba vivo. Si no podían escucharse las campanas, el pueblo asumiría que el sumo sacerdote había cometido algún error o que por alguna otra razón Dios no había aceptado su intercesión por ellos. Entendían, por lo tanto, que el sumo sacerdote había muerto, dejando al pueblo todavía en sus pecados. Las granadas hablan de fertilidad y fructificación.

Real sacerdote de hoy:
El manto representa autoridad. Necesitamos reconocer que Dios nos ha dado toda autoridad y que por lo tanto no tenemos que acobardarnos ante los enemigos que se levanten. Cuando Dios nos llama al ministerio, nos coloca manto de autoridad que

nos hace efectivos en nuestra asignación. Nuestro caminar en integridad y santidad será el sonido que el mundo escuchará y despertará en ellos el deseo de correr a los pies de Jesucristo para alcanzar vida eterna y no morir. Dancemos lanzando la buena semilla que nos brindará una cosecha abundante. Ministro de danza, ¡Colócate el manto de autoridad y fructifica! ¡Este es tu tiempo!

➤ **Mitra** - *Éxodo 28:36- 38*

Nos habla de sumisión, de reconocer la autoridad de Dios sobre nosotros

Este turbante superior se colocaba sobre la cabeza del sumo sacerdote y estaba hecho de lino fino. En el frente había una placa o lámina de oro (diadema santa) en la que estaban inscritas las palabras hebreas "SANTIDAD A JEHOVÁ". El llevar puesta la lámina de oro con su inscripción identificaba al sumo sacerdote, quien tenía tanto el privilegio como la responsabilidad de interceder por el pueblo. La mitra nos habla de la renovación de la mente. El sacerdote debe tener la mente de Cristo.

Real sacerdote de hoy:

Como ministros de Dios, estamos llamados a vivir en santidad. Nuestra santidad hará que todos puedan ver a Dios en nosotros.

Levítico 20:7 Santificaos, pues, y sed santos, porque yo Jehová soy vuestro Dios.

1 Pedro 1:15- 16 Sino, como aquel que os llamó es santo, sed también vosotros santos en toda vuestra manera de vivir; porque escrito está: Sed santos, porque yo soy santo.

Nuestra mitra es la mente de Cristo en nosotros y nuestros pensamientos llevados cautivos a la obediencia a Él. Cuando pensamos como Cristo, cuando la mente de Cristo ha sido transfundida en nosotros, habremos vencido las más grandes batallas.

1 Corintios 2:16 Porque ¿quién conoció la mente del Señor? ¿Quién le instruirá? Mas nosotros tenemos la mente de Cristo.

➤ **Túnica** - *Éxodo 28:40*

Representa la justicia de Cristo en nosotros

La túnica consistía de una prenda ajustada más larga que el manto y se llevaba puesta por debajo de este. Era la prenda que estaba más cerca de la piel después de los calzoncillos. Era una sola pieza de lino con mangas apretadas que descansaba sobre los hombros y caía hacia abajo hasta el suelo, cubría todo su cuerpo hasta los pies. El hecho de que era de una sola pieza nos habla de un solo Señor, Jesucristo, que cubre completamente toda necesidad del creyente.

Real sacerdote de hoy:

La túnica es la prenda más larga y se podía ver aunque llevaba otras prendas encima. Cuando estamos vestidos con la vestidura de Cristo, la justicia de Dios siempre se verá en nosotros. Por medio de Jesucristo hemos sido justificados y esa cobertura nos hace aceptos por encima de nuestras deficiencias. Aunque muchas veces podamos sentirnos indignos de realizar la tarea honrosa que Dios nos ha encomendado, la túnica de Cristo nos cubre completamente y nos hace capaces y dignos por Su justicia. Podemos acercarnos confiadamente al trono de misericordia, porque, aunque cometamos errores en el camino, Su justicia se evidencia en nosotros y nos levanta.

➤ **Cinturón** - *Éxodo 29:5*

Representa servicio, carácter de Cristo, ceñidos los lomos con la verdad

El cinto era como un fajón ornamental que se llevaba alrededor de la cintura, que sujetaba las vestiduras en su lugar. Era de lino. Se envolvía alrededor del cuerpo muy cerca del pecho, hasta las caderas.

Real sacerdote de hoy:
Nuestra meta como ministros es alcanzar la estatura de Jesucristo. Esa es la medida de nuestra vestidura espiritual. Su carácter en nosotros nos llevará a servir. No somos simplemente danzores, somos siervos. Siempre debe haber disposición en nosotros para servir en todo lo que se nos requiera. Jesucristo vino a la tierra a servir y a dar Su vida por todos. Esa es la misión de aquellos que vestimos y calzamos como Él. No se trata de solo danzar en el altar, se trata también de levantarnos las mangas y limpiar cuando sea necesario, suplir las necesidades, levantar al caído... El cinturón del servicio nos hace grandes en el reino.

Mateo 23:11 El que es el mayor de vosotros, sea vuestro siervo.

➢ **Calzoncillos** - *Éxodo 28:42*

Hablan de Intimidad con Dios y fructificación
Es la prenda de vestir que iba por debajo de las demás vestiduras. Servían para cubrir la Servían para cubrir la desnudez del sacerdote, desde los lomos hasta los muslos. Estas prendas eran de lino fino, frescas, con el fin de evitar la sudoración, una emisión corporal que contaminaría ritualmente al sacerdote y por lo tanto lo haría no apto para llevar a cabo las ceremonias de perdón y gracia.

Real sacerdote de hoy:
Esta prenda es fundamental en nuestra vestidura espiritual. Es la primera pieza a colocarnos, la intimidad. Nuestra intimidad con Dios es la base y fundamento de nuestra vida y ministerio. Un ministro sin intimidad con Dios de ninguna

manera podrá ser efectivo. Ministro de danza, nunca hagas nada sin haberte puesto la pieza principal. Sin intimidad con Dios, no habrá frutos. Podemos danzar toda la vida, pero si no hay frutos, habremos sudado mucho, pero sin alcanzar el cumplimiento del propósito de Dios. Que nunca te conviertas en alguien que aprendió a bailar, pero no se ejercita en orar. Ministro de danza, no te conformes con sudar danzando... sumérgete en la recámara de la Presencia de Dios en todo tiempo; allí concebirás lo sobrenatural de Dios.

De mi corazón a tu corazón

He aprendido en mi travesía que Dios espera de nosotros lo excelente, y lo excelente siempre cuesta más. Pero antes de este aprendizaje, viví muchas experiencias que fueron mis mejores maestras. Cuando comencé a danzar, no quería invertir en vestimentas que para mí eran muy costosas. Trataba de buscar vías alternas, para pagar menos. En los muchos intentos, perdí muchas telas hermosas, tiempo y dinero. Buscaba la forma más fácil, la ruta más corta y por supuesto, la que me llevara a no invertir demasiado. El resultado muchas veces era que le daba al Señor una ofrenda mediocre. Con el tiempo aprendí a no escatimar para dar a Dios lo mejor porque Él no escatimó para darme a mí lo mejor. Entendí que debo sembrar en aquellos ministerios que Dios ha puesto para bendecirme.

Actualmente Dios me ha dado la bendición de administrar dos tiendas de artículos de danza y artes, las cuales le pertenecen a Él. Muchas veces veo en algunas personas actitudes que no describen a un ministro conforme al sacerdocio que Dios nos enseña. Personas que se quejan mucho porque no quieren pagar el precio. Otros faltan a su integridad copiando modas, diseños o patrones que Dios le dio a otro. Tristemente se ve más esta conducta en el danzor cristiano que en el de la academia secular. El bailarín secular llega a la tienda y simplemente compra lo que necesita. En muchos casos, el ministro de danza es quien se queja por todo, algunos no se someten a las normas y a escondidas sacan fotos de los vestuarios para ir a llevarlos a alguna costurera. Otros envían a la costurera para que de forma oculta tome medidas y copie los diseños. Piensan que nadie se percata y peor aún, viven y actúan como si Dios no les viera. El enemigo opera en lo oculto, pero Dios se manifiesta en la luz. Es muy triste y lamentable ver cómo algunos se proclaman cristianos y adoradores, pero recurren a acciones deshonestas en lo oculto, cuando hay abundancia de Dios para todos en Su Presencia; y además, siempre hay alguna forma de hacer las cosas correctamente y sin faltar a la integridad. Oro a Dios para que sus ojos sean abiertos. El pueblo de Dios necesita entender que tenemos que sembrar en ministerios que existen para bendecirnos a nosotros y que necesitan sostenerse *económicamente para poder continuar bendiciéndonos. Es muy triste que algunos ministros prefieran ir a apoyar los negocios de aquellos que le sirven al príncipe de este mundo, tal vez por ahorrar unos cuantos dólares, antes de apoyar un negocio del reino que probablemente tiene mayor necesidad y que existe para bendecirles y cumplir propósitos divinos. En una ocasión una persona tuvo el atrevimiento de sacar cálculos y decirme cuánto se supone que debía costar el uniforme que se le estaba ofreciendo. Decidí entender su ignorancia al desconocer que un negocio no puede vender al costo, sino que necesita generar una ganancia para poder pagar todos los gastos de renta, agua, luz, teléfono, nóminas, etc. Ministro de Dios, apoya lo que Dios establece, honra lo que Dios honra y recibirás recompensa. ¡Así es el reino! Muchas veces el pueblo no cosecha abundantemente simplemente porque no está dispuesto a sembrar generosamente y en el terreno correcto.*

Los vestuarios son importantes para Dios, son parte de nuestra adoración. Adoremos al Rey con adoración de realeza. A Él le agrada cuando un adorador lleva con dignidad las vestiduras que Él mismo diseñó para Su honor y gloria. Que tus vestiduras adoren con la misma intensidad de tu corazón, provocando contentamiento en el corazón del Padre.

Ester 5:1- 3 Aconteció que al tercer día <u>se vistió Ester su vestido real</u>, y entró en el patio interior de la casa del rey, enfrente del aposento del rey; y estaba el rey sentado en su trono en el aposento real, enfrente de la puerta del aposento. Y cuando vio a la reina Ester que estaba en el patio, ella obtuvo gracia ante sus ojos; y el rey extendió a Ester el cetro de oro que tenía en la mano. Entonces vino Ester y tocó la punta del cetro. Dijo el rey: ¿Qué tienes, reina Ester, y cuál es tu petición? Hasta la mitad del reino se te dará.

Ester sabía lo que era buscar el gusto y el deseo del corazón del rey, más allá del suyo propio. Con vestidura real, se presentó ante el rey y obtuvo gracia ante sus ojos. El rey extendió su cetro y le concedió su deseo. Cuánto más nuestro REY de Gloria nos dará todas las cosas cuando nos presentamos vestidos dignamente ante Él. Extenderá Su cetro y nos bendecirá con Su favor.

VIII

Simbolismo Bíblico

Lo cual es símbolo para el tiempo presente...

Hebreos 9:9

El simbolismo es un lenguaje creado por Dios, es un medio de comunicación universal que se extiende por encima de las barreras de las palabras. Una definición para la palabra "simbólico" es: "un objeto utilizado para representar algo abstracto". Es el uso de una cosa para representar otra. En la alabanza y adoración utilizamos símbolos como puntos de contacto para expresar lo invisible por medio de una representación visible. El simbolismo nos permite llevar una adoración visual, dramática y expresiva, la cual en alineamiento con el mover del Espíritu Santo libera nuestra fe de una forma física. Cuando somos obedientes a las instrucciones de Dios, llevando nuestra fe a la acción, damos lugar a Sus divinos propósitos. A veces no imaginamos el impacto que traerán nuestras acciones y obediencia a Dios, y cómo Él las usará en el presente o el futuro para sus propósitos. Probablemente la mujer que derramó el perfume sobre Jesús no tenía idea de la magnitud de su obediente y simbólica acción. Jesucristo no solo aprobó su acción simbólica, sino que marcó el incidente como uno que trascendería los tiempos, lugares y generaciones.

Marcos 14:3- 9
Pero estando él en Betania, en casa de Simón el leproso, y sentado a la mesa, vino una mujer con un vaso de alabastro de perfume de nardo puro de mucho precio; y quebrando el vaso de alabastro, se lo derramó sobre su cabeza. Y hubo algunos que se enojaron dentro de sí, y dijeron: ¿Para qué se ha hecho este desperdicio de perfume? Porque podía haberse vendido por más de trescientos denarios, y haberse dado a los pobres. Y murmuraban contra ella. Pero Jesús dijo: Dejadla, ¿por qué la molestáis? Buena obra me ha hecho. Siempre tendréis a los pobres con vosotros, y cuando queráis les podréis hacer bien; pero a mí no siempre me tendréis. Esta ha hecho lo que podía; porque se ha anticipado a ungir mi cuerpo para la sepultura. De cierto os digo que dondequiera que se predique este evangelio, en todo el mundo, también se contará lo que ésta ha hecho, para memoria de ella.

La alabanza y adoración en la Biblia nunca han sido pasivas; por el contario, están llenas de acción y vida. El pueblo de Dios hacía uso de instrumentos simbólicos llenando el ambiente que les rodeaba de la Presencia de Dios.

Dios en Su Palabra nos ha dado instrucciones específicas de cómo Él desea que le alabemos y adoremos. Al estudiar la Biblia, veremos un despliegue de instrumentos simbólicos utilizados en la adoración ordenada por Dios para todos los tiempos.

Salmos 150:3- 6 Alabadle con sonido de trompeta; alabadle con salterio y arpa. Alabadle con pandero y danza; alabadle con cuerdas y flauta. Alabadle con címbalos resonantes; alabadle con címbalos de júbilo. Todo lo que respira alabe a Jehová. Aleluya.

Salmos 20:5 Nosotros nos alegraremos en tu salvación, y alzaremos pendón en el nombre de nuestro Dios; conceda Jehová todas tus peticiones.

Juan 12:13 tomaron ramas de palmas, y salieron a recibirle, y aclamaban: ¡Hosanna! ¡Bendito el Rey de Israel, que viene en el nombre del Señor!

Apocalipsis 7:9 Después de estas cosas miré, y he aquí una gran multitud, la cual ninguno podía contar, de todas las naciones y tribus y pueblos y lenguas, que estaban delante del trono y en la presencia del Cordero, vestidos de ropas blancas y con palmas en sus manos.

Los instrumentos simbólicos son un punto de referencia accesible para nosotros en el plano terrenal, los cuales nos conducirán a representar algo en el mundo espiritual. Jesús utilizó parábolas llenas de simbolismos para enseñar lecciones prácticas de la vida, que aplicaban no solo a aquellos días, sino también a los tiempos futuros. El ministerio de Jesús estaba repleto de actos simbólicos. Durante el bautismo de Jesús, podemos ver a la paloma simbolizando al Espíritu Santo y la aprobación de Dios para con Su Hijo Amado.

Marcos 1:9- 10 Y aconteció en aquellos días, que Jesús vino de Nazaret de Galilea, y fue bautizado por Juan en el Jordán. Y luego, subiendo del agua, vio abrirse los cielos, y al Espíritu como paloma que descendía sobre Él.

Cuando Jesús murió, el velo del templo se rasgó en dos como símbolo de nuestro acceso al Padre a través de Su poderosa sangre y sacrificio en la cruz.

Mateo 27:50- 51 Mas Jesús, habiendo otra vez clamado a gran voz, entregó el espíritu. Y he aquí, el velo del templo se rasgó en dos, de arriba abajo; y la tierra tembló, y las rocas se partieron.

Hebreos 10:19- 20 Así que, hermanos, teniendo libertad para entrar en el Lugar Santísimo por la sangre de Jesucristo, por el camino nuevo y vivo que él nos abrió a través del velo, esto es, de su carne.

Las Escrituras están repletas de simbolismos. Vemos a través de la preciosa Palabra de Dios, que se utiliza este recurso para facilitarnos el entender el mensaje divino, tanto en el tiempo en que se dio, como en el presente y en el futuro. Esto es posible, ya que la Palabra de Dios tiene la misma efectividad en todos los tiempos, pues Dios es el mismo ayer, hoy, por los siglos y para todas las generaciones. Nuestro Dios, en Su grandeza, majestad e infinito amor, anhela tener profunda comunión con Sus hijos. Él agota todos los recursos para acercarse, de manera que podamos comprenderle aun con nuestra mente finita. Es un privilegio extraordinario que nuestro Creador, el Dios Omnipotente, Omnisciente y Omnipresente se interese tanto por Su creación y nos ame a tal punto de enviar a Su Hijo Amado a la tierra. Trazó este maravilloso plan con el fin de poder hablarnos en nuestro idioma y que de una vez por todas comprendiéramos Su mensaje de amor y perdón para salvación eterna.

Dios le dio mucha importancia a los colores de cada artículo en el tabernáculo y también a cada detalle, ya que Él estaba dando un mensaje en silencio a todos a través del lenguaje simbólico.

A continuación, presentaré algunos objetos, colores, animales, números y acciones, juntamente con lo que simbólicamente representan, con la certeza de que serán de gran beneficio a tu vida y ministerio. Es mi oración que sean una herramienta eficaz para expandir tu creatividad, añadir belleza a tu ministración y que puedas traer de forma visual y con la mayor precisión los diseños del cielo a la tierra.

Tablas de Símbolos

Simbolismo Numérico

Número	Simbolismo	Número	Simbolismo
1	**Uno** Principio Indivisible Unidad Inicio	2	**Dos** Unión Testigo Compañerismo Unión con Cristo
3	**Tres** Santa Trinidad Deidad Solidez Perfección Divina	4	**Cuatro** Mundo Cuatro Ángulos de la Tierra
5	**Cinco** Gracia Cinco Ministerios	6	**Seis** Hombre Mundo Humano Debilidad Humana Falta de Perfección
7	**Siete** Perfección Lo Completo Perfección Espiritual	8	**Ocho** Nuevo Comienzo
9	**Nueve** Nacimiento	10	**Diez** Ley Orden Divina Responsabilidad
11	**Once** Imperfección Incompleto	12	**Doce** Gobierno Perfecto Gobierno Terrenal
13	**Trece** Rebelión Desobediencia Oposición Rebelde	14	**Catorce** Doble Medida de Perfección Espiritual
15	**Quince** Hechos a través de la Gracia Divina	17	**Diecisiete** Perfección Espiritual Desafíos del Cristiano

Simbolismo Numérico

Número	Simbolismo
20	**Veinte** Expectación Esperanza Esperando por el Cumplimiento
30	**Treinta** Madurez para el Ministerio El Momento Correcto
50	**Cincuenta** Jubileo Espíritu Santo Libertad
100	**Cien** Multiplicación Recompensa Perfección Completo
153	**Ciento cincuenta y tres** Avivamiento
300	**Trescientos** Remanente Fiel
666	**Seiscientos Sesenta y Seis** La Bestia Satanás Maldición Hombre Pretendiendo ser Dios

Número	Simbolismo
24	**Veinticuatro** Sacerdocio Ancianos Celestiales Gobierno más Alto Adoración Celestial
40	**Cuarenta** Prueba Generación Disciplina
70	**Setenta** Perfecto Orden Espiritual
120	**Ciento Veinte** Tiempo Señalado Periodo de Prueba
200	**Doscientos** Insuficiencia
600	**Seiscientos** Guerra
888	**Ochocientos Ochenta y ocho** Resurrección

Simbolismo de Colores

Color	Simbolismo	Color	Simbolismo
	Amarillo Gloria Gloria Revelada Resplandor		**Anaranjado** Alabanza Gozo
	Azul Espíritu Santo Agua viva Cielos Abiertos		**Azul Claro** Celestial Espíritu Santo
	Blanco Angelical Paz Limpieza Pureza Luz Novia Santidad		**Bronce** Arrepentimiento Justo Juicio de Dios Sentencia
	Dorado Divinidad Gloria Majestad Padre Eterno		**Gris** Lamento
	Marrón Humanidad Sumisión Tierra		**Negro** Aflicción Maldad Enemigo Muerte Lamento Pecado Oscuridad
	Rojo Amor Sacrificio Sacrificio de Cristo Sangre de Cristo		**Rosado** Amistad Buenas Relaciones Rosa de Sarón Ternura
	Plateado Liberación Redención Salvación		**Turquesa** Agua Viva del Espíritu Guerra Espiritual Nueva Jerusalén Río de Dios

Simbolismo de Colores

Color	Simbolismo
Verde Cosecha Crecimiento Nueva Vida Nuevo Comienzo Prosperidad	
Vino Vino Nuevo Nuevo Pacto Milagros Sobrenaturales	

Color	Simbolismo
Verde Oliva Unción de Dios Consagración	
Violeta Realeza Autoridad Dominio Reinado	

Simbolismo de Combinaciones de Colores

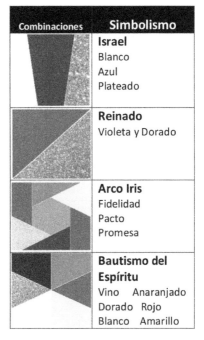

Combinaciones	Simbolismo
	Tabernáculo Dorado Violeta Azul Escarlata (rojo)
	Santa Trinidad Dorado Rojo Plata
	Novia de Cristo Blanco y Plateado
	Fuego Rojo Dorado Amarillo Blanco Anaranjado

Combinaciones	Simbolismo
	Israel Blanco Azul Plateado
	Reinado Violeta y Dorado
	Arco Iris Fidelidad Pacto Promesa
	Bautismo del Espíritu Vino Anaranjado Dorado Rojo Blanco Amarillo

Objetos Simbólicos

Objeto	Simbolismo	Objeto	Simbolismo
	Anillo Eternidad Infinito Compromiso		**Antorcha** Luz que brota de las Sagradas Escrituras Revelación
	Arca Salvación		**Arpa** Adoración Espíritu Profético Salmista Ungido
	Cenizas Consagración Desesperación Luto Desesperanza		**Cetro** Autoridad Favor Gracia Poder
	Corona Jesucristo Rey Realeza		**Corazón** Amor Cristo
	Corazón en Llamas Amor Apasionado por Cristo		**Cruz** Redención Sacrificio
	Cuerno Fuerza Poder Protección Reino		**Cuerno de Aceite** Poder y Fuerza Unción para el Llamamiento
	Ventana Provisión de Dios		**Joyas** Embellecimiento Honra Obsequio Valioso Sabiduría

Objetos Simbólicos

Objeto	Simbolismo	Objeto	Simbolismo
	Lámpara La Palabra de Dios		**Llave** Acceso Otorgado Autoridad Poder del Reino Pertenencia
	Mirra Amargura Dolor		**Novia** La Iglesia
	Oro Deidad Perfección Celestial		**Plata** Purificación Refinar
	Puerta Acceso Entrada Elección Jesús, Puerta a la Vida		**Red** Poder del Evangelio para Alcanzar o Atraer a los Hombres
	Sello Pertenencia Señal o Marca de Aprobación		**Shofar** Grito de Guerra Proclamación Voz de Dios
	Trompeta La voz de Declaración Profética Un despertar Advertencia de Dios		**Trono** Autoridad Soberanía de Dios Gobierno
	Torre Lugar de Seguridad Protección Vigilancia		**Vasijas de Barro** El hombre

Elementos de la Naturaleza

Elemento	Simbolismo	Elemento	Simbolismo
	Agua Purificación Palabra de Dios		**Árbol de Cedro** Majestuoso Estable Incorruptible
	Árbol de Olivo Nación de Israel		**Árbol de Pino** Fructífero Abundancia de Semillas
	Estrellas Portadores de Luz Pastores Líderes Divinos		**Fuego** Espíritu Santo Limpieza Purificación Santificación Avivamiento
	Madera Hombre Carne Corruptible		**Montañas** Gobierno Dominio Autoridad
	Nube Shekina de Dios Presencia de Dios		**Palma/ Palmera** Fuerza Fructífero Longevo
	Roca Lugar Seguro Lugar de Seguridad Cristo		**Rosa** Amor Divino Rosa de Sarón

Simbolismos de Animales

Animal	Simbolismo	Animal	Simbolismo
	Águila Excelencia Realeza Las Alturas Visión Profética		**Buey** Fuerza
	Caballo Fuerza Orgullo		**Cabra** Antítesis de la Oveja
	Carnero Ofrenda Sacrificio		**Cordero** Cristo Provisión para el Sacrificio
	Dragón Satanás		**Hormiga** Industria Sabiduría Trabajador Esforzado
	León Autoridad Gobierno Realeza de Cristo		**Mariposa** Cambio Metamorfosis Nuevo Comienzo
	Oveja Gente de Dios		**Paloma** Espíritu Santo Inocencia Pureza
	Pez Almas de los hombres		**Serpiente** Astucia Maldad Satanás
	Oso Destructor Ferocidad Fuerza Maligna		**Toro** Orgullo Persecución

Simbolismo de Alimentos

Alimento	Simbolismo
Racimo de uvas	Grupo de Creyentes Nuevo Vino
Vino	Sangre de Cristo Gozo Regocijo
Aceite	Unción Espíritu Santo Consagración
Levadura	Pecado
Frutas	Los Hechos Las Obras
Sal	Pacto con Dios Juicio Sobre el Pecado

Alimento	Simbolismo
Granada	Fertilidad Abundancia Ofrenda
Pan	Cuerpo de Cristo Provisión
Maná	Provisión Divina Salud Divina
Especias	Adoración Ofrenda
Miel	Abundancia Ofrenda
Semillas	Descendencia

Simbolismo de Armas

Arma	Simbolismo	Arma	Simbolismo
	Arco Fuerza Poder Victoria		**Cadenas** Esclavitud Ligadura con Satanás Oscuridad
	Flecha Salvación de Dios Señal de Descendencia		**Hacha** Instrumento de Juicio
	Honda Poder Sobrenatural Destreza en Batalla		**Jabalina** Destrucción del Enemigo Ataque Veloz Mayor Alcance en la Guerra
	Martillo Palabra de Dios		**Vara** Autoridad Guía Pastoral Protección

Simbolismo de la Armadura

Pieza	Simbolismo
 **Armadura** Equipo Divino para la Guerra	**Calzado** Evangelio de la Paz
Yelmo Protección de la Mente o Pensamientos	**Coraza** Cobertura del Corazón Protección
Escudo Fe	**Espada** Palabra de Dios Verdad Guerra
Cinturón Verdad	

Simbolismo del Tabernáculo de Moisés

Elemento	Simbolismo	Elemento	Simbolismo
	Altar del Holocausto Lugar de Sacrificio La Cruz del Calvario		**Altar del Incienso** Intercesión y Adoración a Dios Sacrificio de Jesús como Perfume
	Arca del Pacto Presencia de Dios Justicia de Cristo		**Atrio Exterior** Arrepentimiento Sacrificio Limpieza Interior
	Candelabro de Oro Cristo, Luz del Mundo La Iglesia		**Incienso** Oración Aceptable Oraciones de los Santos
	Lavacro / Fuente de Bronce Purificación Comienzo de la Santificación		**Lugar Santísimo** Presencia de Dios Habitación de Dios
	Lugar Santo Lugar de Servicio a Dios Santidad Lugar de Oración y Adoración a Dios		**Mesa de los Panes** Cristo, Pan de Vida Provisión Promesas de Dios
	Tabernáculo Lugar de Adoración Presencia de Dios		**Tablas de la Ley** **Vara de Aarón y Maná** (Elementos en el Arca del Pacto) La Ley Llamado al Sacerdocio Provisión
	Sangre Vida Redención Sacrificio Pacto		**Querubines** Guardianes Angélicos del Trono de Dios
	Velo Separación entre Dios y el Hombre		

Simbolismo de Vestiduras Sacerdotales

Pieza	Simbolismo	Pieza	Simbolismo
	Borlas o Campanillas Alabanza Oración		**Calzoncillo** Fructificación Intimidad con Dios
	Cinto del Efod Servicio		**Cinto Dorado** Jesús, Sumo Sacerdote El Hijo del Hombre El Primero y el Último Autoridad
	Flecos/Borlas Oración Sanidad Recordatorio de los Mandamientos de Dios		**Manto** Cobertura Protección
	Mitra Sumisión Reconocer Autoridad de Dios en Nosotros		**Tiara** Santidad de Nuestros Pensamientos Mente de Cristo
	Pectoral Juicio Decisión		**Túnica** Oficio Justicia Cubierta

Acción Simbólica

Acción	Simbolismo
	Desgarrarse la Ropa Dolor Luto Desesperación

Movimientos Simbólicos

Movimiento	Simbolismo	Movimiento	Simbolismo
	Aislamiento Atadura Falta de Libertad		**Aplaudir** Gozo Alegría Emoción
	Arrodillarse Humillación		**Brincar** Gozo Victoria Triunfo
	Caerse o Colapsar Debilidad		**Contracciones** Dolor
	Cubrirse los Ojos Llanto Dolor		**Inclinar la Cabeza y Desplomarse** Culpa Vergüenza
	Levantar Brazos y Manos al Cielo Rendición Alabanza		**Manos cruzadas en el Pecho** Amor
	Manos Enlazadas en el Pecho Oración		**Movimientos en el Nivel Bajo** Rendición Mansedumbre
	Postrarse Adoración Reverencia		**Puños o Brazos Fuertes** Fuerza Poder

De mi corazón a tu corazón

Nuestro Dios es un Dios creativo, y en Su deseo de comunicarse con sus hijos, Él nos habla de muchas formas. Una de ellas es a través de símbolos. Si Dios ha escogido el lenguaje simbólico para hablarnos, entonces el deseo de oír Su voz nos impulsará a aprender todo acerca de dicho lenguaje. Mientras más conozcamos acerca del vocabulario de Dios, más le entenderemos. Gracias al conocimiento adquirido con relación al simbolismo he podido comprender mejor sueños y visiones de parte de Dios. Es impresionante ver cómo Dios está tan adherido en los detalles, colores, materiales, etc. Todo, absolutamente todo lo que existe porta un mensaje de Dios. Él está presente en todo; menciona un objeto cualquiera y encontrarás un mensaje de Dios escondido en el. Toda la creación, todo lo que existe desata el sonido del corazón de Su Hacedor. Conocer y profundizar con el lenguaje simbólico nos lleva a ampliar nuestras danzas. No hay porqué permanecer haciendo siempre los mismos patrones, cuando Dios nos ha provisto de innumerables recursos que nos aumentan enormemente las posibilidades de variar e innovar. Yo personalmente he utilizado en mis danzas objetos simbólicos como un anillo, canastas, una Biblia, aceite, una lámpara, un frasco de perfume, flores u otros. Cada objeto simbólico ha hecho de mi ofrenda a Dios una muy especial e inolvidable, no solo para ÉL, sino también para la audiencia. He podido ir más allá de solo movimientos. No me he detenido en lo que en el pasado aprendí en una escuela, sino que también he podido mostrar una imagen más real del diseño de Dios. Ministro de danza, te exhorto a salir de la rutina e ir más alto en tu creatividad. Te invito a romper la monotonía y darle un toque diferente a tu creación. Más que todo, te insto a buscar nuevos diseños en la intimidad con el Espíritu Santo. Él te dará cosas que ojos no han visto, para que muchos puedan escuchar lo que no habían escuchado, a través de un lenguaje diferente, un lenguaje de amor, de parte de un Padre que se interesa hasta en los más mínimos detalles con tal de bendecir a sus hijos.

IX

Instrumentos de Adoración

Alabadle por sus proezas;
Alabadle conforme a la muchedumbre
de su grandeza.

Salmos 150:2

$\mathscr{A}$ través de las Escrituras vemos que a Dios le ha agradado utilizar hombres y mujeres para llevar a cabo Sus propósitos y planes. Siervos Suyos, que por encima de sus deficiencias humanas, cuando decidieron obedecer a Dios, alcanzaron grandes victorias y encontraron su verdadero propósito. En muchos de estos personajes de la historia bíblica podemos notar que Dios les proveyó de instrumentos y/u objetos físicos como punto de contacto para realizar milagros y señales, o para expresar y comunicar algo. A Moisés le entregó una vara, Ester recibió un cetro de autoridad, Miriam utilizó un pandero y Eliseo recibió un manto. Dios es el dueño y creador de todo y si a Él le place utilizar un objeto para mostrar Su gloria, nos toca a nosotros aceptar ser parte de Su creativo plan en obediencia. No significa que los objetos en sí tienen poder para realizar milagros y señales. El poder viene del Dios Omnipotente y reside dentro de aquellos vasos de gloria donde Él lo deposita para el cumplimiento de Sus propósitos inescrutables. El objeto como tal no es el recipiente de la potestad de Dios, pero en las manos de un siervo lleno de la unción del Espíritu Santo, puede convertirse en una herramienta de manifestación del poder del Todopoderoso. Para toda tarea en la vida, cada cual utiliza instrumentos que son esenciales para llevar a cabo su función o desempeño de manera efectiva. Esto aplica en cualquier área, tanto en lo ministerial como en lo secular. A un carpintero no le puede faltar su martillo, a un doctor su estetoscopio, a un músico su guitarra, ni a un predicador su Biblia. Todos necesitamos herramientas que nos facilitan llevar a cabo la función que ejercemos con mayor precisión y eficacia. De igual forma ocurre con nosotros como adoradores y ministros de danza. Dios ha puesto a nuestra disposición instrumentos que son esa arma afilada y de gran ayuda para que podamos llevar a cabo nuestra función de forma más eficaz. Son instrumentos de adoración que colaboran con nosotros para que los diseños de Dios sean plasmados con excelencia en el plano terrenal. Los instrumentos de adoración añaden belleza a nuestra ofrenda de danza a Dios, pero además, desatan un sonido poderoso en el mundo espiritual. Ellos hablan al mundo espiritual de forma tal que la atmósfera responde al mensaje liberado. Por tal razón, es muy importante utilizarlos con conocimiento y propósito. Los instrumentos no se utilizan simplemente porque son hermosos, o porque alguien más los utiliza, ni porque es lo único que hay accesible y fácil al momento, ni mucho menos para llenar un espacio de una coreografía donde no se sabe qué hacer. Los instrumentos son parte del mensaje que le queremos llevar a Dios o al pueblo, y deben utilizarse con entendimiento e intención. Siempre con la dirección del Espíritu Santo y aportando a que el mensaje que se intenta llevar sea claro y descifrable.

Aclaro que no todos los instrumentos que utilizamos hoy día para adorar a Dios a través de la danza son exactamente iguales en términos físicos a los que se utilizaron en el tiempo bíblico. Sin embargo, el significado que adquieren nuestros instrumentos hoy día es similar y paralelo al significado bíblico. Un ejemplo es el manto; el manto que usamos hoy en la adoración no es exactamente igual al manto utilizado en los tiempos bíblicos y registrado en la Palabra. El que utilizamos hoy día, a pesar de ser diferente al manto mencionado en la biblia, se convierte en un símbolo que representa al manto bíblico y el significado que adquiere es el mismo que se le dio en las Escrituras. Por esta razón es muy importante conocer las Escrituras y escudriñarlas para no perder el propósito divino en lo que hacemos. Hay instrumentos que se usan con varios propósitos. Éstos adquieren más de un significado y se utilizan según la forma en que Dios se quiera mover. El pandero es ejemplo de un instrumento que puede ser utilizado para alabanza y también como instrumento de guerra espiritual. En este capítulo describiré de forma breve algunos de los instrumentos de adoración más comunes. No entraré a profundidad en cada uno, pero sí en su significado y función principal. Si deseas profundizar mucho más en cada instrumento de adoración, te invito a tomar el curso, "Conforme a Tu Corazón Danzaré". Es un curso intensivo de un año, donde se estudia cada instrumento a profundidad, tanto en el área teórica como en el aprendizaje práctico de cada uno. El curso es muy completo y lo llevamos a las diferentes ciudades y naciones. Disfrutemos ahora del recorrido a través de aquellos aliados divinos que complementan nuestra adoración, hermosean nuestra ofrenda al Rey y gritan a los cuatro vientos el sonido del reino.

† Pandero †

En un diccionario regular encontramos que el pandero es un instrumento de percusión formado por una piel estirada sobre uno o dos aros superpuestos y provisto de sonajas. Las sonajas son los aritos pequeños incrustados en el aro mayor con las que se crea el sonido. Los hebreos lo llamaban "Toph" o "Topheth", y la Biblia se refiere a él como "pandero", "tamboril" o "tamborín". Es un instrumento de alabanza y adoración a Dios, pero también de guerra espiritual contra el enemigo. La Palabra de Dios nos exhorta a alabar a Dios por medio de este hermoso instrumento.

Salmos 81:1- 4
Cantad con gozo a Dios, fortaleza nuestra; Al Dios de Jacob aclamad con júbilo. Entonad canción, y tañed el pandero, *El arpa deliciosa y el salterio. Tocad la trompeta en la nueva luna, En el día señalado, en el día de nuestra fiesta solemne. Porque estatuto es de Israel, Ordenanza del Dios de Jacob.*

Salmos 149:3
Alaben su nombre con danza; Con pandero *y arpa a él canten.*

Salmos 150:4
Alabadle con pandero *y danza; Alabadle con cuerdas y flautas.*

El pandero en las manos de un ministro ungido es un instrumento que libera el poder de Dios de forma sobrenatural. Es muy importante aprender a utilizarlo con gracia, ritmo y destreza. Eso se logra con mucha práctica, dedicación y sobre todo oración. Solo en total dependencia del Espíritu Santo lograremos sacar los sonidos y las danzas del trono que traerán una explosión de gloria a la tierra.

Dentro de la Palabra de Dios podemos encontrar en el pandero diferentes propósitos:

> **Instrumento de alabanza y expresión de regocijo delante de Dios**
> *Salmos 81:1- 4*
> *Cantad con gozo a Dios, fortaleza nuestra; Al Dios de Jacob aclamad con júbilo. Entonad canción, y tañed el* pandero, *El arpa deliciosa y el salterio. Tocad la trompeta en la nueva luna, En el día señalado, en el día de nuestra fiesta solemne. Porque estatuto es de Israel, Ordenanza del Dios de Jacob.*

➢ **Celebración de victoria**

El pandero se unió a la celebración del pueblo cuando Dios los pasó victoriosos por el Mar Rojo y destruyó a todos los enemigos que les perseguían.

Éxodo 15:20
Y María la profetisa, hermana de Aarón, tomó un <u>*pandero*</u> *en su mano, y todas las mujeres salieron en pos de ella con* <u>*panderos*</u> *y danzas.*

➢ **Expresión profética**

El pandero fue parte de las declaraciones proféticas de aquellas mujeres que danzaban y a la vez profetizaban el reinado y señorío de David sobre Saúl, aun antes de que David fuese rey sobre Israel.

1Samuel 18:6- 8
Aconteció que cuando volvían ellos, cuando David volvió de matar al filisteo, salieron las mujeres de todas las ciudades de Israel cantando y danzando, para recibir al rey Saúl, con <u>*panderos*</u>*, con cánticos de alegría y con instrumentos de música. Y cantaban las mujeres que danzaban, y decían: Saúl hirió a sus miles, y David a sus diez miles. Y se enojó Saúl en gran manera, y le desagradó este dicho, y dijo: A David dieron diez miles, y a mí miles; no le falta más que el reino.*

➢ **Instrumento de guerra espiritual**

Vemos en la Palabra al pandero como un arma de guerra. Dios pelea y ejecuta Su justicia por medio de la alabanza con pandero. También Ezequiel narra lo que se entiende que es la descripción de Satanás y su rebelión a Dios. Se cree que Satanás, creado por Dios con la función de dirigir la alabanza celestial, poseía como parte de sí mismo instrumentos de adoración a Dios, como el pandero. A causa de su rebelión y orgullo, Satanás perdió ese lugar de privilegio y honra delante de Dios. Nosotros, los que adoramos al Padre en espíritu y verdad, hemos tomado ese lugar de bendición, lo cual nuestro enemigo aborrece. Cada vez que golpeamos el pandero le recordamos a Satanás su pérdida y nuestra ganancia, su derrota y nuestra victoria. Ahora estamos sentados en lugares celestiales con Cristo por medio de Su poderosa sangre que nos da acceso, y Satanás fue echado de la Presencia de Dios con una derrota irreversible y eterna. Cada golpe del pandero ejerce un sonido de guerra que estremece el reino de las tinieblas y hace al enemigo huir.

Isaías 30:32
Y cada golpe de la vara justiciera que asiente Jehová sobre él, será con __panderos__ y con arpas; y en batalla tumultuosa peleará contra ellos.

Ezequiel 28:12-13
Hijo de hombre, levanta endechas sobre el rey de Tiro, y dile: Así ha dicho Jehová el Señor: Tú eras el sello de la perfección, lleno de sabiduría, y acabado de hermosura. En Edén, en el huerto de Dios estuviste; de toda piedra preciosa era tu vestidura; de cornerina, topacio, jaspe, crisólito, berilo y ónice; de zafiro, carbunclo, esmeralda y oro; los primores de tus __tamboriles__ y flautas estuvieron preparados para ti en el día de tu creación.

Ministro de danza, toma tu pandero y profetiza, celebra la victoria de Jesucristo, regocíjate en la Presencia de Dios y destruye a tus enemigos con cada golpe de guerra ¡Libera el poder de Dios! ¡Y que se escuche el sonido de tu victoria!

† Tabret o Tabroit †

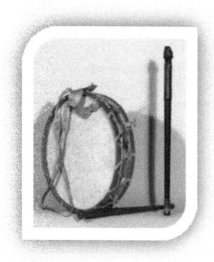

"Tabret" es la palabra en inglés la cual viene de la raíz "tabor". La palabra "tabor" es simplemente una variante en inglés de una palabra derivada del latín que significa "tambor". "Tabor" o "tabret" se refiere a un tambor portátil que se toca con una mano. Se ha utilizado en el ejército como un instrumento de marcha y también como acompañamiento en desfiles y procesiones.

Se cree que el "tabret" es un precursor simbólico del "tabor" de las Escrituras. La forma antigua y original del "tabret" era un pequeño y rústico tambor de un solo lado. Tenía un pedazo de piel adherida. En ocasiones se colocaba en el hombro de quien lo tocaba y se le daba con un palo que se tomaba con la mano. A la misma vez el tañedor tocaba una especie de flauta con la boca sostenida por la otra mano (*Groves Dictionaries of Music Inc. New York*). En español se conoce como tabroit, aro de lluvia, aro de gloria. Es un instrumento de alabanza y también de intercesión y guerra espiritual. Los israelitas lo asociaban con procesiones, celebración, gozo, fiesta y regocijo. Su función es muy similar al pandero, con la diferencia de que no produce sonido. Todos pueden utilizarlo con facilidad, aun niños, personas postradas o en silla de ruedas, ya que no requiere de entrenamiento. Al no producir sonido, no existe la posibilidad de que se salga de ritmo. Casi siempre el "tabret" se menciona juntamente con la flauta. El pandero y el tabroit están muy relacionados entre sí, por lo que se puede asumir que en los tiempos bíblicos se utilizaban juntamente. Al igual que otros instrumentos, es utilizado para preparar una atmósfera profética. Es reconocido como un instrumento de hermosura para manifestar la Gloria de Dios. Ejerce un efecto visual muy impactante en el reino espiritual. La decoración y colores son muy reveladores, simbólicos y significativos al momento de ministrar.

Ministro de danza, toma tu tabroit y alaba al que es Digno. ¡Intercede a través de tu danza! Desata un sonido silencioso pero poderoso que penetre el reino de las tinieblas y que aterrorice a tus enemigos, haciéndolos retroceder.

† Mantos †

El diccionario secular define el manto como vestidura de ceremonia, en forma de capa, que cubre todo el cuerpo. El manto en la Biblia se refiere a una capa, túnica o prenda de vestir. Formaba parte de la vestimenta del judío. Era considerado como parte de la persona, representando su rango, autoridad y gobierno. Algunas definiciones de la palabra "manto" tomadas del hebreo son: "cubierta", "túnica", "paño real", "vestidura", "algo amplio", "magnificencia". Del griego encontramos las siguientes definiciones: "capa", "vestidura", "túnica". A menudo, al hombre que se le nombraba para un cargo de honor o importancia se le daba un manto especial.

Simbolismo del manto en la Biblia

> **Cobertura**
> *Ezequiel 16:8 Extendí mi <u>manto</u> sobre ti, y cubrí tu desnudez.*

> **Protección de Dios**
> Rut extiende su manto para recibir la protección divina a través de Booz.
>
> *Rut 3:9, 15 Entonces él dijo: ¿Quién eres? Y ella respondió: Yo soy Rut tu sierva; extiende el borde de tu <u>capa</u> sobre tu sierva, por cuanto eres pariente cercano.*
>
> *V. 15 Después le dijo: Quítate el <u>manto</u> que traes sobre ti, y tenlo. Y teniéndolo ella, él midió seis medidas de cebada, y se las puso encima; y ella se fue a la ciudad.*

> **Mensaje profético**
> *1 Samuel 15:27- 28 Y volviéndose Samuel para irse, él se asió de la punta de su <u>manto</u>, y este se rasgó. Entonces Samuel le dijo: Jehová ha rasgado hoy de ti el reino de Israel, y lo ha dado a un prójimo tuyo mejor que tú.*

➤ **Instrumento de poder y autoridad de Dios**
2 Reyes 2: 8, 13- 14
Tomando entonces Elías su <u>manto</u>, lo dobló, y golpeó las aguas, las cuales se apartaron a uno y a otro lado, y pasaron ambos por lo seco

v. 13- 14 Alzó luego el manto de Elías que se le había caído, y volvió, y se paró a la orilla del Jordán. Y tomando el <u>manto</u> de Elías que se le había caído, golpeó las aguas, y dijo: ¿Dónde está Jehová, el Dios de Elías? Y así que hubo golpeado del mismo modo las aguas, se apartaron a uno y a otro lado, y pasó Eliseo.

➤ **Señal de llamamiento divino y unción delegada**
1 Reyes 19:19- 21 Partiendo él de allí, halló a Eliseo hijo de Safat, que araba con doce yuntas delante de sí, y él tenía la última. Y pasando Elías por delante de él, echó sobre él su <u>manto</u>. Entonces dejando él los bueyes, vino corriendo en pos de Elías, y dijo: Te ruego que me dejes besar a mi padre y a mi madre, y luego te seguiré. Y él le dijo: Vé, vuelve; ¿qué te he hecho yo? Y se volvió, y tomó un par de bueyes y los mató, y con el arado de los bueyes coció la carne, y la dio al pueblo para que comiesen. Después se levantó y fue tras Elías, y le servía.

➤ **Instrumento de alabanza**
Lucas 19:35- 40
Y lo trajeron a Jesús; y habiendo echado sus <u>mantos</u> sobre el pollino, subieron a Jesús encima. Y a su paso tendían sus <u>mantos</u> por el camino. Cuando llegaban ya cerca de la bajada del monte de los Olivos, toda la multitud de los discípulos, gozándose, comenzó a alabar a Dios a grandes voces por todas las maravillas que habían visto, diciendo: ¡Bendito el rey que viene en el nombre del Señor; paz en el cielo, y gloria en las alturas! Entonces algunos de los fariseos de entre la multitud le dijeron: Maestro, reprende

a tus discípulos. El, respondiendo, les dijo: Os digo que si éstos callaran, las piedras clamarían.

➤ **Sanidad**
Mateo 14:36 Y le rogaban que les dejase tocar solamente el borde de su <u>manto</u>; y todos los que lo tocaron, quedaron sanos.

➤ **Servicio sacerdotal**
Parte primordial de la vestidura sacerdotal era el manto. Representaba autoridad, cobertura, potestad y reino. Para nosotros como sacerdotes del Nuevo Pacto representa la autoridad para representar a Cristo.

Éxodo 28:2- 4
Y harás vestiduras sagradas a Aarón tu hermano, para honra y hermosura. Y tú hablarás a todos los sabios de corazón, a quienes yo he llenado de espíritu de sabiduría, para que hagan las vestiduras de Aarón, para consagrarle para que sea mi sacerdote. Las vestiduras que harán son estas: el pectoral, el efod, el <u>manto</u>, la túnica bordada, la mitra y el cinturón. Hagan, pues, las vestiduras sagradas para Aarón tu hermano, y para sus hijos, para que sean mis sacerdotes.

El manto es un instrumento de adoración hermoso y muy profético. Sus colores añaden significado y mayor comprensión a la ministración. Debemos mantener nuestros oídos espirituales muy sensibles a la voz del Espíritu Santo para que nos mueva a desatar el mensaje que Él quiere llevar a través de este instrumento. Muchas veces ministrando con manto he experimentado que Dios mismo cambia mis pasos y me lleva a ministrar proféticamente a alguien. Una de las experiencias que ha marcado mi vida y ministerio más poderosamente fue a través de una ministración con manto. Dios utilizó a una sierva Suya para depositar sobre mí el manto espiritual que ella había recibido de Dios. Movida por el Espíritu Santo, ella tomó el manto que llevaba puesto y lo colocó proféticamente sobre mí. Fue algo muy parecido a la impartición a través del manto de Elías a Eliseo. A partir de ese momento mi vida dio un giro extremo, mi territorio fue ensanchado, puertas se abrieron a las naciones y comencé a fluir ministerialmente con una unción paralela a la de aquella sierva que depositó su manto sobre mí. Es asombroso, el mundo espiritual es real. Por eso es totalmente necesario adquirir conocimiento de la Palabra de Dios y tomar acción con cada verdad divina recibida.

Ministro de danza, toma tu manto y alaba, desata un mensaje profético de sanidad y poder. Lleva a otros el mensaje de salvación por la cobertura de la sangre de Jesucristo. Y no te olvides de pasar tu manto a las próximas generaciones para que sean levantadas con la unción que has recibido y duplicada.

† Billows †

"Billow" es la palabra en inglés que significa: "ola", "oleada", u "ondular". El "Billow" es una pieza de tela larga hecha mayormente de seda o de otro material de tela liviana. Pueden utilizarse de diferentes tamaños, dependiendo de lo amplio del espacio en que se van a utilizar. Mientras más largo sea, más alto se elevará. Se le pueden añadir diseños con mensajes de naturaleza profética y basados en la Palabra de Dios. Según el billow se eleva, el mensaje que lleva se convierte en una declaración que se escucha fuerte y claramente en el reino espiritual. Es muy hermoso incorporar muchos billows en una ministración, dependiendo de la cantidad de ministros de danza. Fluyen con mucha gracia y son un instrumento de mucha bendición para aquellos que tienen dificultad en aprender una coreografía que requiere mucha memorización. Utilizando música de adoración, los billows pueden ser parte de una ministración con esfuerzo físico de bajo impacto, pero que produce un gran impacto en el mundo espiritual. Personas que sencillamente puedan caminar y levantar sus brazos, pueden participar utilizándolos.

Billow en la Biblia

La representación bíblica de este instrumento se hace presente cuando se menciona la naturaleza del mismo: oleaje ascendente y descendente o de un lado a otro.

Salmos 42:7 Tus ondas y tus olas han pasado sobre mí.

Jonás 2:3 Todas tus ondas y tus olas pasaron sobre mí.

Ministro de danza, toma tu "billow" y junto a otros adoradores levanten el mensaje de Dios en alto. Ministren como uno solo, porque en la unidad el poder de Dios es incrementado. ¡Declaremos juntos y unánimes que nuestro Dios reina!

† Banderas †

Algunas definiciones que encontramos en un diccionario regular para la palabra bandera son: "Insignia de tela que se usa como adorno o para hacer señales"; "una tela que lleva en sí un emblema con colores, patrones o figuras usadas como símbolo de una nación, estado u organización que en muchos casos se encuentra sostenida de un asta o palo por alguno de sus lados"; "emblema militar nacional"; "signo o señal identificadora". Algunos sinónimos en español de la palabra bandera son: estandarte, insignia, pendón, símbolo, señal. Tanto hoy como en tiempos antiguos se utilizaba para funciones militares y litúrgicas. En términos militares, les ayudaba a los soldados a saber la dirección en que soplaba el viento y así ellos podían apuntar sus flechas con precisión. Después que los israelitas salieron de Egipto, las tribus de Israel se identificaban por su respectiva bandera y se agrupaban alrededor de ella.

Números 1:52
Los hijos de Israel acamparán cada uno en su campamento, y cada

uno junto a su <u>bandera</u>, por sus ejércitos.

Llevan un mensaje visual. Por medio del color, símbolo y modelo comunican un mensaje importante, de forma tal que provocan una respuesta en la gente, ya sea de alegría, de victoria, etc. Con el tiempo se fueron usando también para comunicación. La bandera se levantaba en alto para que fuese visible y pudiese comunicar claramente el mensaje para el cual era levantada. En algunos casos para convocar al pueblo, en otros para anunciar algo o para que el enemigo pudiera ver que iban en contra de ellos. Declara victoria y establece territorio para el Señor. En la iglesia las utilizamos como vehículo para proclamar los atributos de Dios. Con ellas levantamos la Palabra de Dios para que el pueblo la observe, medite en ella, la haga presente en su mente y proceda a obedecerla. Pueden ser utilizadas en la congregación para alabar y exaltar el nombre de Dios en adoración, en guerra espiritual, en celebración de victoria, proclamando territorio del reino, ministrando el gozo de la salvación, anunciando un evento sobrenatural, interpretando la música, etc. Quien maneja o lleva las banderas es llamado abanderado.

Simbolismo de las banderas en la Biblia

> **Señal de Proclamación de Anuncio Importante**
> *Jeremías 50:2 Anunciad en las naciones, y haced saber; levantad también <u>bandera</u>, publicad, y no encubráis; decid: tomada es Babilonia...*

> **Instrumento de guerra**
> *Salmos 74:4 Tus enemigos vociferan en medio de tus asambleas; han puesto sus <u>divisas</u> por señales.*
> **Divisa- *viene del hebreo "oth" que significa: – "señal", "bandera".***

➢ **Gozo por la Salvación**
Salmos 20:5
Nosotros nos alegraremos en tu salvación, y alzaremos <u>pendón</u> en el nombre de nuestro Dios; conceda Jehová todas tus peticiones.

➢ **Convoca un punto de reunión**
Isaías 11:12 Y levantará <u>pendón</u> a las naciones, y juntará a los desterrados de Israel, y reunirá los esparcidos de Judá de los cuatro confines de la tierra.

➢ **Símbolo de Victoria**
Dios le daba la victoria a Su pueblo en guerra contra Amalec, mientras Moisés mantenía sus manos levantadas. Jehová-nisi significa Jehová es mi bandera o estandarte. Imagino a Moisés con sus manos levantadas sosteniendo una bandera de victoria en el espíritu y viéndola con los ojos de la fe.

Éxodo 17:15 Y Moisés edificó un altar, y llamó su nombre Jehová <u>nisi</u>.

Ministro de danza, ¡toma tu bandera y proclama la victoria de Jesucristo! Plantemos bandera de victoria en cada territorio y nación, estableciendo el señorío de Jesucristo en toda la tierra. Levantemos bandera en alto y convoquemos a todos los pueblos para salvación.

† Estandartes †

El estandarte es una insignia o emblema. Algunos sinónimos para la palabra "estandarte" son: "insignia", "emblema", "pabellón", "pendón". Es una bandera gigante y se compone de dos elementos: la tela y el asta donde va atada. La tela puede tener cualquier forma o tamaño. Resaltan a alguien o algo. Anuncian y atraen la atención de los observadores. Los estandartes identifican, otorgan honor y proclaman un mensaje con autoridad. La mayoría de las veces que se mencionan en la Biblia es relacionado al ejército. Proclaman dominio o posesión de territorio. A través del estandarte levantamos la Palabra de Dios en alto, lo que indudablemente causará que el enemigo huya de terror, ya que no tiene ninguna defensa contra la Palabra. También son utilizados en procesionales y celebraciones como símbolo del amor de Dios y la victoria de Su pueblo.

El estandarte nos representa a nosotros, la Iglesia, como proclamadores del mensaje de Dios. Nosotros somos cartas leídas por todos los hombres, estandartes que proclamamos el mensaje de Jesús y del reino de Dios en la tierra (*2 Corintios 3:2- 3*). Jesús pudo mostrar las características de la cultura del reino mientras estuvo en la tierra. La gente nos mira a nosotros y nuestras acciones hablan más fuerte que nuestras palabras. Somos un estandarte mostrado a la humanidad que exalta la realeza de Jesucristo.

Ministro de danza, levántate como estandarte y muéstrale al mundo que en Jesucristo somos más que vencedores por medio de Aquel que nos amó primero. ¡Que el reino de las tinieblas huya ante la proclamación extravagante de la majestad de Dios!

† Mateh o Vara de Autoridad †

"Mateh" es la palabra hebrea para vara con el significado de "cetro", "lanza", "cayado", "bastón", "sustento para la vida". Algunos sinónimos para la palabra vara son: "palo", "báculo", "bordón", "rama". Conocemos a este instrumento como vara de autoridad. Es una rama delgada y larga. Algunas son hechas de madera y ramas de árboles. Hay de diferentes tamaños de largo y ancho, y son decorados de acuerdo a la creatividad individual. Se le puede colocar un pedazo de tela característica, escribir versos bíblicos, los nombres de Dios o pintar de un color significativo para el que la lleva y de acuerdo al uso que se le quiere dar. Utilizado con la unción del Espíritu Santo, este instrumento se convierte en un punto de contacto para realizar señales milagrosas y prodigios. No es simplemente un palo, sino que se convierte en un instrumento para cumplir propósitos divinos. Pero debemos recordar siempre que la vara no es la que tiene poder; el poder y la autoridad vienen de la Palabra de Dios y del Espíritu Santo en nosotros, quien nos dice qué hacer, cuándo y cómo hacerlo.

Simbolismo de la vara o mateh en la Biblia

> **Símbolo de autoridad**
> *Apocalipsis 2:26- 27 Al que venciere y guardare mis obras hasta el fin, yo le daré autoridad sobre las naciones, y las regirá con <u>vara</u> de hierro, y serán quebradas como vaso de alfarero; como yo también la he recibido de mi Padre.*

La persona que utiliza este instrumento es considerado un delegado o embajador, uno que representa una autoridad mayor.

Éxodo 4:2 Y Jehová dijo: ¿Qué es eso que tienes en tu mano? Y él respondió: Una <u>vara</u>.

Éxodo 4:17 Y tomarás en tu mano esta <u>vara</u>, con la cual harás las señales.

Éxodo 7:19- 20 Y Jehová dijo a Moisés: Di a Aarón: Toma tu <u>vara</u>, y extiende tu mano sobre las aguas de Egipto, sobre sus ríos, sobre sus arroyos y sobre sus estanques, y sobre todos sus depósitos de aguas, para que se conviertan en sangre, y haya sangre por toda la región de Egipto, así en los vasos de madera como en los de piedra. Y Moisés y Aarón hicieron como Jehová lo mandó; y alzando la <u>vara</u> golpeó las aguas que había en el río, en presencia de

Faraón y de sus siervos; y todas las aguas que había en el río se convirtieron en sangre.

Es símbolo de la autoridad que Jesucristo nos confiere a la Iglesia para ir y establecer Su reino. Jesús envía a sus discípulos con autoridad y lo único que les dice que lleven es la vara (bordón). Dios nos envía con lo que verdaderamente necesitamos, Su autoridad gobernante.

Marcos 6:7- 8 Después llamó a los doce, y comenzó a enviarlos de dos en dos; y les dio autoridad sobre los espíritus inmundos. Y les mandó que no llevasen nada para el camino, sino solamente bordón; ni alforja, ni pan, ni dinero en el cinto.

➤ **Dan testimonio de la Presencia de Dios en el pueblo.**
Con ellas cargaban el arca del pacto los levitas. La vara en nuestras manos es un símbolo de que somos quienes llevamos la Presencia y el testimonio de Dios en nuestro interior. Somos los levitas del nuevo pacto que cargamos la Presencia de Dios.

Éxodo 25:13- 15 Harás unas varas de madera de acacia, las cuales cubrirás de oro. Y meterás las varas por los anillos a los lados del arca, para llevar el arca con ellas. Las varas quedarán en los anillos del arca; no se quitarán de ella.

➤ **Fue utilizada para propósitos de identificación o señal de distinción**
En el Antiguo Testamento Dios instruyó a que cada tribu y jefes de familia tuviesen una vara que les identificaría.

Números 17:1- 10
Y Jehová habló a Moisés, diciendo: Habla a los hijos de Israel, y toma de ellos una vara por cada casa de los padres, de todos los príncipes de ellos, doce varas conforme a las

casas de sus padres; y escribirás el nombre de cada uno sobre su <u>vara</u>. Y escribirás el nombre de Aarón sobre la <u>vara</u> de Leví; porque cada cabeza de familia de sus padres tendrá una <u>vara</u>. Y las pondrás en el tabernáculo de la congregación delante del testimonio, donde yo me encontraré con vosotros.

Ministro de danza, eres un embajador del reino de Dios. Toma la vara de autoridad que Dios te ha conferido y muestra al mundo el poder de Dios. No temas, Dios te ha entregado poder y autoridad para liberar al cautivo y manifestar Su gloria. Se tú mismo esa vara que carga la Presencia de Dios y la muestra al mundo con señales y milagros.

† Cintos o "Streamers" †

Es un banderín o pieza de tela larga y angosta usualmente de tres a nueve pies de largo, atada a una vara de madera o fibra de vidrio ("fiberglass") en uno de los extremos. También se le conoce como "listón". La tela para su confección debe ser liviana y que fluya suavemente. Pueden ser de un solo color o de combinaciones de colores, dependiendo del significado y del mensaje que se quiere llevar y de acuerdo con lo que su espíritu ha recibido del Espíritu de Dios. La palabra en inglés "streamer", viene de "stream", que significa: "corriente", "torrente", "fluir", "río" o "inundación". De la raíz de la palabra "streamer" podemos encontrar la siguiente descripción: "dejar una luz o rastro continuo", "dar lugar a una corriente continua de rayos o destellos" o "brillar". La palabra "ríos" en el hebreo del *Salmo 78:16* significa "stream" o "corriente", y viene de la raíz "brillar", "flujo radiante", "corriente brillante".

Salmos 78:16 Pues sacó de la peña corrientes, E hizo descender aguas como <u>ríos</u>.

Los cintos son instrumentos de alabanza con los que se celebra la victoria dada por Dios. Se ministra y desata sobre el pueblo el gozo, regocijo y júbilo que Dios nos da, así como la gratitud y reverencia hacia Él por todo lo que hace en nuestras vidas. Al ondear los cintos en la adoración, llevamos nuestros corazones a un hermoso momento en la Presencia del Señor.

Simbolismo del cinto en la Biblia

➢ **Derramamiento del Río de Dios y el fluir del Espíritu Santo**
Un símbolo para representar al Espíritu Santo es el río.

Juan 7:38- 39 El que cree en mí, como dice la Escritura, de su interior correrán <u>ríos</u> de agua viva. Esto dijo del Espíritu que habían de recibir los que creyesen en él; pues aún no había venido el Espíritu Santo, porque Jesús no había sido aún glorificado.

Por consiguiente, podemos conectar el fluir del río de Dios con el derramamiento del Espíritu Santo y la bendición y fructificación que este río trae sobre el pueblo.

Isaías 66:12 Porque así dice Jehová: He aquí que yo extiendo sobre ella paz como un <u>río</u>, y la gloria de las naciones como <u>torrente</u> que se desborda; y mamaréis, y en los brazos seréis traídos, y sobre las rodillas seréis mimados.

Salmos 1:3 Será como árbol sentado junto a <u>corrientes</u> de aguas, que da su fruto en su tiempo, y su hoja no cae; y todo lo que hace, prosperará.

> **Gozo en la Presencia de Dios**
En la Presencia de Dios hay plenitud de gozo. Cuando el río del Espíritu fluye en nuestras vidas, nada podrá apagar nuestro gozo. Cuando el río del Espíritu inunda un lugar, todos nos sumergimos en las delicias de Su Presencia.

Salmos 46:4
Del <u>río</u> sus <u>corrientes</u> alegran la ciudad de Dios, El santuario de las moradas del Altísimo.

> **Instrumentos de guerra**
Tipifican latigazos para el enemigo, abriendo brecha y limpiando los aires. El largo de las cintas simboliza lo sobrenatural y la grandeza de Dios. Se utiliza en guerra espiritual simbolizando el atar las obras del enemigo y desatar las bendiciones de Dios.

Mateo 16:19 Yo te daré las llaves del reino de los cielos; lo que atares en la tierra quedara atado en los cielos; y lo que desatares en la tierra quedara desatado en los cielos.

Dios nos da la llave profética simbólicamente con las cintas y es mediante el uso de ellas con lo cual declaramos que atamos espiritualmente aquí en la tierra y en el cielo toda artimaña del enemigo. Además, con los cintos también se desatan bendiciones a través de la danza. Al mismo tiempo, le recordamos al enemigo todas las bendiciones que recibimos como resultado del sacrificio de Jesucristo.

Ministro de danza, toma tu cinto y abre los cielos para que fluya el río de Dios. Ata las obras de las tinieblas y desata las bendiciones de Dios. Sumérgete en el río del Espíritu y las delicias de Su Presencia, inunda todo lugar y que todos puedan disfrutar del gozo inextinguible de Su amor.

De mi corazón a tu corazón

Los instrumentos de adoración son hermosos y llamativos. Nos hacen experimentar emociones agradables como gozo, paz y libertad. Es maravilloso ver ministraciones llenas de colorido, sincronización y creatividad con ellos. Cuán impresionante es ver un ejército de ministros de Dios ungidos tocando el pandero en unidad. El reino de las tinieblas tiembla ante tal poder desatado. Es tan poderoso ver a los varones moviendo con fuerza las banderas, pues la atmósfera es estremecida. Cada instrumento está cargado del mensaje de la Palabra de Dios. Sin embargo, no podemos perder de vista el hecho de que tenemos que usarlos con conocimiento y propósito. He visto quienes usan instrumentos para ocultar su falta de preparación, no son diligentes en dedicar el tiempo suficiente a la elaboración de su danza y tratan de esconderse detrás del instrumento. Otros no queriendo invertir en el instrumento que requiere la ministración, utilizan lo primero que encuentran, de cualquier color, sin significado ni propósito. Esto está fuera de orden y no representa la excelencia que exige presentarse ante el Rey. Por otro lado, también hay que estudiar los instrumentos, capacitarse y aprender a utilizarlos correctamente. No es suficiente con moverlos, hay que moverlos bien. Utilizar instrumentos en la adoración requiere entrenamiento y práctica. Unos son más complejos que otros, pero independientemente del nivel de complejidad, es necesario prepararse para dar el máximo y ofrecer lo mejor a Dios. También es importante y recomendable siempre tener accesibles los instrumentos de adoración. Muchas veces el Espíritu Santo nos sorprende mostrándonos cómo desea moverse a través de algún instrumento y no queremos ser obstáculo o detener Su mover por no estar preparados en todo tiempo. Recordemos que los instrumentos están cargados de significado profético y debemos estar listos para cuando Dios quiera desatar Su Palabra a través de la danza. Ministro de danza, no dejes tus armas, sal equipado. Toma tu vara y ejerce autoridad, proclama la victoria con tus banderas, mueve tu manto, envuélvete bajo la cobertura de Su amor. Exhibe los diseños de Dios y muéstrale a todos Su belleza y esplendor.

X

Danzor o Ministro

No damos a nadie ninguna ocasión de tropiezo, para
que nuestro ministerio no sea vituperado; antes bien,
nos recomendamos en todo como ministros de Dios

2 Corintios 6:3- 4

*H*ay muchas cosas que hacen diferencia entre un ministro de danza y un danzor o bailarín, sin embargo, hay una que me parece ser la más significativa de todas; la posición del corazón. ¿Dónde está tu corazón?

En mi caminar por este recorrido de danzarle al Rey, me he encontrado con personas que me han hecho preguntas como: ¿Por qué se llaman danzores? ¿Cuál es la diferencia entre bailar y danzar? ¿Es el danzor un ministro o no? En este capítulo profundizaremos en este tema y estableceremos diferencias entre una cosa y otra.

Comenzaré por la definición de ministerio. Un ministerio es una responsabilidad delegada por Dios. En Lucas 3:23 "*leitourgía*" es la palabra griega para el ministerio de Jesús y significa "servicio". En Efesios 4:12 hablando de la obra del ministerio la palabra griega utilizada es "*diafonía*" que significa "servicio", "ayuda", "quehacer", "socorro", "distribución". En el Antiguo Testamento, la palabra que más aparece para ministerio en el hebreo es "*abodá*" que significa: "trabajo de toda clase", "esclavo", "idóneo", "labranza", "oficio", "servidumbre", "tarea", "trabajo". Otras definiciones del original encontradas en el Antiguo Testamento son: "servicio en adoración", "contribuir a", "administrar", "criado", "sirviente", "*sacerdocio*", "cargo", "cuidado", "centinela", "custodia", "deber", "desempeño", "guardia", "ordenamiento", "velar", "vigilia". Me llama la atención la palabra "*sacerdocio*" como uno de los significados para la palabra "ministerio". La Palabra de Dios dice que somos Real Sacerdocio, somos los sacerdotes del nuevo pacto.

1 Pedro 2:9 Mas vosotros sois linaje escogido, real sacerdocio, nación santa, pueblo adquirido por Dios, para que anunciéis las virtudes de aquel que os llamó de las tinieblas a su luz admirable.

Y ¿Qué es el sacerdocio? La palabra hebrea para sacerdocio en el Antiguo Testamento es "*kejunná*" que significa "ministrar", "ministro" o "ministerio". Muy interesantemente, el significado de la palabra "sacerdocio" es "ministerio" y el significado de "ministerio" es "sacerdocio". Por lo tanto, aquellos que hemos sido llamados real sacerdocio, somos entonces ministros de Dios. Todos hemos recibido una comisión del reino, un área de servicio donde seremos útiles para Sus propósitos. El ministerio es una responsabilidad que Dios nos delega. La palabra "responsabilidad" tiene la etimología: responder. A todos Dios nos ha entregado grandes responsabilidades y Él espera una respuesta de nosotros. Todos tenemos una función única en Él, un trabajo exclusivo, una tarea divina, una privilegiada asignación del cielo.

Efesios 4:11- 16 Y él mismo constituyó a unos, apóstoles; a otros, profetas; a otros, evangelistas; a otros, pastores y maestros, a fin de perfeccionar a los santos para la obra del ministerio, para la edificación del cuerpo de Cristo, hasta que todos lleguemos a la unidad de la fe y del conocimiento del Hijo de Dios, a un varón perfecto, a la medida de la estatura de la plenitud de Cristo; para que ya no seamos niños fluctuantes, llevados por doquiera de todo viento de doctrina, por estratagema de hombres que para engañar emplean con astucia las artimañas del error, sino que siguiendo la verdad en amor, crezcamos en todo en aquel que es la cabeza, esto es, Cristo, de quien todo el cuerpo, bien concertado y unido entre sí por todas las coyunturas que se ayudan mutuamente, según la actividad propia de cada miembro, recibe su crecimiento para ir edificándose en amor.

Según Efesios 4, el ministerio proviene de Jesucristo. Él es Quien lo da y con un propósito determinado:
- Para edificación del cuerpo de Cristo.
- Para alcanzar la unidad de la fe.
- Para el conocimiento del Hijo de Dios.
- Para que no seamos niños fluctuantes, fácil de engañar.
- Para que crezcamos en todo, hasta la estatura del Varón Perfecto, la plenitud de Cristo.

Después de conocer el propósito para el cual Jesús nos entrega ministerios, ciertos cuestionamientos vienen a mi mente. En el ministerio que Dios te ha delegado, ¿se está cumpliendo el propósito para el cual Dios lo diseñó? En tu vida como ministro, ¿hay evidencia de que estás cumpliendo con el propósito para el cual Dios te escogió? Se supone que tanto tú como el ministerio que tienes en tus manos estén edificando el cuerpo de Jesucristo. Si estás dando a luz cosas que no edifican como contienda, celo ministerial, irresponsabilidad, bochinche, chisme, murmuración, etc., estás fuera del propósito de Dios. Si en vez de promover unidad, hay división en tu vida y ministerio, estás fuera del propósito original. Si como ministro de Dios no le conoces a Él, ni tu ministerio está conduciendo a otros a conocerle más, estás fuera de propósito. Si te mantienes siendo un niño espiritual, fácil de engañar por el diablo o por cualquiera que se presente con argumentos y además no estás llevando a otros a la madurez espiritual, estás fuera del propósito verdadero. Si tu vida no está en constante crecimiento, ni estás dirigiendo a otros a alcanzar la estatura de Jesucristo, entonces necesitas urgentemente volverte al propósito para el cual Dios te escogió y te entregó una asignación especial juntamente con la gracia y el don para completarlo.

Hay una diferencia entre el don y el ministerio. El don o carisma se deriva de "*járis*", que significa "gracia". Es una habilidad sobrenatural que Cristo da al creyente por medio del Espíritu Santo. El don no es un lugar de servicio, es la habilidad para ejecutarlo. Por ejemplo, el pastorado no es un don, es un ministerio; el don está en la habilidad que tiene un pastor para cuidar con paciencia y amor a la congregación. El ministerio es la responsabilidad dada por Dios, y el don es la habilidad sobrenatural que viene de Dios para ejercer esa responsabilidad.

Es crucial entender que nuestro primer ministerio y el más importante es nuestro llamado a adorar a Dios. Nuestro llamado a la adoración debe ser la prioridad en nuestras vidas, aun antes que danzar para Él.

Juan 4:23- 24 Mas la hora viene, y ahora es, cuando los verdaderos adoradores adorarán al Padre en espíritu y en verdad; porque también el Padre tales adoradores busca que le adoren. Dios es Espíritu; y los que le adoran, en espíritu y en verdad es necesario que adoren.

Nuestra adoración a Él es nuestra vida misma en santidad, entrega y comunión. Hemos sido llamados a adorarle en espíritu y verdad, y esa adoración es un estilo de vida que va mucho más allá de un ensayo o algunas coreografías. El ministro de danza tiene que ser un adorador primero. La danza que se convierte en una ofrenda agradable a Dios es aquella que viene como resultado de un corazón que adora sin reservas. Ministro de danza, no inviertas el orden, primero somos adoradores y luego danzores. *No* somos danzores que intentamos adorar de vez en cuando. Somos adoradores que como resultado de la adoración que brota del corazón, nuestros cuerpos responden con danza y nuestra vida responde con entrega y obediencia. Nuestra adoración sin reservas nos hace ministros competentes delante del Padre.

La Palabra nos muestra claramente las características de un administrador de los bienes del reino, de un siervo y ministro aprobado por Dios. Un ministro es un embajador, es aquel que administra, supervisa y vela por que todo lo que se le ha encomendado se cumpla a cabalidad. El ministro es ejemplo a seguir en todo, ya que su vida es intachable, manifiesta el fruto del Espíritu Santo y camina dignamente, según la vocación a la que ha sido llamado.

1 Corintios 4:2 Ahora bien, se requiere de los administradores, que cada uno sea hallado fiel.

Tito 1:7- 9 Porque es necesario que el obispo sea irreprensible, como administrador de Dios; no soberbio, no iracundo, no dado al vino, no pendenciero, no codicioso de ganancias deshonestas, sino hospedador, amante de lo bueno, sobrio, justo, santo, dueño de sí mismo, retenedor de la palabra fiel tal como ha sido enseñada, para que también pueda exhortar con sana enseñanza y convencer a los que contradicen.

Tito 2:2 Que los ancianos sean sobrios, serios, prudentes, sanos en la fe, en el amor, en la paciencia.

Conforme a las Escrituras, un buen administrador de los dones, talentos y ministerios otorgados por Dios debe ser fiel, irreprensible, no soberbio, no iracundo, justo, santo, dueño de sí mismo, prudente, no calumniador, íntegro y maestro del bien. Vemos aquí las características de un verdadero ministro de Dios, sea cual sea su área de servicio en el Reino.

Basados en todo lo antes discutido, podemos concluir entonces que danzar es un ministerio, es una responsabilidad que Dios le ha delegado a siervos Suyos de llevar Su mensaje y manifestar Sus propósitos. El ministro de danza desatará ese mensaje a través del lenguaje corporal del movimiento con el propósito de la edificación, unidad y crecimiento del cuerpo de Cristo.

Hay muchas características que definen a un ministro de danza y adoración, o cualquiera sea su lugar de servicio. A continuación, algunas características muy importantes que deben estar presente en todo ministro:

- Haber nacido de nuevo, haber confesado a Jesucristo como su Señor y Salvador *Romanos 10:9*
- Debe asistir regularmente a una iglesia local y ser miembro activo de la misma *Hebreos 10:25*
- Tener relación con Dios diaria y consistente (adoración, estudio de la Palabra, oración, ayuno, ofrendas, diezmos, etc.) *Isaías 55:6, 1 Crónicas 16:11, Malaquías 3:10 , Proverbios 3:9*
- Compromiso con Dios, con el ministerio y con el líder *Apocalipsis 2:10, Hebreos 13:17, Romanos 13:1*
- Debe estar dispuesto a pagar el precio en todas las áreas en que el ministerio requiere *1 Crónicas 21:24, Mateo 19:29*
- Debe reflejar el carácter de Cristo tanto en el exterior como en el interior *Efesios 4:1, Romanos 13:14*

- Debe tener buen testimonio y no solo de palabras, sino en toda su manera de vivir *Filipenses 2:15*
- Debe mostrar amor a Dios y al prójimo *Marcos 12:30- 31*
- Ser humilde *Filipenses 2:3- 10*
- Ser obediente *Génesis 22:1- 17*
- Sujeción a Dios y al líder *Hebreos 13:17*
- Ser fiel *Mateo 25:14- 30*
- Vivir en santidad *Hebreos 12:14; 1 Pedro 1:14- 16*
- Se prepara y capacita en todas las áreas de su vida: espíritu, alma y cuerpo *2 Timoteo 2:15*

Otras características adicionales y cruciales que describen la conducta de un ministro idóneo y competente en el reino:

- No es quejoso, trabaja en amor y gozo sabiendo que lo que hace, para Dios lo hace.
- Sabe que lo que hay que hacer, tiene que hacerse, por lo tanto, no pone excusas.
- No se justifica, sino que acepta sus errores y los corrige.
- Corre la milla extra, va más allá de lo que se le pide y lo hace con excelencia.
- No deja para mañana lo que puede hacer hoy. No lo domina la pereza.
- No busca comodidad sino hacer la voluntad de Dios.
- Piensa en las necesidades de otros antes que en las suyas.
- Ve la necesidad antes de que le digan y hace todo por suplirla.
- No se conforma con buenas intenciones, toma acción y hace que las cosas sucedan.
- Es dirigido por el Espíritu Santo.
- No es sabio en su propia opinión, busca la sabiduría de Dios.
- Es organizado y disciplinado.
- Influencia a otros a amar a Dios y Su obra.
- Hace más que solamente orar, pero no hace nada sin antes orar.
- Se mueve aun con sus temores, el temor no le paraliza.

Ya que hemos abarcado bastante en cuanto al ministro de danza y lo que le caracteriza, hablaremos ahora con respecto a la diferencia entre un ministro de danza y un danzor o bailarín. Aclaro que no estoy haciendo diferencia entre un danzor y un bailarín. Cuando hablo de un danzor o bailarín, estoy considerando que es lo mismo. La diferencia que quiero recalcar es entre un danzor o bailarín que simplemente se mueve al son de la música y un **ministro,** según las características antes expuestas basadas en la Palabra de Dios. También es importante comprender que la danza y el baile son una misma cosa. En el idioma inglés, solo hay una palabra para danza o baile: *"Dance".* En español, encontramos dos palabras, danza y baile, pero ambas se definen de igual manera. Hoy día podemos encontrar varias palabras utilizadas para referirse a aquellos que se expresan a través del movimiento tanto en la iglesia como fuera de ella: bailarines, danzores, danzarines, danzantes, bailadores y otras. Cualquiera de estos puede ser utilizado para identificar o nombrar a alguien que utiliza el movimiento y la expresión corporal como vocabulario y no hay porqué ofenderse. Se trata de palabras que definen lo mismo. Algunos piensan que danzar es la palabra correcta para utilizarse en la iglesia y bailar la que se utiliza en el mundo. No es así, danzar y bailar es igual. La diferencia no la hace el vocablo, sino la dirección en la que está dirigida la pasión del corazón y la actitud con que se lleva a cabo la función que se ejerce. A quién o a qué se le rinde adoración a través de lo que haces es lo que hace la diferencia. En este caso, los bailarines del mundo no son el tema en discusión, ellos simplemente no ministran a Dios, por lo tanto, no me referiré a aquellos que no han conocido a Jesucristo ni le sirven. Me referiré como danzores o bailarines a aquellos que están danzando dentro de la Iglesia habiendo aceptado a Jesucristo como Salvador de sus vidas, pero que no están ejerciendo la responsabilidad que Dios les ha dado alineados a Su perfecta voluntad. Por otro lado, me referiré a ministros de danza para describir a aquellos que sirven a Dios a través de su vocabulario y movimiento corporal con conocimiento y propósito. Aquellos que ejercen su llamado alineados al Corazón de Dios, apasionados por Aquel a Quien danzan, más allá de cualquier otra motivación. Utilizaré la palabra "ministro" para describir a quien es gobernado por la Palabra de Dios y más allá de presentar un perfecto espectáculo, ministra la Presencia de Dios como resultado de una vida de obediencia y santidad. Adelante presentaré una comparación entre el danzor o bailarín en la iglesia versus el ministro de danza en el cuerpo de Cristo.

Te exhorto a que hagas un autoanálisis mientras hacemos el siguiente recorrido:

Danzor o bailarín en la Iglesia	Ministro de danza
Conoce la Palabra de Dios, pero no la vive o la pone por obra. Habla mucho pero no muestra vivencia alguna de lo que dice. Por otro lado, está el que desconoce totalmente las verdades bíblicas, pues no se ocupa de leer y escudriñar las Escrituras por lo cual las ignora totalmente.	Conoce la Palabra de Dios, la escudriña, tiene pasión por ella, pero más que eso, vive por ella y es hacedor de la misma. Su vida es la Palabra de Dios leída por todos.
Con su creatividad y talento hace una muy buena coreografía.	Se ocupa de buscar el deseo del Corazón de Dios en oración y ayuno antes de coreografiar. Reconoce que depende totalmente del Espíritu Santo para que la danza vaya sellada con Su preciosa unción. Reconoce que el Creador de todo es el mejor Coreógrafo.
Se enfoca en el producto final de la coreografía, en hacer algo que impresione a todos.	Se enfoca en el proceso para asegurarse que el producto final sea agradable delante de Dios.
Se enfoca solo en danzar.	Se enfoca en servir, tanto en la danza como donde se le necesite.
Es fiel solo en lo mucho. Su orgullo trae como resultado que puertas le sean cerradas.	Fiel en lo poco, Dios lo lleva a lo mucho. Su humildad le abre puertas pues Dios le exalta.
Piensa que nunca se equivoca y no acepta sus errores, ni mucho menos corrección.	Acepta la corrección con humildad y deseo de crecer y ser más como Cristo.
Va al servicio solo cuando le toca danzar.	Es fiel en congregarse en su iglesia local y en todo tiempo.

Toma clases de danza simplemente para mejorar su técnica.	Toma clases de danza para dar excelencia a Dios, pero también toma cursos bíblicos para crecer en la Palabra.
Danza solo en público y en presentaciones especiales.	Danza en público, pero más se deleita en danzar en la intimidad con Dios.
Busca los aplausos de la gente, reconocimiento y alabanza personal.	Busca la aprobación de Dios y complacer Su Corazón.
Busca posiciones de prestigio en la iglesia y fuera de ella.	Busca hacer la voluntad de Dios en la tierra.
Le molesta que Dios use a otros. Tiene celos ministeriales.	Se goza de que otros sean promovidos y usados por Dios. Impulsa a otros hacia su propósito en Dios.
Su pasión principal es el baile o la danza.	Su pasión principal es la Presencia de Dios.
Danza o baila.	Adora a través de la danza o baile.
Busca ganar fama y aprobación del hombre.	Busca ganar almas y la aprobación de Dios.
Prepara su cuerpo con calentamientos.	Prepara su espíritu en comunión con Dios y también cuida su cuerpo como el templo del Espíritu Santo.
Después de hacer su presentación o coreografía donde lo invitaron, se va sin escuchar la Palabra.	Después de ministrar se queda a la expectativa de lo que Dios hará y con gran reverencia a la Palabra de Dios que será desatada.

Danza solo si tiene un vestuario específico.	Danza con la vestimenta que lleve puesta porque siempre está vestido de Cristo.

Hoy día muchos danzan, pero pocos ministran. He visto danzores que no danzan si no tienen uniforme. Se paran en la iglesia inmóviles observando a otros como espectadores. Un ministro de danza siempre danza, con o sin vestuario. Muchos andan totalmente desenfocados pensando que Dios les llamó simplemente a bailar con una elegante técnica. El mundo está cansado de entretenimiento. En la Iglesia tenemos que dar algo diferente. El entretenimiento se acabará, pero la esencia de la adoración dará fruto permanente. Cuando nos paramos al frente a ministrar, estamos dando algo a Dios y al pueblo. ¿Qué estás dando? ¿Estás dando a Dios solo un perfecto movimiento de ballet o además de eso una ofrenda de amor de un corazón rendido y apasionado? ¿Estás dando al pueblo únicamente un espectáculo insuperable o estás dando también vida de Cristo? Es necesario dar al Señor lo excelente por medio de nuestro cuerpo sin dejar lo principal que emana del corazón. Me parece bien que los danzores se preparen en la técnica; sin embargo, hay que tener cuidado de que la pasión por Dios no sea reemplazada por la pasión por el baile. No estoy en contra de tomar clases de baile. Yo misma dirijo una escuela de danza cristiana donde enseñamos diferentes técnicas como jazz, ballet, danza moderna, etc. Lo que me inquieta es que muchos danzores se han ido a escuelas seculares a copiar lo que hace el mundo, se han apasionado por el baile y han abandonado al Dios que les llamó. He visto a algunos siendo parte de espectáculos del mundo con vestimentas provocativas y movimientos sensuales, que en nada edifican. Luego de ensuciar sus pies danzando en la oscuridad, llegan al servicio de adoración a danzar y a darle a Dios una danza contaminada y producto de la infidelidad espiritual. Aun en escuelas de baile cristianas he podido observar cómo se ha infiltrado el espíritu de competencia y otras modalidades del mundo. Necesitamos traer a los perdidos al reino y no su conducta errada al altar.

Ministro de Dios, el mejor y principal Maestro es el Espíritu Santo; aprende de Él y cumplirás tu propósito exitosamente. La escuela de baile prepara buenos profesionales y la escuela del Espíritu Santo prepara excelentes ministros. Necesitamos asistir a ambas. Ve a la escuela del Espíritu Santo y aprende a adorar al Padre en espíritu y verdad, aprende humildad, fidelidad y santidad. Solo entonces estarás preparado para ir a la escuela de baile. Te aseguro que donde quiera que vayas transformarás el ambiente por la Presencia del Maestro en ti. Mostrarás una hermosa técnica, pero acompañada de la unción que destilan aquellos que son uno con Dios. Danzar sin la unción del Espíritu te convertirá en un bailarín más. Brindar una técnica de excelencia con un corazón humilde y con la unción del Espíritu Santo te transformará en una ¡explosión de gloria! Es necesario que se levante una generación de ministros que conozcan el sonido del corazón de Dios. Ministros que prediquen la Palabra, que evangelicen, que profeticen, que sanen y restauren a través de la danza. ¡Ministros que dancen al ritmo del Espíritu de Dios!

De mi corazón a tu corazón

Muchos líderes no quieren ver la danza como un ministerio y tampoco a quienes danzan como ministros. Mientras cada uno en el cuerpo de Cristo no conozca su identidad, su función y responsabilidad, no seremos completamente efectivos como Iglesia. El ministerio de danza NO es un espectáculo, ni un entretenimiento, ni es un medio para llenar un espacio en el servicio. No es un lugar donde poner a aquellos que no cantan, ni es un simple especial cada tres domingos... Es mucho más que eso, es una gran responsabilidad, es una tarea asignada por Dios de traer Sus diseños a la tierra y a través de esos diseños suplir las necesidades de Sus hijos. Jesucristo no vino a la tierra a entretener, Él vino a salvar lo que se había perdido y a establecer Su reino en los corazones de los hombres. Él le delegó a la Iglesia la gran comisión de ir y llevar las buenas nuevas del evangelio a toda criatura. Para eso es necesario que se levanten ministros con autoridad que alineados a Su Corazón ejerzan su llamado. He conocido pastores, apóstoles y otros ministros de Dios poderosos que se me han acercado y me han dicho: "Yo soy danzora" o "Yo danzaba". El ministerio de danza es un vehículo que Dios utilizará para llevarte a tu destino ministerial. De un ministro de danza saldrán apóstoles, pastores, evangelistas, profetas y maestros, saldrán siervos que transformarán naciones ¿Qué esperamos para caminar conforme a la vocación a la que hemos sido llamados? Es tiempo de preparar ministros desde el vientre, niños, adolescentes, jóvenes que sepan quienes son en Dios y cuál es su propósito. Es tiempo de preparar e impulsar ministros de danza que respondan a Dios afirmativamente y sean intencionales en lo que hacen. Ya estamos cansados de danzas bonitas, queremos ver danzas ungidas que provoquen milagros y señales. Es responsabilidad de cada líder y/o pastor estudiar acerca de lo que es la danza del Corazón de Dios y dirigir a sus discípulos conforme al orden divino. Es tiempo de que se les dé a los ministros de danza el lugar que les pertenece, el lugar que Dios les ha otorgado. Por mucho tiempo se ha menospreciado al ministro de danza en la Iglesia, mientras en el mundo saben reconocer la importancia del que baila. He aquí una de las razones por la que el baile en el mundo ha arrasado con muchos, y lamentablemente han sido desviados del propósito original. Es triste ver cómo ministros de danza muchas veces se preparan en ayunos, oración, búsqueda de la Presencia de Dios... son vehículos que traen la Presencia de Dios al pueblo y luego se les deja a un lado, sin ningún tipo de atención. No se trata de buscar gloria, se trata de reconocer y honrar lo que Dios honra. Necesitamos ejercitarnos más en bendecir a quienes nos bendicen. Algo muy especial y agradable delante de Dios y de los hombres sería que se les guardaran asientos a los ministros de danza para cuando terminen de ministrar. Además, que se les provea un lugar donde puedan tomar agua y recuperarse físicamente después del esfuerzo físico que conlleva la ministración en danza. Oro a Dios que podamos sentir con el Corazón de Dios. Cuando veamos a los ministros de danza como Dios los ve, nos sorprenderemos de lo que Dios hará en nuestros medios.

XI

Danza de...

Alaben Su nombre con Danza

Salmos 149:3

odo tiene su tiempo y todo lo que se quiere debajo del cielo tiene su hora, nos habla la Palabra de Dios en *Eclesiastés 3:3*. Creo que cada cosa tiene su ocasión y todo lo que hacemos debemos hacerlo con intención divina y propósito eterno. El ministerio de la danza es muy amplio y necesitamos conocer todo lo que involucra el mismo para así poder movernos en el tiempo perfecto de Dios y dentro del propósito del reino. Un predicador prepara mensajes con diferentes temas y propósitos. Por ejemplo, un mensaje puede ser: evangelístico, de consolación, profético, etc. Así mismo, podemos categorizar la danza de acuerdo al propósito divino y mensaje intencional que queremos impartir. A continuación, describiré algunas de las diferentes ramificaciones de la danza con el fin de que podamos aprender a manifestar en cada una el alineamiento divino conforme a Su mente y plan perfecto.

Primero me enfocaré en describir la diferencia entre varias expresiones en danza que será muy útil al momento de dirigir nuestros pasos hacia la creatividad del reino. Estas expresiones describirán la forma en que nosotros como ministros de danza ejecutaremos el movimiento, de acuerdo al *lugar* en que nos encontremos, el *momento,* las *circunstancias* y la *intención* particular de lo que queremos desarrollar. Estos diferentes estilos se caracterizan por que cada uno revela una forma diferente en la que podemos llevar el mensaje, ya sea a Dios o al pueblo de Dios.

† Danza Espontánea †

La danza espontánea es aquella que se realiza libremente, deleitándose delante de la Presencia del Señor en libertad. Es conocida como danza libre. Se realiza sin previo ensayo o preparación, ni se siguen patrones o coreografía aprendida. Es un acto de alabanza voluntario, donde la persona expresa movimientos libre y espontáneamente, pero a la vez en orden y en el Espíritu. Se envuelve el cuerpo, alma y espíritu conscientemente dándole una ofrenda de danza al Señor. El ministro se mueve en la creatividad del momento y se da apertura a la improvisación y a la revelación del Espíritu. Más allá de las técnicas aprendidas, esta danza le da al adorador la libertad de ofrecer a Dios lo que siente su corazón en el momento. Es la danza que fluye directamente del corazón del adorador al Corazón de Dios. No requiere de música, ni de vestimenta especial, ni de un lugar específico, ni técnica, ni estado de ánimo o circunstancia específica, solo requiere de un corazón adorador y apasionado.

Creo que cuando David danzó expresando el júbilo y gozo por la Presencia de Dios, no lo hizo por haber asistido a una escuela de danza o ballet, ni por haber montado una coreografía especial. El danzó de forma espontánea y sin patrones. Danzó porque reconocía la Presencia del Dios de Israel, Aquel a Quien él adoraba. En un momento dado era tan fuerte la emoción que experimentaba el dulce cantor y danzor de Israel que se le cayeron sus vestiduras quedando descubierto. De ninguna manera este incidente justifica el practicar danzas al desnudo, como se podría argumentar. Más bien es un relato que nos muestra la espontaneidad de un adorador sin reservas que va por encima de las críticas para adorar a Dios con todas sus fuerzas. A David no le importó su posición de rey al momento de dar adoración extravagante a Dios. El haberse despojado de sus vestiduras reales nos habla de que muchas veces tendremos que despojarnos de nuestra posición y protocolo terrenal para agradar al Rey. Tendremos que deshacernos de todo pensamiento o cuestionamiento humano y dejar a un lado cualquier señalamiento errado, para darle lugar a la adoración que Dios espera de la novia; la Iglesia que Él liberó de toda esclavitud que detenía sus pies.

2 Samuel 6:20 Volvió luego David para bendecir su casa; y saliendo Mical a recibir a David, dijo: ¡Cuán honrado ha quedado hoy el rey de Israel, descubriéndose hoy delante de las criadas de sus siervos, como se descubre sin decoro un cualquiera!

Cuando nos encontramos con el Rostro de Dios, cuando Su presencia se funde con la nuestra, inevitablemente tenemos que reaccionar a Su grandeza. Es allí donde espontáneamente podemos llorar, gritar, saltar, danzar, correr... Cualquier tipo de danza puede ser espontánea, tanto la profética, la de guerra, adoración, etc. Lo más importante es que cuando vivimos una vida en el Espíritu y Él es quien gobierna todo lo que somos y hacemos, no importa lo espontáneos que seamos, podremos mantenernos dentro de los parámetros de Su orden perfecto, porque nuestro Dios es un Dios de orden. No podemos utilizar la espontaneidad como una excusa para satisfacer nuestros caprichos humanos y como consecuencia traer desorden y fuego extraño al altar.

1 Corintios 14:40 Pero hágase todo decentemente y con orden.

† Danza Dramatizada †

En este tipo de danza se dramatiza algún relato o historia a través de movimientos y gestos. Se pueden dramatizar relatos bíblicos o temas específicos. Puede usarse música o no; sin embargo, es muy importante que el mensaje sea claro y comprensible. Es una combinación de drama con danza, donde no se necesita verbalizar para llevar el mensaje. Es una herramienta útil para llevar el mensaje de Dios de una forma diferente y amena. Además, es muy efectiva para evangelismo ya que captura la atención de muchos.

† Danza Interpretativa †

A través de esta danza se demuestra por medio de movimiento corporal y expresiones físicas, la música, las líricas de una canción, la Palabra de Dios, una oración o algún mensaje hablado. Busca demostrar visualmente la letra del cántico o la historia que se está interpretando. Los movimientos pueden surgir espontáneamente o pueden ser ya previamente coreografiados. Esta forma de danza es una de las más utilizadas en la Iglesia. Esto ha provocado mayor unidad entre cantores y danzores. Es muy edificante ver la conexión que hace el Espíritu Santo entre los ministros de danza y de adoración al ejercer cada uno su función. Todos proclaman el mensaje de Dios, adoran sin reservas, conducen al pueblo a la Presencia de Dios, cada cual con el don que ha recibido. Es una orquesta divina donde todos interpretan el mensaje del amor de Dios en unidad.

† Danza Coreografiada †

Es la danza que exhibe movimientos que han sido creados anticipadamente y con propósito. Se conectan estructuras de movimientos hasta lograr dar forma y orden al mensaje que se intenta proyectar. Cuando se trata de una danza grupal, se lleva a cabo al unísono y se refleja unanimidad y sincronización. Hay una preparación previa, lo cual demanda tiempo, práctica y esfuerzo. Esto ayuda al danzor a adquirir disciplina, habilidades físicas, concentración, memoria, coordinación y destrezas motoras, entre otros beneficios. La palabra "coreografía" significa "escritura de la danza". La danza coreografiada es muy hermosa, es como escribir una carta donde cada detalle es importante para que el mensaje sea claro. Para el ministro de danza es escribir con todo su cuerpo la carta del amor de Dios a la humanidad o su propia carta de amor a Dios.

† Danza Congregacional †

Uno o varios líderes pasan a dirigir o guiar a la congregación en una danza. Por lo general se hacen movimientos sencillos y muy básicos para que todos los puedan hacer. Es una expresión de unidad y regocijo en el pueblo de Dios. Es importante la disposición de la congregación de seguir las instrucciones de la persona que dirige. Todo el pueblo se une como un solo cuerpo, en un mismo espíritu, adorando, regocijándose y danzando ante el Rey. Personalmente, creo que la danza congregacional es muy poderosa, ya que provoca libertad en el pueblo, lo que resulta en rompimiento de ataduras de maldad. Cuando todo el pueblo se une en adoración a Dios, Su Presencia se hace manifiesta con poder sobrenatural, porque Él habita en las alabanzas de Su pueblo.

Ahora describiré diferentes tipos de danza, basadas en cuál es la expresión o sentimiento específico que queremos ofrecer a Dios por medio de nuestro movimiento en danza. Cada una mostrará una forma diferente en la que nos podemos *comunicar con Dios,* de acuerdo a la ofrenda que le queremos dar y a la dirección del Espíritu Santo.

† Danza de Alabanza †

La alabanza es la expresión de gratitud a Dios por todas Sus bendiciones y todas Sus obras. No se basa en lo que sentimos, sino en un pacto de amor y obediencia. La danza de alabanza o júbilo se utiliza para exaltar y alabar a Dios por todo lo que Él ha hecho en nuestras vidas. Es una expresión de alegría y gozo ante el Rey de reyes por todas Sus bendiciones y beneficios. Puede ser espontánea o coreografiada. La espontánea, simplemente expresa con libertad el júbilo y gozo ante la Presencia de Dios, sin preparación previa, dejándose guiar por lo que siente el corazón. Cuando es coreografiada, hay una preparación previa de pasos o patrones que hacen armonía con la música y de igual forma expresan agradecimiento y gozo por las bendiciones de Dios. La danza de alabanza prepara el terreno en los corazones de las personas para recibir la semilla de la Palabra de Dios. A través de esta danza traemos ofrenda voluntaria a Dios con sumo gozo y lo hacemos a través de diferentes expresiones y movimientos como: aplaudir, brincar, saltar o cualquier otro movimiento inspirado por el Espíritu Santo. Casi siempre se utiliza música bien alegre y de celebración. Esta danza muchas veces provoca que el pueblo se contagie con el gozo que es manifestado y se unan en movimiento y expresiones de júbilo en danza. Estimula al pueblo a regocijarse delante de Dios en libertad. Nos lleva a profundizar en la alabanza a Dios, ya que amplía nuestra expresión de amor a Él, cuando utilizamos todo nuestro ser, espíritu, alma y cuerpo, como una vasija de agradecimiento.

Lucas 10:27 Amarás al Señor Tu Dios con todo tu corazón, y con toda tu alma, y con todas tus fuerzas, y con toda tu mente.

Nuestra danza de alabanza no depende de las circunstancias, danzamos en medio del dolor, de las tormentas, de la enfermedad... Soltamos allí nuestras cargas y nos entregamos como ofrenda, como un sacrificio vivo y santo para Él. ¡Siempre tiene que haber una danza de alabanza para Dios! En medio de esta expresión de gozo y agradecimiento, las vidas reciben libertad y las cadenas y ataduras son rotas. Cuando el pueblo se involucra en la danza de alabanza, transformamos la atmósfera y nuestro servicio a Dios se convierte en una gran fiesta de celebración y alabanza, donde el homenajeado es nuestro Rey Jesucristo.

† Danza de Adoración †

La adoración es nuestra respuesta personal a Dios por Quién es Él, expresado en las cosas que decimos, pensamos, hacemos y en toda nuestra manera de vivir. Es lo que fluye de nuestros corazones cuando nos encontramos cara a cara con Él. Le adoramos por Quién es Él, sin importar cómo nos sintamos, porque Él sigue siendo Dios y Digno de ser adorado. A través de la adoración, nuestro espíritu se conecta con el Espíritu de Dios en un hermoso romance. La danza de adoración está dirigida totalmente hacia Dios, no hacia la gente. En el Antiguo Testamento la palabra hebrea más comúnmente utilizada para adoración es *"sahah"*, que significa inclinarse hacia abajo. En el Nuevo Testamento la palabra griega más utilizada para adoración es *"proskuneo"*, que significa inclinarse, postrarse y besar. Vemos que en ambos casos el significado original utiliza palabras de movimiento o acción, además de mostrar reverencia y entrega total. Usualmente la música será suave y los movimientos suaves y fluidos. Serán movimientos donde nos postramos y adoramos a nuestro Rey o movimientos de amor y pasión a nuestro amado. Podemos coreografiar una danza de adoración, siempre con la dirección del Espíritu Santo y entendiendo que va dirigida exclusivamente a Dios.

También puede fluir espontáneamente según nuestro corazón se postra ante Su Presencia. La danza es parte de la verdadera adoración a Dios; por lo tanto, si los músicos, cantores y todos adoran, pero no lo hacen los danzores, entonces la adoración estará incompleta. La danza de adoración hará de nuestra adoración una más activa. Muchas veces cantamos "nos postramos ante Ti", pero no lo hacemos en realidad. Cuando nos atrevemos a poner en acción nuestra adoración a través de nuestro cuerpo estaremos entregando a Dios una ofrenda que complace Su Corazón. Hay quienes piensan que no se debe danzar en la adoración para no causar distracción. Probablemente habrá quienes se distraigan, pero muchos se distraen por miles de pequeñas cosas. Más allá de distraer, creo que la danza de adoración provocará que otros anhelen embriagarse de amor en Su Presencia. Nuestra danza de adoración valdrá la pena si logramos llevar a otros a un nivel más profundo en su relación con Dios y sobre todo si alcanzamos agradar el Corazón de Dios. Esta danza mostrará a otros cómo entrar a las profundidades de Su Presencia y guiará al pueblo a una mayor intimidad con el Padre. La danza de alabanza nos conducirá a través del júbilo y gozo a la danza de adoración. Comenzamos salpicándonos en el río de la alabanza, donde nuestras limitaciones son derribadas; luego profundizamos hasta pasar de los atrios al Lugar Santo, donde el Espíritu Santo nos invita a sumergirnos a una mayor intimidad. Terminamos postrados en la adoración de la recámara, en el Lugar Santísimo, donde todo nuestro ser se rinde ante la hermosura de Su Santidad. En medio de esa profunda adoración, Dios se manifiesta y trae revelación, milagros y manifiesta Su gloria.

† Danza de Guerra †

Una forma sencilla pero profunda de definir la guerra espiritual es: hacer todo lo que el enemigo no quiere que hagas o dejar de hacer todo lo que el enemigo quiere que hagas. Guerra espiritual es hacer la perfecta voluntad de Dios en obediencia y amor. Cuando aceptamos el sacrificio de Jesucristo en nuestras vidas a través de Su preciosa sangre expiatoria, recibimos un sinnúmero de beneficios:

Somos adoptados por Dios, obtenemos vida eterna, perdón, sanidad, liberación... *autoridad.*

- **Lucas 10:19**
  He aquí les doy potestad de hollar serpientes y escorpiones, y sobre toda fuerza del enemigo, y nada os dañará.

- **Marcos 16:17**
  Y estas señales seguirán a los que creen: En mi nombre echarán fuera demonios; hablarán nuevas lenguas.

- **Salmos 47:3**
  El someterá a los pueblos debajo de nosotros, y a las naciones debajo de nuestros pies.

¡Hay autoridad en nuestros pies! Para que la autoridad de Cristo sea manifestada de forma sobrenatural y como nos enseña la Palabra sobre un ministro de danza, hay ciertas características imprescindibles. El ministro de danza debe tener vida de oración, ayuno, estudio de la Palabra, humildad, fe, vida de adoración a Dios, sujeción a Dios y a los líderes, integridad, obediencia, santidad, etc.

La danza de guerra es aquella que nos conduce por medio de la autoridad que ya nos ha sido entregada a través de Jesucristo a deshacer las obras de las tinieblas. A través de esta danza reconocemos quienes somos en Cristo y de forma violenta decidimos pelear en el espíritu. Por medio de la fe hacemos uso de nuestro cuerpo para romper los planes del enemigo. Sabemos que nuestra lucha no es contra carne ni sangre. No se trata de golpear físicamente, pero cuando estamos viviendo una vida de obediencia total a Dios, podemos usar todas las armas que Él nos ha entregado para golpear al enemigo. Una de estas armas, la cual es muy poderosa, es la danza. El mundo espiritual es muy real, más real que el mundo físico, por cuanto lo que ahora vemos con nuestros ojos físicos fue creado de lo que no se veía, por Su Palabra.

Hebreos 11:3 Por la fe entendemos haber sido constituido el universo por la palabra de Dios, de modo que lo que se ve fue hecho de lo que no se veía.

Hay un reino de tinieblas que reconoce la voz de los ungidos de Dios. Reconoce y tiembla ante el sonido de las pisadas de un guerrero adorador. Se aterroriza ante las palmadas y saltos de un ministro de danza que vive una vida de obediencia a Dios. La danza de guerra tiene que ser dirigida por el Espíritu Santo, y el ministro debe estar bajo la cobertura de la Sangre de Cristo en obediencia y sujeción a Dios. Los movimientos son mucho más agudos, fuertes y directos, tanto con las manos como con los pies. Si se realiza una danza de guerra coreografiada, la vestimenta debe ser apropiada y relacionada a la guerra, por ejemplo, pantalones militares. El pandero y la vara de autoridad son instrumentos muy característicos de la danza de guerra. Los aplausos, las patadas, saltos, golpes en el piso con las manos o con los pies, puños... son movimientos característicos de la danza de guerra. A través de la danza de guerra podemos deshacer los planes y diseños del maligno. Teniendo muy presente que nuestra obediencia y rendición a Dios trae libertad a nuestras vidas y ata a Satanás. La llave es la obediencia.

En su carta a los Efesios, el Apóstol Pablo ora para que Dios les dé (y eso aplica también a nosotros hoy) sabiduría y revelación para entender el llamado que de Dios habían recibido. Tú y yo necesitamos comprender el llamado que se nos ha hecho como herederos de Cristo y el poder que actúa en nosotros.

Efesios 1:16- 23 no ceso de dar gracias por vosotros, haciendo memoria de vosotros en mis oraciones, para que el Dios de nuestro Señor Jesucristo, el Padre de gloria, os dé espíritu de sabiduría y de revelación en el conocimiento de él, alumbrando los ojos de vuestro entendimiento, para que sepáis cuál es la esperanza a que él os ha llamado, y cuáles las riquezas de la gloria de su herencia en los santos, y cuál la supereminente grandeza de su poder para con nosotros los que creemos, según la operación del poder de su fuerza, la cual operó en Cristo, resucitándole de los muertos y sentándole a su diestra en los lugares celestiales, sobre todo principado y autoridad y poder y señorío, y sobre todo nombre que se nombra, no sólo en este siglo, sino también en el venidero; y sometió todas las cosas bajo sus pies, y lo dio por cabeza sobre todas las cosas a la iglesia, la cual es su cuerpo, la plenitud de Aquel que todo lo llena en todo.

Cristo es la cabeza y nosotros, la iglesia, somos el cuerpo. Dios ha sujetado todas las cosas bajo los pies de Cristo.

1 Corintios 15:25- 27 Porque preciso es que él reine hasta que haya puesto a todos sus enemigos debajo de sus pies. Y el postrer enemigo que será destruido es la muerte. Porque todas las cosas las sujetó debajo de sus pies. Y cuando dice que todas las cosas han sido sujetadas a él, claramente se exceptúa aquel que sujetó a él todas las cosas.

Efesios 1:22 Y sometió todas las cosas bajo sus pies, y lo dio por cabeza sobre todas las cosas a la iglesia.

El enemigo está bajo Sus pies. A la Iglesia, como el cuerpo y los pies de Cristo, se nos ha otorgado la misma autoridad. Todas las cosas, incluyendo al enemigo, han sido sujetadas bajo la autoridad del cuerpo de Cristo. A través de la danza, cada salto, cada giro, cada expresión de júbilo con nuestro cuerpo y nuestros pies, le recuerda al enemigo su derrota y nuestro triunfo por medio de Jesucristo. Cada vez que el enemigo se levante en contra nuestra, recordémosle con nuestra danza cuál es su lugar, golpeémosle en el espíritu con nuestras manos y pies y tendrá que huir.

† Danza Profética †

Es la danza en la cual el ministro de danza transmite de forma visual el mensaje del corazón de Dios al pueblo. Es inspirada por el Espíritu

Santo y puede ser expresada de forma espontánea o coreografiada. El propósito principal de esta danza es edificar, exhortar y consolar al pueblo de Dios (*1 Corintios. 14:3*; Más detalles en el capítulo XII de Danza Profética).

† Danza Evangelística †

El término evangelismo viene del griego *"evaggelidzo"*, que significa "traigo buenas nuevas". Evangelizar es llevar a la gente las buenas noticias de que Jesucristo, el Hijo de Dios, mediante el sacrificio de la cruz, les salvará de sus pecados y les dará vida eterna. Es la acción de presentar a Cristo, mediante el poder del Espíritu Santo, con el objetivo de que los hombres puedan recibirle como su único Salvador, y como resultado decidan servirle rindiendo sus vidas a Él. Lo que nos motiva es el amor a Dios y a la humanidad, los dos grandes mandamientos.

Mateo 22:37- 39 Jesús le dijo: Amarás al Señor tu Dios con todo tu corazón, y con toda tu alma, y con toda tu mente. Este es el primero y grande mandamiento. Y el segundo es semejante: Amarás a tu prójimo como a ti mismo.

La danza evangelística lleva el mensaje del evangelio por medio de la expresión o lenguaje corporal. Muchas personas que no asistirían a una iglesia, sí serían capaces de asistir a un concierto de artes y danza. La danza evangelística debe revelar el mensaje del amor de Dios, de la crucifixión de Cristo, del regalo de la salvación. Puede ser basado en un testimonio personal, en alguna historia bíblica, en cómo ser libre de alguna adicción, etc. La danza es un lenguaje de comunicación excelente, ya que es muy atractivo. A través de la misma se puede expresar un mensaje de forma visual y tocar el corazón de las vidas. Se ha comprobado que las imágenes visuales son retenidas en el cerebro mucho más tiempo que las palabras. La danza evangelística abre camino a estilos de danza populares como el hip-hop, jazz, contemporáneo y otros. Estos estilos son muy atractivos a jóvenes y comunidades no creyentes. Orar y buscar la dirección del Espíritu Santo es lo más importante. Dios sabe con qué circunstancias nos vamos a encontrar y conoce a quienes vamos a ministrar al momento de evangelizar. Él nos quiere dirigir para que seamos eficaces en lo que hacemos. Es sabio tratar de identificarnos con las personas y hablar su mismo idioma para que nos puedan entender. Por ejemplo, si se va a evangelizar a jóvenes, se debe vestir de forma juvenil. Debemos adaptar lo que hacemos a la comunidad a la que queremos ministrar para beneficio de ellos y que el mensaje sea recibido con total apertura, obviamente sin salir del orden de Dios. El Apóstol Pablo fue capaz de amoldarse a las diferentes comunidades con el fin principal de ganarlos para Cristo, sin comprometer su integridad y convicciones firmes.

1 Corintios 9:19-23 Por lo cual, siendo libre de todos, me he hecho siervo de todos para ganar a mayor número. Me he hecho a los judíos como judío, para ganar a los judíos; a los que están sujetos a la ley (aunque yo no esté sujeto a la ley) como sujeto a la ley, para ganar a los que están sujetos a la ley; a los que están sin ley, como si yo estuviera sin ley (no estando yo sin ley de Dios, sino bajo la ley de Cristo), para ganar a los que están sin ley. Me he hecho débil a los débiles, para ganar a los débiles; a todos me he hecho de todo, para que de todos modos salve a algunos. Y esto hago por causa del evangelio, para hacerme copartícipe de él.

Para ministrar a través de la danza evangelística debe utilizarse vestimenta apropiada, que cubra completamente el cuerpo. Preferiblemente colores oscuros, ya que dan mayor cobertura y por cuestión de algún accidente o fenómeno atmosférico (lluvia, vientos fuertes, si la ministración es al aire libre) que pueda ocurrir. En caso de utilizar colores claros, es muy importante cubrirse y protegerse de forma adecuada; queremos que las personas vean a Cristo en nosotros y no que se distraigan por carnalidades. Recordemos que nos enfrentaremos al enemigo y en estos lugares estratégicos para evangelizar se mueven muchos espíritus (lujuria, lascivia, sexo ilícito, homosexualismo, lesbianismo, etc.), los cuales debemos resistir y no darles lugar.

Al momento de abrir nuestros corazones para evangelizar, no debemos olvidar a los que se encuentran en prisión. Las prisiones son lugares de gran necesidad, y no debemos ser indiferentes a ella. Necesitamos ejercitarnos en ayuno y oración, ya que, al evangelizar en prisiones entraremos en territorio del enemigo, y él nos hará la batalla. La cobertura de la Sangre de Cristo es nuestra poderosa protección.

Hechos 16: 25- 26 Pero a medianoche, orando Pablo y Silas, cantaban himnos a Dios; y los presos los oían. Entonces sobrevino de repente un gran terremoto, de tal manera que los cimientos de la cárcel se sacudían; y al instante se abrieron todas las puertas, y las cadenas de todos se soltaron.

Pablo y Silas se encontraban en prisión y cuando *oraron* y *cantaron* (en el griego es cantar, alabar, celebrar) a Dios, se abrieron las puertas y se soltaron las cadenas.

Dios nos ha llamado a salir de las cuatro paredes que muchas veces nos limitan. Dancemos a Dios, pero también dancemos al mundo la danza de las buenas nuevas de salvación. Hay muchos que tienen prisiones físicas y otros espirituales, pero a nosotros Dios nos ha dado la autoridad para deshacer las obras del diablo y danzar una danza que abre prisiones, rompe cadenas y trae libertad.

Isaías 61:1- 3 El Espíritu de Jehová el Señor está sobre mí, porque me ungió Jehová; me ha enviado a predicar buenas nuevas a los abatidos, a vendar a los quebrantados de corazón, a publicar libertad a los cautivos, y a los presos apertura de la cárcel; a proclamar el año de la buena voluntad de Jehová, y el día de venganza del Dios nuestro; a consolar a todos los enlutados; a ordenar que a los afligidos de Sion se les dé gloria en lugar de ceniza, óleo de gozo en lugar de luto, manto de alegría en lugar del espíritu angustiado; y serán llamados árboles de justicia, plantío de Jehová, para gloria suya.

De mi corazón a tu corazón

La danza es un instrumento muy poderoso en las manos de Dios, Su Inventor. Es mucho más que simplemente hacer unos bellos movimientos. Danzamos a Dios, le adoramos a través de nuestro cuerpo, el templo de adoración que Él mismo proveyó para Su exaltación. Pero no solo eso, ¡la danza es mucho más! Recuerdo cuando el Señor comenzó a enseñarme acerca de este hermoso regalo. Mi conocimiento era mínimo al respecto. Dios conectó mi vida con personas clave para guiarme en esos primeros pasos; conexiones divinas que marcarían el comienzo de esta larga travesía. Tuve la oportunidad de asistir por primera vez a un congreso de danza. Allí mis intenciones, basadas en mi ignorancia, eran simplemente aprender unos pasos nuevos para hacer la próxima coreografía. Pero Dios tenía mucho más. En mi búsqueda de aprender algunos nuevos patrones de danza, comencé a tomar clases y a entrar a los diferentes salones. Lo que encontré fue sorprendente y marcó mi vida. No eran patrones o pasos nuevos lo que vi en aquel lugar celestial. Describiré lo que allí encontré: Entré a una clase de danza de guerra y allí las personas estaban siendo liberadas a través de la danza. Al sonar de los panderos, las personas caían al suelo y cadenas eran rotas. En la clase de Danzar la Palabra de Dios, interpretaban la Biblia a través de movimientos. Pude ver cómo intercedían en danza, oraban en danza, predicaban la Palabra a través de la danza, profetizaban por medio de la danza, vidas eran sanadas, milagros ocurrían... la Presencia de Dios era tan real en aquel lugar que nadie podía ser espectador, era un pedazo de cielo en la tierra. Verdaderamente pude experimentar la adoración celestial. A partir de aquel momento, mi vida no fue igual; me apasioné aún más por adorar a través de la danza. Mis ojos espirituales fueron abiertos; allí pude conocer a Jehová Chayil, el Dios de la danza. A partir de ese momento mi sed no termina por beber más y más de Su revelación con relación a este maravilloso regalo que es la danza. Te invito a beber de la Fuente, de esa fuente de agua viva que ¡salta (danza) para vida eterna! Ve más profundo, adora, alaba, guerrea, profetiza, lleva las buenas nuevas, predica... ¡Hazlo a través de tu danza!

XII

Danza Profética

Adora a Dios; porque el testimonio de Jesús es el
espíritu de la profecía.

Apocalipsis 19:10

*P*rofecía es la revelación que viene directamente de Dios al hombre. La habilidad de recibir revelación de Dios se fundamenta en tener una relación íntima con Él. Dios usa la profecía como un vehículo para dar revelación a aquellos que lo necesitan y que por alguna razón no le están escuchando claramente por sí mismos. El propósito principal de la profecía es claro en la Palabra de Dios.

1 Corintios 14:3 Pero el que profetiza, habla a los hombres para edificación, exhortación y consolación.

El mensaje comunicado en la danza profética es a través de movimientos y al igual que en el ministerio profético, con el propósito de consolar, exhortar, animar y fortalecer al pueblo. En la danza profética, los movimientos vienen directamente del trono de Dios, de Su Corazón. Estos movimientos son liberados por Dios mismo desde el reino espiritual para cumplir Sus propósitos. En este tiempo Dios está levantando ministerios proféticos que no solo hablen Sus palabras, sino que también las demuestren. Hemos sido llamados a demostrar visualmente y en dependencia total del Espíritu Santo, lo que Dios está diciendo y haciendo. Es necesario conectarnos con Su Presencia para traer las visiones del cielo a la tierra. En el ministerio profético, la revelación del Corazón de Dios viene a nosotros y se manifiesta a través de nosotros. Dios tiene danzas en Su Corazón, las cuales quiere danzar a través de nosotros con el propósito de traer transformación y suplir las necesidades del pueblo. La danza profética puede ser coreografiada o espontánea. Cuando la danza profética es espontánea, el Espíritu Santo mueve tu cuerpo a hacer lo que Él desea en ese momento específico y en acuerdo con el mensaje que Él quiere traer. En el caso de danza profética coreografiada, de igual forma, es necesario que haya una dependencia total del Espíritu Santo para poner la Palabra de Dios viva y clara en cada paso y combinación. Los instrumentos (mantos, banderas, cintos, varas, etc.) y colores son muy beneficiosos para llevar el mensaje lo más claro posible.

En la danza profética, Dios se comunica con el pueblo. Es muy útil en el servicio de adoración ya que es un mensaje visual, un método único y especial por el cual Dios se comunica. Facilita la comunicación y conexión con Dios. Ayuda a preparar la atmósfera para el mover sobrenatural de Dios. Un ejemplo de danza profética en la Biblia lo vemos después de la victoria obtenida por David con el filisteo.

1 Samuel 18:7 Saúl hirió a sus miles, y David a sus diez miles.

Aquí podemos ver muy claramente en la Biblia la danza profética. Las mujeres danzaban y a la vez profetizaban el reinado y señorío de David sobre Saúl, aun antes de que David fuese rey sobre Israel.

La profecía en la Palabra está muy conectada al movimiento y por consiguiente a la danza. Hay danza profética entretejida en la Palabra de Dios. Tomemos una lupa espiritual y veamos.

Éxodo 12:21-23 Y Moisés convocó a todos los ancianos de Israel, y les dijo: Sacad y tomaos corderos por vuestras familias, y sacrificad la pascua. Y tomad un manojo de hisopo, y mojadlo en la sangre que estará en un lebrillo, y untad el dintel y los dos postes con la sangre que estará en el lebrillo; y ninguno de vosotros salga de las puertas de su casa hasta la mañana. Porque Jehová pasará hiriendo a los egipcios; y cuando vea la sangre en el dintel y en los dos postes, pasará Jehová aquella puerta, y no dejará entrar al heridor en vuestras casas para herir.

La palabra pascua en el hebreo es "pesach", que significa originalmente: "pasar sobre" o "saltar", en otras palabras "¡danzar!" Entonces, podemos ver la pascua como una danza de salvación. Dios dio instrucciones a Moisés de que el pueblo debía colocar sangre en los dinteles de las casas para preservar la vida de sus primogénitos. Cada vez que Jehová pasara por las casas de los hebreos y encontrara sangre, pasaría de largo, saltaría en una danza de salvación. Podemos imaginar a Dios en movimiento por todas las casas de Egipto y saltando solo en aquellas donde encontraba la sangre. Proféticamente podemos vernos a nosotros en esa misma imagen. La muerte quiso vencernos, pero para aquellos que hemos sido cubiertos por la Sangre del Cordero, no hay condenación. La muerte podrá acercarse, pero no nos puede derrotar, porque esa poderosa Sangre nos ha preservado la vida y nos ha dado vida eterna. Jesucristo es nuestra pascua. Cada paso que dio en el Gólgota, era un paso de victoria y de redención que hablaba proféticamente diciendo: "paso por alto tu culpa, Yo la asumo y te doy vida en abundancia". Cuando se encontró en aquella cruz ensangrentado, el imperio de la muerte fue derrotado, y hoy podemos nosotros celebrar la pascua, danzar y saltar de gozo por la salvación y vida eterna. Hoy podemos danzar proféticamente y celebrar la salvación y todas las bendiciones que nos aguardan en la eternidad.

La pascua en el Antiguo Testamento es la celebración de la liberación del pueblo judío de la muerte y ese "pesach", que es saltar o danzar, hoy nos revela una liberación espiritual. Cada vez que danzamos, proclamamos la liberación de Dios sobre nuestras vidas; y nos declaramos libres y renovados por la sangre de Cristo. Celebramos la libertad de Dios, quien nos libró de la muerte y nos sacó de toda esclavitud.

Otro relato bíblico muy conectado a la danza profética se encuentra en *1 Reyes 19:15- 16*. En la antigüedad los nombres eran significativos y encerraban el propósito, las raíces o la ocupación de la persona que lo poseía, ya fuese con algún significado descriptivo o simbólico, o para conservar el prestigio o poder de la familia a través del uso del mismo. Con esto en mente, nos remontaremos a un lugar muy especial en la Biblia, Abelmeholah. El significado de Abelmeholah es "Pradera de la Danza". Se piensa que este nombre se debe a que ese era un lugar reservado para la danza en el tiempo de las cosechas. Abelmeholah es mencionada con relación a la huida de los madianitas ante Gedeón en *Jueces 7:22*. Entró a formar parte del quinto distrito de Salomón (*1 Reyes 4:12*) y es también el lugar donde nació el profeta Eliseo.

1 Reyes 19:15- 16 Y le dijo Jehová: Ve, vuélvete por tu camino, por el desierto de Damasco; y llegarás, y ungirás a Hazael por rey de Siria. A Jehú hijo de Nimsi ungirás por rey sobre Israel; y a Eliseo hijo de Safat, de Abel-mehola, ungirás para que sea profeta en tu lugar.

Espiritualmente podemos identificar la pradera de la danza como un lugar escogido por Dios, donde existe una activación en el mover profético para nuestras vidas. Es un lugar de danza, de posesión y gobierno territorial, lugar de cosecha abundante, lugar donde el enemigo está restringido y no puede entrar, sino que por el contrario tiene que retroceder como lo hicieron los madianitas. Es tiempo de profetizar en la pradera de la danza mientras vemos huir a nuestros enemigos.

Muchas veces en la Palabra y en nuestras vidas Dios utiliza el lenguaje simbólico para facilitarnos el entender Su mensaje. En el Antiguo Testamento, Dios enviaba a Sus profetas a realizar actos simbólicos, para llevar Su mensaje, pero en vez de ser un mensaje audible, era uno visible. De esta forma se ejercita la danza profética, Dios utiliza nuestro cuerpo, movimientos y gestos para llevar un mensaje, cuando las palabras no son suficientes.

1 Reyes 11:29- 32 Aconteció, pues, en aquel tiempo, que saliendo Jeroboam de Jerusalén, le encontró en el camino el profeta Ahías silonita, y éste estaba cubierto con una capa nueva; y estaban ellos dos solos en el campo. Y tomando Ahías la capa nueva que tenía sobre sí, la rompió en doce pedazos, y dijo a Jeroboam: Toma para ti los diez pedazos; porque así dijo Jehová Dios de Israel: He aquí que yo rompo el reino de la mano de Salomón, y a ti te daré diez tribus; y él tendrá una tribu por amor a David mi siervo, y por amor a Jerusalén, ciudad que yo he elegido de todas las tribus de Israel.

En esta escritura vemos que el profeta Ahías rasgó su capa en doce trozos y dio diez a Jeroboam como señal de que diez tribus le proclamarían rey. El profeta trajo el mensaje de Dios, no solo con palabras, sino también de forma visual.

En *Jeremías 27*, el profeta Jeremías hizo coyundas y yugos y los cargó en señal de la servidumbre inminente que vendría sobre el pueblo. Hoy día, Dios utiliza la danza como instrumento profético para hablar con vocabulario corporal Su mensaje de consuelo, exhortación y edificación a la humanidad (*1 Corintios 14:3 Pero el que profetiza habla a los hombres para edificación, exhortación y consolación*). Es también la danza un gran vehículo para llevar un mensaje evangelístico, de amor, de sanidad, en fin, el mensaje que Dios quiera llevar.

Podemos ver a través de la Palabra de Dios muchos ejemplos de cómo Dios hacia llegar el mensaje a través de representaciones visuales. Uno que el Espíritu Santo me reveló de forma muy específica y me impacta mucho se encuentra en el evangelio de Marcos.

Marcos 7: 31- 37 Volviendo a salir de la región de Tiro, vino por Sidón al mar de Galilea, pasando por la región de Decápolis. Y le trajeron un sordo y tartamudo, y le rogaron que le pusiera la mano encima. Y tomándole aparte de la gente, metió los dedos en las orejas de él, y escupiendo, tocó su lengua; y levantando los ojos al cielo, gimió, y le dijo: Efata, es decir: Sé abierto. Al momento fueron abiertos sus oídos, y se desató la ligadura de su lengua, y hablaba bien. Y les mandó que no lo dijesen a nadie; pero cuanto más les mandaba, tanto más y más lo divulgaban. Y en gran manera se maravillaban, diciendo: bien lo ha hecho todo; hace a los sordos oír, y a los mudos hablar.

Vemos aquí a Jesús realizando un milagro, pero de una forma muy particular. Antes de completar el milagro se encargó de representar todo lo que estaba haciendo con gestos y movimientos como en una escena muda. Jesús tuvo el especial detalle de explicarle a este hombre lo que estaba haciendo, pero en su propio idioma, ya que era sordo. Examinemos el relato y disfrutemos de la danza profética que precedió a un extraordinario milagro. Lo primero que hizo el Maestro fue que tomó al hombre aparte, como diciéndole que sería un trato íntimo entre él y Dios. Luego, metió los dedos en las orejas de él, como diciéndole o anticipándole el milagro de sanidad que estaba a punto de ocurrir en su sistema auditivo, ¡Muy pronto escucharía! Lo próximo que hizo Jesús fue escupir. En aquel tiempo se conocía que la saliva tenía propiedades curativas. Al escupir era como si le dijera que estaba punto de recibir su milagro de sanidad. Al tocar su lengua, le estaba profetizando que no solo recibiría el milagro de escuchar, sino que también su habla sería reestablecida, ya que él era sordo y tartamudo. Cuando el Hacedor de milagros elevó Su mirada al cielo, le estaba revelando de dónde vendría su milagro y su provisión, del Padre que lo amaba, y para Él sería toda la gloria. Jesús gimió, como mostrándole Su amor, que entiende su pesadumbre, pero no lo abandona. Después de que Jesús habló proféticamente a través de sus movimientos, gestos y acciones simbólicas, entonces dijo la Palabra poderosa, dio la orden y el hombre recibió su sanidad. Este hombre no podía oír, y en esta ocasión Jesús se encargó de que le comprendiera y le escuchara primero en su propio lenguaje, antes de hablar la Palabra audible de sanidad.

Hoy día hay muchos sordos espirituales que necesitan ver el mensaje de Dios para poder recibirlo de forma que puedan comprender efectivamente. Dios, a través de la danza nos llama a hablar a esos sordos espirituales, nos envía a hablarles en el idioma que ellos pueden entender, a mostrarles visualmente el mensaje de Su amor y provocar por medio de nuestra obediencia el milagro de Dios en sus vidas. Que nuestra danza profetice al mundo el poder de Dios que será manifestado; profeticemos al enfermo la danza que les conducirá a su sanidad y al perdido la danza que les conducirá al milagro de la salvación.

Hay un relato bíblico que considero que contiene un gran depósito profético, el relato de la visitación de María a Elizabet cuando ambas estaban embarazadas. María cargaba en su vientre salvación y Elizabeth el ministerio profético representado por Juan el Bautista.

Lucas 1:41- 44 Y aconteció que cuando oyó Elisabet la salutación de María, la criatura saltó en su vientre; y Elisabet fue llena del Espíritu Santo, y exclamó a gran voz, y dijo: Bendita tú entre las mujeres, y bendito el fruto de tu vientre. ¿Por qué se me concede esto a mí, que la madre de mi Señor venga a mí? Porque tan pronto como llegó la voz de tu salutación a mis oídos, la criatura saltó de alegría en mi vientre.

Cuando María llegó ante Elizabet, con Jesucristo en su vientre, la criatura en el vientre de Elizabet, o sea Juan el Bautista, saltó, danzó ante Dios hecho hombre llegando a la tierra. Con nuestros ojos espirituales podemos ver, que ante la Presencia de Jesús, del Salvador, el mover profético, representado en este caso por Juan el Bautista, fue activado. Creo con firmeza que la Presencia de Jesús en nuestras vidas a través del Espíritu Santo provocará en este tiempo un despertar en la tierra del fluir profético a través de la danza. Tú y yo somos habitación de Dios, Él decidió hacer morada en nosotros y esa Presencia en nosotros debe provocar en otros una revolución de adoración y danza como sucedió en el vientre de Elizabet. Ante la Presencia del Rey tiene que haber una respuesta; somos nosotros quienes contagiaremos a otros a liberar adoración y danza en estos tiempos proféticos. Hoy día, nosotros la Iglesia, representamos a María, nuestro vientre espiritual carga salvación. En el vientre del cielo, el mover profético está siendo activado y así como en el vientre de Elizabet hubo danza ante la Presencia del Mesías, Dios está despertando a sus adoradores a danzar una danza profética poderosa por la Presencia del Espíritu Santo en la tierra y ante la cercanía del Mesías, quien ya llega por Su Iglesia.

El danzor profético

Es totalmente necesario que el ministro de danza profética tenga una relación íntima y profunda con Dios para poder recibir y proveer al pueblo una revelación divina auténtica. Para esto, debe haber entregado su vida totalmente a Cristo en humildad y rendición. Además, debe cultivar su relación con Dios constantemente y conocerle a través del estudio de Su Palabra. De esa forma alcanzará tener comunicación abierta con Él y se familiarizará más con el deseo de Su Corazón.

Muchos preguntan si es necesario tener entrenamiento en danza para ministrar proféticamente. Aunque el entrenamiento en danza no es un requisito primordial para este tipo de danza, sí es muy importante ya que aumentará la capacidad de comunicar el mensaje a través de movimiento. Para hablar se necesita vocabulario, y lo mismo sucede cuando hablamos por medio de la danza el mensaje divino. El ministro de danza debe tener un vocabulario rico en movimientos y además libertad para expresarse sin reprimirse. Esto es muy importante, ya que los movimientos proféticos deben ser claros y precisos de forma que el espectador pueda entender el mensaje y reciba la ministración de forma efectiva. Sin embargo, la preparación espiritual es lo más importante ya que la danza profética es completamente dirigida por Dios. Cuando el Espíritu Santo quiera hablar, no le detendrán nuestras limitaciones, Él usará a aquellos que estén sintonizados con el sonido de Su voz. También es importante que aquellos que tienen entrenamiento no se enfoquen en el mismo, ya que esto los podría alejar de plasmar la imagen perfecta del corazón de Dios y de ser inspirados por Él. Es muy probable que en momentos el Señor muestre al danzor utilizar algún instrumento para ejecutar la danza (pandero, banderas, mantos, etc.) y de esa forma ampliar la imagen del mensaje que quiere comunicar. Otro aspecto muy importante es que al momento de ministrar en danza profética, la persona a quien se le está ministrando, debe permanecer con los ojos abiertos. De otra forma no podrá ver el mensaje que Dios le está mostrando. Recordemos que la danza es un mensaje visual y cuando Dios decide expresarse de forma visual a través de la danza, es por medio de nuestra visión que le escucharemos. Habrá momentos en que el Espíritu Santo nos guíe a ministrar a alguna persona que no tenga conocimiento alguno de danza; sin embargo, Él mismo revelará el mensaje a la persona. Aun así, es trascendental que el receptor mantenga su visión abierta hacia el instrumento que Dios está usando para hablarle.

En un danzor profético la pasión es esencial. Todo ministro de danza debe tener pasión por lo que hace para Dios y en este caso, danzar. Esta pasión se manifiesta en un deseo fuerte de danzar y una necesidad urgente de comunicar a través de movimiento lo que Dios está diciendo. Sin pasión sería muy difícil para cualquier danzor permanecer firme, ya que danzar para Dios requiere de un fuerte compromiso, y danzar proféticamente es una gran responsabilidad. El danzor profético tiene que estar totalmente sometido a la guianza y dirección del Espíritu Santo para poder expresar con sus movimientos el mensaje que Dios quiere dar al pueblo. Algo que sucede en medio de la adoración profunda a Dios es que se desata una unción poderosa, y es ahí cuando el Espíritu Santo mueve al ministro de danza junto con la música para dar el mensaje, lo que Dios quiere ministrar de forma visual.

El danzor profético siempre debe asegurarse de:

❖ Escuchar la voz del Espíritu Santo. Debe asegurarse de que conoce la voz de Dios y se mueve por ella y no por sus propias emociones o carnalidades.

❖ Actuar en el tiempo perfecto del Espíritu Santo. El tiempo de Dios es perfecto. Nuestro Dios es un Dios de orden. Fuera del tiempo de Dios puede haber confusión, desorden, distracción y destrucción.

❖ Alinearse con la Palabra de Dios. Todo mensaje debe estar alineado y de acuerdo con la Palabra de Dios.

❖ No permitir que sus emociones le dirijan. Ni por buenas o malas intenciones estamos autorizados a cambiar o adulterar el mensaje de Dios. Bajo ninguna circunstancia podemos mezclar nuestros sentimientos humanos con el mensaje del Corazón de Dios.

De mi corazón a tu corazón

La danza profética es una de mis preferidas. Es hermoso ver las vidas ser edificadas, consoladas y fortalecidas por Dios a través de Su Palabra expresada por medio de nuestra danza. Mi primera experiencia con danza profética fue muy especial. Yo no tenía conocimiento al respecto, ni había tomado ningún taller que me respaldara en lo que estaba a punto de hacer. Fue en la clausura de un congreso donde nos dijeron que buscáramos una pareja, y al compás de una hermosa música le profetizáramos. Yo me sentía muy insegura, pero hice lo que acostumbro hacer cuando no sé qué hacer; pedí ayuda al Espíritu Santo. En ese momento Él comenzó a mover mis manos y de repente también mis pies y todo mi cuerpo. Comencé a realizar movimientos que no entendía, pero que venían directamente del Padre y que para la persona a quien le ministraba tenían sentido. Mientras yo me dejaba guiar en movimientos del Espíritu, la persona me observaba fijamente y lloraba. Recuerdo que en un momento dado comencé a sentir un dolor en mi interior que me hacía llorar. El Señor me estaba permitiendo sentir el dolor de la otra persona, y comencé a orar por ella. Al final, ella me testificó que el Señor a través de mí, le confirmaba un mensaje que ya le había hablado a ella y yo era la tercera persona que Dios usaba para confirmar la misma palabra. Yo me sentí muy feliz de experimentar algo tan hermoso como convertirme en la boca de Dios a través de mi danza. Ese fue el comienzo de una espléndida aventura en el fluir profético. Muchas veces el enemigo nos hace pensar que no somos dignos de que Dios nos use para algo tan grande como desatar Su Palabra profética. Sin embargo, Dios desea usarnos para sus divinos propósitos. Dios me llevó a entender que aunque no todos sean profetas, en una atmósfera donde el fluir profético está activado, todos podrían profetizar por la Presencia del Espíritu Santo en sus vidas. En otras palabras, si Jesucristo es el Dueño y Señor de tu vida, y por consiguiente el Espíritu Santo habita en ti, aunque no seas profeta de oficio, sí podrías profetizar como una manifestación de Su Presencia en ti. Entonces, no hay por qué cerrarse pensando que eso no es para ti por el simple hecho de que tu función en el cuerpo de Cristo no sea la de ejercer el ministerio profético como oficio. Tampoco podemos caer en los excesos y tratar de presionar para que todos profeticen. Una relación íntima con el Espíritu Santo, conocerle y obedecerle nos evitará errar en el camino. Seamos dirigidos completamente por Él y Él nos usará para traer las visiones del cielo a la tierra y en Su perfecto orden. Dios desea hablar a Su pueblo. ¡Es tiempo de profetizar!

XIII

Lo que detiene tus pies

Dios es el que me ciñe de fuerza,
Y quien despeja mi camino;
Quien hace mis pies como de ciervas,
Y me hace estar firme sobre mis alturas
2 Samuel 22:33- 34

Es muy lamentable ver como muchos cristianos andan por la vida sin conocimiento de su propósito y destino. Muchos han sido enseñados erróneamente a esperar en Dios pasivamente hasta que Él haga todo por ellos. Otros utilizan a Dios mismo como excusa para no hacer lo que les corresponde hacer. Les gobierna la famosa frase "si Dios quiere", pero no hacen nada al respecto. Dios sí quiere, pero nosotros debemos querer alcanzar nuestro propósito también, y ese querer nos llevará a tomar acción. Algunos han desperdiciado los mejores años de su vida detenidos por circunstancias a veces conocidas y otras veces sin conocimiento real de la causa que les detiene. Hay tantos dones y talentos sin utilizar en la familia de Dios. Como dijo alguien en una ocasión, el cementerio es el lugar más rico de la tierra. En él están sepultados muchos libros que no fueron escritos, muchas canciones que no fueron compuestas, muchos inventos que no fueron descubiertos... muchos tesoros que no fueron hallados. Preguntemos en una congregación de cristianos, cuántos conocen el propósito para el cual fueron creados, y la mayoría no sabrá responder a esa interrogante. Muchos andan esperando que algo suceda o alguna confirmación de Dios. Algunos se conforman con lo que tienen o han alcanzado. Otros ponen excusas o tratan de engañarse a sí mismos, y mientras tanto, nada sucede. Hay quienes se preguntan cuál es la razón de su estancamiento, la razón por la cual no encuentran significado en la vida o sienten que en vez de crecer, menguan. Dios les ha hablado en un sin-número de ocasiones y les ha expresado grandes planes y promesas, han recibido innumerables profecías, pero al pasar de los años nada ven cumplirse. Son muchas las interrogantes; sin embargo, a veces la respuesta es más simple de lo que pensamos y está más cerca de lo que imaginamos. A veces lo que causa estancamiento tiene nombre y apellido, el mismo que aparece en tu acta de nacimiento, y todo se trata de una actitud incorrecta y fuera de los parámetros de la voluntad de Dios.

Tal vez sea tiempo de analizar nuestras vidas y ver qué hay en nuestro interior que sea parte de la gran respuesta a nuestras interrogantes. ¿Qué es lo que detiene tus pies? Visitemos nuestro corazón detenidamente; talvez nos sorprenda lo que allí encontraremos.

- **Falta de integridad**
La integridad es una característica esencial para todo cristiano, siervo, hijo de Dios. Los términos hebreos relacionados con la palabra "integridad" provienen de una raíz que significa *"entero"*, *"intacto"*, *"sin tacha o defecto"*. Una persona íntegra es aquella que lleva una vida intachable. Es alguien que decide hacer lo correcto sin importar lo que le cueste y se mantiene en lo correcto por encima de sus sentimientos o emociones. Integridad es la decisión firme de actuar conforme a la palabra de Dios por encima de todo. Es la respuesta natural de alguien que vive siendo gobernado por el Espíritu Santo y por la Palabra de Dios.

Salmos 15:1- 5 Jehová, ¿quién habitará en tu tabernáculo? ¿Quién morará en tu monte santo? El que anda en integridad y hace justicia, Y habla verdad en su corazón. El que no calumnia con su lengua, Ni hace mal a su prójimo, Ni admite reproche alguno contra su vecino. Aquel a cuyos ojos el vil es menospreciado, Pero honra a los que temen a Jehová. El que aun jurando en daño suyo, no por eso cambia; Quien su dinero no dio a usura, Ni contra el inocente admitió cohecho. El que hace estas cosas, no resbalará jamás.

Me he encontrado con ministros de danza con un comportamiento muy lejos de caminar en integridad. Cuando se ven presionados en alguna situación, mienten y otros simplemente mienten por costumbre. Categorizan las mentiras en grandes y pequeñas, blancas y negras; sin embargo, la integridad no tiene tamaño ni color. No existe tal cosa como ser un poco íntegro o íntegro a medias; o eres o no eres. He visto a algunos mentir para conseguir algún descuento, para obtener beneficios en el gobierno de su nación, para tratar de justificar un error, para tomar un camino más corto y fácil, etc. Otros por no invertir, copian de forma ilegal la música para sus danzas, también copian danzas de otros ministros, copian los diseños de vestuarios de otros, etc., robando así los derechos del autor o del artista. La mayoría de las veces copian de otros por falta de ir al trono de Dios a buscar lo nuevo de Él para sus vidas. Está bien aprender de otros; podemos utilizar patrones, pasos, técnicas que nos hayan enseñado, para eso tenemos maestros preparados. Lo que no debemos hacer es tomar todo un trabajo coreográfico o artístico de alguien y copiarlo a cabalidad como si fuera nuestro, sin respetar el tiempo, esfuerzo y dinero que al otro le costó. No hay por qué copiar lo que Dios les da a otros. ¡En Su trono hay abundancia de creatividad para todos! En el caso de que alguien sintiera fuertemente ministrar la danza de otra persona, debe ir donde esa persona y pedir permiso. Si la persona accede, adelante, pero si no accede, debe someterse sin molestia y aceptar la decisión de la otra persona y el trato de Dios en medio de cada circunstancia.

Cuando no hay integridad, la unción de Dios no puede fluir. Se pueden copiar muchas cosas, pero no se puede copiar la unción de Dios que viene como consecuencia de una búsqueda genuina, entrega sin reservas, obediencia total y vida intachable delante de Dios. Habrá momentos en que posiblemente se engañe al hombre, pero nunca podremos engañar al Dios que todo lo ve. No es tiempo de jugar al evangelio o al ministerio; NO, es tiempo de avanzar hacia el cumplimiento del sueño de Dios. Tal vez no es Dios ni el diablo quien retiene el cumplimiento de tus promesas, sino la falta de integridad a la que Dios te ha llamado. Es tiempo de cortar con todo lo que detiene tus pies y de decidir morar en Su Monte Santo donde reina la integridad.

- **Espíritu de competencia**
El espíritu de competencia es uno muy dañino, y su naturaleza es diabólica. Satanás en su deseo de ser igual a

Dios, es decir, competir, se rebeló, y como consecuencia fue expulsado de la Presencia de Dios y perdió su posición de privilegio. Grandes precursores de este espíritu de competencia son los celos y la envidia. Los celos se dan mucho entre relaciones. Una persona con celos siente temor de perder a alguien a causa de la interposición de una tercera persona. Está muy vinculado a ese alguien y siente que su relación se ve amenazada por la presencia de otra persona más. En el caso de los celos ministeriales, el ministro puede sentir temor de perder una posición ministerial, o un lugar de influencia a causa de otra persona. El otro promotor del espíritu de competencia es la envidia. La envidia es desear desmedidamente algo que posee otra persona. En el caso del ministro, éste puede desear las características de otro ministro, las habilidades, los dones, el ministerio, la posición, etc. Los celos y la envidia trabajan a la par con este espíritu de competencia, el cual no viene de Dios, y por lo tanto debemos destruirlo completamente y erradicarlo de nuestras vidas y ministerios.

Santiago 3:14- 15 Pero si tenéis celos amargos y contención en vuestro corazón, no os jactéis, ni mintáis contra la verdad; porque esta sabiduría no es la que desciende de lo alto, sino terrenal, animal, diabólica.

El espíritu de competencia es uno que se mueve mucho dentro de los ministerios de danza. Es muy lamentable, pero muchos desconocen el propósito original y el deseo del Corazón de Dios con relación a este hermoso regalo de la danza. La danza es un medio de adoración a Dios, es un vehículo para llevar Su mensaje, es un canal del que fluye sanidad, libertad y salvación. Un tesoro espiritual como este no debe ser utilizado para competir o tratar de cualificar quiénes lo hacen mejor. Dios nunca nos entrega dones, talentos o ministerios para juzgar o categorizar quién luce más atractivo a los ojos humanos. Él todo lo hace con propósito; los ministerios, dones y talentos son dados para la edificación del cuerpo de Cristo, para el establecimiento de Su reino en la tierra y para exaltar la gloria de Su nombre. Personalmente, no creo necesario la realización de competencias entre ministros de danza; me refiero a los famosos *"talent shows"*, o competencias de talento. Creo que ese no es el propósito para el cual Dios nos entregó talentos. Meditemos en esto. ¿Cuál será la regla que utilizaremos para medir a los ministros? ¿Será el ganador aquel que tiene más recursos económicos para comprar un vestuario de lujo, o aquel que no le alcanza para comprar el vestuario, pero tiene una vida disciplinada y se ha esforzado diligentemente en dar excelencia? ¿Premiaremos al que tiene toda la técnica, pero no tiene vida de intimidad con Dios, o al que no ha podido prepararse profesionalmente, pero posee la unción que viene como resultado de una vida de rendición a la Presencia de Dios? Por fuera veremos muchas cosas, pero Dios mira el corazón.

1 Samuel 16:7 Y Jehová respondió a Samuel: No mires a su parecer, ni a lo grande de su estatura, porque yo lo desecho; porque Jehová no mira lo que mira el hombre; pues el hombre mira lo que está delante de sus ojos, pero Jehová mira el corazón.

A los ojos de muchos puede parecer algo simple, pero no lo es. Lo que para algunos es una inofensiva competencia de talentos puede ser lo que promueva cosas mayores y muy dañinas en el cuerpo de Cristo. De ahí el enemigo, como oportunista, puede tomar ventaja infiltrando este espíritu en cualquier ministerio en la iglesia. Pecado da a luz pecado. Me pregunto si por cosas como esta se estarán abriendo puertas para que muchos líderes anden tan desenfocados presumiendo quién tiene la mejor iglesia, los mejores músicos, quién es el mejor que predica, quién tiene el edificio más grande, etc. Jesucristo nunca promovió este espíritu; al contrario, lo detuvo en todo tiempo.

Mateo 9:33- 35 Y llegó a Capernaum; y cuando estuvo en casa, les preguntó: ¿Qué disputabais entre vosotros en el camino? Mas ellos callaron; porque en el camino habían disputado entre sí, quién había de ser el mayor. Entonces él se sentó y llamó a los doce, y les dijo: Si alguno quiere ser el primero, será el postrero de todos, y el servidor de todos.

Los discípulos no pudieron esconder su mala actitud estando con el Maestro. Ellos discutían aparte, pero nada se puede encubrir ante la Luz manifestada, y Jesucristo es la luz. De igual forma, no nos podemos esconder de Él; podremos aparentar mucho ante el mundo, pero Dios conoce las intenciones de nuestro corazón. Allí en Capernaum, el Maestro de maestros dio cátedra de una de las mayores y principales lecciones: El que quiera ganar en el reino, debe ser el servidor. Procuremos el premio del supremo llamamiento, la corona de la vida, la recompensa eterna, el galardón divino.

En el ministerio de danza he visto a muchos ocupados infructuosamente en competir por quién tiene el ministerio más grande, a quién invitan más a ministrar, quién recibe más aplausos, quién tiene los mejores vestuarios, quién tiene más técnica corporal, quien tiene más seguidores en las redes sociales y mucho más. Quien opera bajo la influencia del espíritu de competencia tiende a juzgar, criticar, murmurar, calumniar y difamar, en su intento por descartar a otros y exaltarse a sí mismo. El espíritu de competencia conduce a la esclavitud. El que vive en competencia es esclavo del qué dirán y del temor a que otros prosperen y crezcan. Pero Jesucristo nos enseña un camino más excelente; siendo igual a Dios se humilló hasta lo sumo y sirvió a todos, sirvió a Su creación. Era la creación la que debía inclinarse a servir al Gran Rey, pero Jesucristo prefirió servir a la obra de Sus manos.

El espíritu de competencia trae división, y la división debilita al pueblo de Dios y fortalece los planes del enemigo. Necesitamos operar en espíritu de unidad y rechazar todo pensamiento contrario a lo que Dios ha dicho en Su Palabra. Necesitamos conocer nuestra identidad como hijos de Dios. Cuando sabemos quiénes somos en Él, cuando hemos conocido el amor de Abba Padre, podemos caminar seguros de que Él tiene un propósito único y exclusivo para cada uno. No hay nada que temer; Él perfeccionará su obra en nosotros, y nadie puede quitarnos lo que nos pertenece en Dios. El enemigo intentará destruir nuestro propósito, pero ni siquiera él podrá hacerlo a menos que se lo permitamos. Si nos mantenemos alineados a Dios y Su Palabra en obediencia, nada ni nadie nos podrá remover de nuestra posición en el reino. Todos tenemos un lugar especial y una función importante y única en el cuerpo de Jesucristo. Nadie amenaza a nadie, porque todos caminamos hacia un mismo propósito, llevar el evangelio a toda criatura mediante el establecimiento del reino de Dios y vivir una vida de obediencia y santidad para salvación de nuestras almas. No puede haber dos bandos en el evangelio ya que todos jugamos en el mismo equipo; por lo tanto, todos debemos empujar hacia el mismo lado. Solo de esta forma la competencia será erradicada y alcanzaremos más. Que nuestro corazón se regocije cuando otros alcanzan victorias en Dios, celebremos que otros sean usados por Dios y que el único amenazado sea nuestro adversario cuando nos vea operar en amor y unidad.

- **Orgullo**
El orgullo es un gran enemigo del creyente. Su origen viene de Satanás, cuando se rebeló, por querer ser igual a Dios. Quiso adoración, y Dios no comparte su gloria. Toda la gloria le

pertenece únicamente a Dios. Nada hacemos por nosotros mismos o por nuestros méritos, porque de Él, todo lo hemos recibido. Este enemigo conduce a actuar independiente de los demás y aún de Dios. La persona orgullosa piensa que ya no tiene nada que aprender y que no necesita nada de los demás. Sin embargo, Dios nos ha creado de tal forma que todos nos necesitamos. Somos un cuerpo, y dependemos unos de los otros para funcionar de forma efectiva y plena. Dios usa a quien Él quiere para Sus propósitos. Él es capaz de utilizar cualquier vasija disponible para bendecirnos o hablarnos. Dios no mira apariencias, Él mira el corazón. El orgullo no acepta corrección, siempre se justifica en todo y no pierde una discusión porque siempre cree tener la razón. Piensa que todo lo sabe y nada hace mal o nunca se equivoca y siempre da una contestación o respuesta a su conveniencia. El Sr. Orgullo piensa demasiado en el "qué dirán" y eso le lleva a tomar decisiones incorrectas, pues prefiere agradar a los hombres antes que a Dios. Un ministro de danza con orgullo en su corazón exagera en su cuidado exterior. Si no tiene la mejor vestimenta, no puede ministrar. Necesita sentir que es el mejor vestido o quiere sobresalir de los demás de alguna forma. Necesita condiciones externas o circunstancias específicas para danzar. Ministro de danza, vivamos y reflejemos la humildad de Jesucristo. Que igual puedas ministrar con un vestuario sencillo o como todos los demás, que con uno diferente o más elaborado. Que disfrutes igual al danzar en la posición más visible del frente como en la menos visible. Que puedas deleitarte de la adoración aun cuando otros tengan roles más destacados o sean más expuestos públicamente que tú. Oremos para que en Su verdad podamos caminar en verdadera libertad. El pueblo de Dios necesita con urgencia ser liberado del deseo de ser alabado y exaltado, de buscar la aprobación y los elogios de la gente, de ser reconocido y estar en los primeros lugares. Preparemos el camino para que todos vean al único Digno. Es necesario que Él crezca y que nosotros menguëmos. Que nuestra mayor meta no sea adquirir fama terrenal sino alcanzar la santidad máxima que seamos capaces de experimentar. Sobre todo, que nuestro corazón sea una extensión del servicio y la humildad de Jesucristo en la tierra.

- **Pereza**
Este es un gran enemigo que conduce a abortar el propósito de Dios. Una persona perezosa no es diligente en sus responsabilidades, no le gusta trabajar ni esforzarse, da excusas para no hacer lo que le corresponde, desperdicia el tiempo y es un disipador de buenas oportunidades. El ministro de Dios tiene que ser diligente en todos sus caminos. Dios nos llama a ser productivos y prestos para toda buena obra. Un ministro de danza tendrá que tomar discipulados, clases de danza, cursos intensivos, hacer ejercicios para cuidar su cuerpo, ser parte de largos ensayos, etc. Además, programar actividades evangelísticas, desarrollar clases y estudios bíblicos para enseñar a otros y levantarse más temprano para cumplir con sus responsabilidades ministeriales. Todo eso y más, pero sin descuidar las responsabilidades familiares, profesionales y mucho menos sus primicias a Dios en todo.

Proverbios 12:24 La mano de los diligentes señoreará; Mas la negligencia será tributaria.

La palabra "tributaria" en el hebreo viene de: "debilitar", "dominada", "desperdiciada", "servidumbre". La pereza vendrá a tratar de dominarte, a debilitarte y a que desperdicies tu vida misma terminando en esclavitud. No permitas que la pereza ate tus pies. ¡Sé diligente! ¡Sé libre!

- **Falta de búsqueda de la Presencia de Dios**
Cuando hay ausencia de intimidad con Dios, tu danza no fluirá con el respaldo de Su Presencia. El ministro de danza

exhalará a través de su cuerpo el olor que le fue impregnado cuando invirtió tiempo en la atmósfera de adoración íntima al Rey. Lamentablemente muchos ministros de danza adquieren gran destreza en el movimiento, pero no saben lo que es habitar en la Presencia del Altísimo. No existe diferencia entre lo que hacen y un baile realizado en cualquier compañía profesional del mundo, que no le sirve a Dios. Baile profesional y excelente lo podemos encontrar en muchísimos lugares del mundo y con ellos deleitarnos en la hermosa creatividad artística. Pero hay una enorme diferencia entre lo que imparte un ministro de danza y un bailarín secular. Un espectáculo secular puede mover nuestras emociones y llevarnos a admirar el talento de un bailarín y la excelente ejecutoria en un baile. Podemos disfrutar de un extraordinario espectáculo artístico y regresar a nuestra casa con bonitos recuerdos. Sin embargo, cuando un ministro que tiene vida de intimidad con Dios firme y constante se levanta a danzar, el resultado es que las vidas son transformadas, el poder de Dios se manifiesta y las necesidades son suplidas. Una vida de búsqueda genuina de la Presencia de Dios te garantizará puertas abiertas, no solo en la tierra, sino también apertura y acceso a los portales de los cielos. Pies que frecuentan las cortes del Rey, que han dejado sus pisadas en las faldas que llenan el lugar de Su morada, son los mismos pies que hacen temblar el reino de las tinieblas. Ministro de Dios, procura que tu vida sea una primicia de adoración ofrecida a Dios en todo tiempo aquí en la tierra. ¡Correrás aceleradamente en Su perfecta voluntad, pues tus pies serán libres en Él!

- **Obras de la carne**
  Falta de perdón, amargura, enojo, ira, contienda, rebeldía, celos, envidia, etc. son algunas de las obras de la carne. Para poder vencer las obras de la carne, hay que matarlas. Una buena forma de matarlas es NO alimentándolas. Muriendo todos los días a nuestro YO que desea gobernar.

Gálatas 2:20 Con Cristo estoy juntamente crucificado, y ya no vivo yo, mas vive Cristo en mí; y lo que ahora vivo en la carne, lo vivo en la fe del Hijo de Dios, el cual me amó y se entregó a sí mismo por mí.

Haz que las obras de la carne mueran de hambre o dales en porciones grandes aquello que las mata. Destruye la falta de perdón, perdonando y amando como Jesús, mata el enojo y la ira con el gozo de la salvación; mata la contienda promoviendo la paz que sobrepasa todo entendimiento; mata la rebeldía con humildad, obediencia y sujeción; mata los celos con identidad sana en Dios; mata la envidia con contentamiento... La Biblia nos ofrece cada "anti-carnalidad" que combatirá las obras de la carne y desatará tus pies para que puedas ministrar el fruto del Espíritu Santo y reflejar la imagen del Dios creador de la danza.

Gálatas 5:22- 23 Mas el fruto del Espíritu es amor, gozo, paz, paciencia, benignidad, bondad, fe, mansedumbre, templanza; contra tales cosas no hay ley.

- **Temores**
Todos enfrentamos temores; sin embargo; no podemos permitir que ellos nos detengan. El ministro de danza no está exento, el enemigo trata de infundir temor para paralizar el propósito de Dios. Algunos de los temores que enfrenta un ministro de danza son temor al rechazo, temor al "qué dirán", temor a "no hacerlo bien", temor a "hacer el ridículo", etc. Cuando reconocemos que es Dios quien nos ha llamado, podemos confiar en Él y no temer. Necesitamos confiar en Su fidelidad. Aquel que nos llamó nos respaldará por encima de nuestros temores. Algo muy común que he visto en algunos danzores es el temor a que alguien tome su lugar. Se les hace muy difícil recibir otros ministros ungidos y talentosos porque se sienten amenazados. ¡Es un engaño del enemigo! Cuando tenemos identidad sana en Dios y

sabemos que Él nos ha dado un lugar único en Su Corazón y una función exclusiva dentro del Cuerpo, no necesitamos temer que otros se levanten. Al contrario, debemos gozarnos por las victorias de otros. Si Dios trae a alguien con mucho talento y hermosos dones a tu ministerio o congregación, ¡gózate! En vez de temer a ser desplazado, tómalo como una bendición a tu vida, únete a esa persona y aprende de lo que Dios le ha dado. Aprende de lo que esa persona tiene para enseñarte y enséñale a esa persona de lo que Dios te ha dado a ti. Esa es la razón por la que Dios nos hizo de forma tal que funcionáramos como un cuerpo, para que podamos favorecernos unos a otros. Nadie puede quitar tu lugar en el reino; ni siquiera el enemigo puede hacerlo. Dios te posiciona, y no lo hace pensando en quitarte de allí; solo tú mismo puedes abandonar el lugar y las bendiciones que Dios te ha dado. Como he mencionado anteriormente, si todos trabajamos con el mismo fin de hacer la voluntad del Padre y cumplir con la gran comisión, entonces no hay por qué temer si otros avanzan. Al contrario, debemos impulsarles a alcanzar más. He visto en muchos líderes ese temor de que sus discípulos aprendan o alcancen más que ellos; eso no es un sentir del reino. En el reino nos reproducimos en otros, nadie es protagonista y todos aportamos para que otros alcancen su propósito en Dios. En mi caso, Dios me ha dado la bendición de tener bajo mi cobertura ministerial a profesionales en el baile. Estas personas saben mucho más de técnica en baile que yo; sin embargo, eso ha sido para mí una gran oportunidad para crecer en el área técnica, mientras que yo les he dado todo lo que he adquirido en Dios y que ellos carecían. Su conocimiento en la técnica ha sido de gran bendición al ministerio, ya que todo el grupo ha podido crecer en esa área gracias a lo que ellos han aportado. Lejos de sentirme amenazada por ellos, me siento ¡bendecida! Lo que Dios me ha dado en todos estos años sirviéndole no se adquiere en una carrera profesional de baile; sin embargo, lo que cada uno porta es muy valioso. Cada uno da lo que tiene, y todos recibimos. Cuando nos unimos, hacemos un glorioso complemento que desata el poder de Dios. Puedo ver algo de mí en ellos, y también puedo ver en mí lo que de ellos he aprendido. Mi corazón se llena de gozo cada vez que otros me dicen que en mis discípulos me ven a mí, que se parecen a mí y que tienen una marca de su madre espiritual. Mientras más lejos ellos lleguen, más lejos yo habré llegado y ellos completarán lo que por voluntad divina yo no logre. Así funciona el reino de Dios. ¡NO TEMAS! ¡Sé libre para danzar a Dios y regocíjate cuando otros lo hagan con el corazón correcto, aun si llegan más lejos que tú!

- **Desánimo**

Cuando el desánimo visita, lo que trae es desaliento, decaimiento y falta de interés. Una de las formas en que el enemigo trata de abatir con desánimo es haciendo que miremos más todo lo negativo y quitemos nuestro enfoque de Dios. Entonces, ¿Cómo damos entrada al desánimo en nuestras vidas? Cuando nos enfocamos en nuestras debilidades, en las deficiencias de otros, en las circunstancias difíciles, en nuestras limitaciones, en lo que no tenemos, en lo que sentimos... cuando dejamos de intimar con Dios y descuidamos lo más importante, nuestra relación diaria con Él. Cuando damos lugar al desánimo, todo pierde valor, y lo que hacemos se convierte en una pesada rutina sin sentido. Muchos ministros de danza han permitido que el desánimo les robe la pasión. Danzan por danzar, sin gozo y hasta con molestia, enojo y amargura. Esto hace de su danza una de la cual emana un olor desagradable delante del REY. La condición de desánimo se refleja tanto en el rostro del danzor y en su aspecto físico, como en todo lo que hace. No se puede dar nada de Dios al pueblo si el instrumento que Él quiere usar porta un corazón que ha perdido el entusiasmo por lo que hace. Nuestro ánimo como ministros de danza debe depender del conocimiento pleno de la Presencia de

Dios en todo lo que hacemos y la confianza en Su amor incondicional y eterno para nuestras vidas.

- **Doble ánimo**

Algo que podemos ver mucho en la iglesia es ese síndrome dañino de doble ánimo. La Biblia lo llama tibieza. Es tener dos formas de actuar, doble vida, ser inconstante.

Santiago 1:8 El hombre de doble ánimo es inconstante en todos sus caminos.

Doble ánimo describe a aquellos que tienen el deseo de servir a Dios, pero no quieren renunciar a sus malos hábitos y errada manera de vivir. Danzores que quieren danzar en el altar el sábado o domingo, pero no dejar de pecar el lunes. Un día están en la cima de la gloria de Dios y tres días están siendo arrastrados por sus deseos pecaminosos. De la misma boca sale bendición y maldición. Exhiben una inconstancia constante que solo les conduce a ser expulsados de la Presencia de Dios.

Apocalipsis 3:15- 16 Yo conozco tus obras, que ni eres frío ni caliente. ¡Ojalá fueses frío o caliente! Pero por cuanto eres tibio, y no frío ni caliente, te vomitaré de mi boca.

Siempre muestran inestabilidad en todo; un día cumplen sus responsabilidades y otro no, un día llegan al ensayo y otro no, un día se someten a las autoridades y otro no, son de una forma en la iglesia y de otra fuera de ella. De frente te admiran y de espalda te critican. Adoran solo si sienten ganas porque no tienen un estilo de vida de adoración. Cuando no hay constancia en el Señor se corre el riesgo de perder la credibilidad. El enemigo fácilmente juega con aquellos que tienen doble ánimo. Ministro de Dios, destruye el doble ánimo con perseverancia, constancia y firmeza. Que la danza de tu vida sea siempre ejecutada sobre la Roca inconmovible, Jesucristo.

- **Pecado**

  Muchos altares están siendo manchados con ministros que tienen doble vida, pecado y agendas ocultas. Delante de los hombres se podrán esconder, pero NO delante del Dios Omnipotente, Omnisciente y Omnipresente. Nunca es tiempo de jugar al evangelio. Ninguna cosa, circunstancia o persona en esta tierra merece que pongas en juego el perder una salvación tan grande. Si detrás de tu hermosa vestimenta de danza escondes una vida de pecado, si lo que se ve en tu exterior es una falsedad disfrazada de verdad, si tu vida es solo un sepulcro blanqueado, tus pies están atados y en esa condición no podrás ministrar la vida de Dios. Necesitas despojarte de todo peso de pecado, tomar la decisión firme de cortar las ataduras de maldición que éste trae y liberarte para poder liberar a otros. Es tiempo de poner en orden tu vida y vivir conforme a los estándares de santidad de un Dios Santo, Santo, Santo. Si existe pecado en tu vida, podrás mover tu cuerpo como torbellino, pero en el espíritu tus pies y tu vida misma permanecerán atados al príncipe de este mundo y a la maldición que éste acarrea. Ministro de danza, santifica tu mente, tus pensamientos, tus actitudes, tus palabras, tus acciones y toda tu vida. ¡Libérate del pecado! Y que tus pies se muevan al compás de la melodía de Su Santidad.

- **Mundanalidad**

  Algo que podemos ver muy comúnmente hoy día es a muchos ministros intentando copiar los patrones del mundo y traerlos a la iglesia. En ocasiones aquellos que no están dispuestos a pagar el precio requerido por Dios y el ministerio acceden a recurrir al mundo cibernético, o a lugares mundanos donde no se honra a Dios (muchas veces porque les cuesta menos dinero) y copian lo que ellos ejecutan en la oscuridad. Es muy triste, danzores llenando los altares de contaminación y fuego extraño, que en la mayoría de los casos ni siquiera conocen el trasfondo, significado o propósito de lo que hacen, ni las consecuencias espirituales que pueden generar. Ministro de Dios, NADA necesitas ir a buscar en el mundo, TODO lo que necesitas se encuentra en el Trono de la Gracia. Acércate al lugar correcto, al lugar donde nace la creatividad gloriosa que nunca tendrá fin. Que tu danza sea una transmisión en vivo a la tierra de la adoración del trono de Dios.

• Falta de Compromiso

Muchos quieren danzar, pero pocos quieren comprometerse verdaderamente. Una definición para compromiso es un convenio, una obligación contraída por medio de acuerdo para cumplir algo. En el Señor nos comprometemos con Él voluntariamente y lo hacemos por amor. Su amor nos impulsa a cumplir con todo lo que Él requiere de nosotros con gozo y sin pesar. Sin embargo, hay quienes están mucho más comprometidos con muchas otras cosas que con Dios. Cumplen con sus agendas, con sus trabajos seculares, con sus estudios, actividades seculares, sus relaciones, etc., pero cuando se trata del ministerio lo ven como algo opcional. Consideran todas sus responsabilidades obligatorias e ineludibles, excepto las que tienen que ver con Dios. Cuando se trata de Dios, se hace si se puede o si sobra tiempo o dinero. Ya es tiempo de dejar de ver las demandas de Dios como simples sugerencias o como algo opcional. Los mandamientos de Dios no son para analizarlos o cuestionarlos, son para llevarlos a cabo. Dios no está buscando talentosos, Él busca comprometidos, verdaderos adoradores cuya prioridad sea Dios y sobre todo Dios. El Amado busca en quien depositar Su confianza y derramará Sus mayores bendiciones sobre aquellos que tienen compromiso genuino con Él. En la Palabra se compara la relación de Dios con la Iglesia como la de esposo y esposa. En la relación matrimonial el compromiso es por siempre. Nuestro Dios es Dios de pactos y está totalmente comprometido con Su Iglesia. Su compromiso le llevó a entregar la vida misma, Su sangre fue derramada como sello de Su amor, entrega y pasión. Dios está invitando a danzar a una esposa comprometida, una que no le haga esperar, que no le deje por cualquier otra cosa, que esté dispuesta a dejarlo todo por amor a Él.

- **Conformismo**

Conformismo es la actitud de la persona que acepta o se adapta fácilmente a cualquier circunstancia. Una persona conformista se aísla de los demás, teme al fracaso, se auto justifica y nunca piensa en mejorar o salir adelante. Son mediocres, personas que comienzan algo y no lo terminan. No luchan para obtener algo en la vida. El conformismo es algo muy peligroso en la Iglesia y no es una actitud del reino. Nuestro Dios nos lleva de gloria en gloria y de poder en poder. Un ministro que se conforma, termina en estancamiento. Hay ministros de danza que quieren hacer toda la vida la misma coreografía, usar el mismo vestuario, con la misma música, además de permanecer con las mismas actitudes negativas. No les interesa profundizar en su relación con Dios. Siempre es lo mismo... lo mismo... y más de lo mismo... Esa no es la naturaleza de nuestro Dios, ese no es el ADN que nuestro Padre nos ha transferido. Ministro de danza, es tiempo de cambios y de ¡transformación! Tiene que haber en ti un deseo y anhelo por más de Dios, más de Su Presencia, por crecer y alcanzar nuevos niveles de revelación y unción. Dios no se conformó con dejarnos como nos encontró cuando nos volvimos a Él. Su obra en nosotros es constante y permanente. Mucho menos podemos conformarnos nosotros con lo que hemos recibido o alcanzado hasta el presente. Es tiempo de romper con la rutina, la mediocridad y el aburrimiento ¡Atrévete a pasar sin temor a la aventura divina del otro lado y de un mayor nivel!

- **Inmadurez Espiritual**
  Una de las razones principales por la que muchos ministros se encuentran detenidos en su llamado es a causa de la inmadurez espiritual. La madurez o inmadurez espiritual se ve reflejada en la actitud o manera de reaccionar a las diferentes situaciones que enfrentamos en la vida.

  1 Corintios 3:1-3 (Versión DHH) Yo, hermanos, no pude hablarles entonces como a gente madura espiritualmente, sino como a personas débiles, como a niños en cuanto a las cosas de Cristo. Les di una enseñanza sencilla, igual que a un niño de pecho se le da leche en vez de alimento sólido, porque ustedes todavía no podían digerir la comida fuerte. ¡Y ni siquiera pueden digerirla ahora, porque todavía son débiles! Mientras haya entre ustedes envidias y discordias, es que todavía son débiles y actúan con criterios puramente humanos.

  La madurez espiritual no la dan los años que lleves en el Señor, sino el crecimiento espiritual que has tenido en los mismos. Necesitamos reaccionar a cada situación como Jesucristo lo haría, necesitamos dejarnos pastorear por Dios y por nuestros líderes, aceptar la corrección, dejar de pelear como niños malcriados, dejar de ofendernos por cosas simples, dejar las críticas, las quejas, las contiendas... todo lo que no viene del Corazón del Padre. Necesitamos crecer a la estatura del Varón perfecto, Jesucristo.

¡SÉ LIBRE!

Uno de los problemas principales de cargar con ataduras es que de lo que tienes es lo que das a otros. Pedro dijo al cojo de la Hermosa en Hechos, "de lo que tengo te doy". Así mismo sucede en la Iglesia, de lo que tenemos damos. De igual forma, tampoco podemos dar lo que no tenemos. Si no eres verdaderamente libre, no podrás dar libertad. Si tu vida está llena de amargura, competencia, celos, envidia, enojo... eso es lo que darás a otros. ¡Cuidado a quien le permitimos ministrar en el altar de Dios! No sea que estemos pagando un alto precio y al final estemos propagando fuego extraño en nuestros altares. El que no sea verdaderamente libre, que conozca la verdad primero, que sea desatado de toda atadura antes de ir a ministrar a otros.

Lamentablemente, muchos pastores han cerrado las puertas a la danza en sus congregaciones a causa de todos estos enemigos que se levantan para destruir, y muchos ministros escogidos por Dios les han dado apertura. No ven el ministerio de danza como uno igual de serio e importante que los demás y muchas veces por motivo de la condición espiritual de aquellos que no deciden ser verdaderamente libres de lo que les detiene.

Peor aún, hay pastores que aprueban que personas ministren en los altares con todo este tipo de comportamiento errado, lacerando profundamente el Cuerpo de Jesucristo. Hay quienes pretenden permitir toda clase de inmoralidad, corrupción y pecado en la Iglesia, en nombre del amor y la compasión o por temor a que las personas se vayan de la congregación. No te dejes engañar Iglesia, Dios es amor, pero Sus estándares de santidad son inalterables. Es tiempo de que se levante una generación de levitas que decidan voluntariamente unirse a Dios y Sus preceptos y no trancen con el pecado. Como dijo el pastor Paul Washer en una de sus prédicas: *"No es tiempo de tomar la gracia como una cobertura para pecar. Es tiempo de ser intolerante con el pecado, como Jesucristo y Su Palabra"*.

Divisiones en el grupo, actitudes incorrectas, corazones amargados, resentimientos, falta de perdón, indiferencia a la Presencia de Dios, espíritu de competencia, arrogancia, falta de sujeción, obras de la carne, murmuración, calumnias, difamación, críticas destructivas, celos, envidia, contiendas, juzgar... ¡*No más!* Es tiempo de renunciar a todos y cada uno, de avanzar hacia el llamado de Dios y escoger danzar al ritmo de Su Santidad.

Ministro de Dios, cuídate de todos estos enemigos que atan tus pies y que echan a perder la danza sobrenatural que Dios ha coreografiado para ti. No permitas que el enemigo detenga tus pies, cierra toda puerta de maldición y danza en libertad hacia tu propósito en Dios. Muchos de estos enemigos, no solo detienen tus pies, si no que atan tu vida y detienen tu propósito... Ministro de danza, ¡Corta toda atadura! ¡Sé libre! ¡Danza en las Alturas!

De mi corazón a tu corazón

Nuestra vida en el Señor es un proceso constante de aprendizaje. Cuando recibimos a Jesucristo en nuestro corazón y deseamos sinceramente servirle y adorarle, entramos en la escuela de capacitación del Espíritu Santo. Todos en algún momento enfrentamos estos gigantes que operan sin cesar para destruir nuestro propósito. Yo puedo decir como el Apóstol Pablo, no es que pretenda haberlo alcanzado todo, pero una cosa decido hacer, prosigo insistentemente en Su Presencia, porque tengo la certeza de que allí, todo lo que necesite ser transformado, lo será. Quitemos el orgullo que nos impide ver lo que necesitamos cambiar. El proceso de quebrantamiento no es fácil, pero mientras más resistencia pongamos, más largo y doloroso será. Es tiempo de cortar con toda atadura que nos impide movernos en libertad. Hay muchos otros enemigos de nuestra libertad, además de los antes mencionados. Pido al Espíritu Santo que mientras continuas en la travesía de esta lectura, te muestre todo aquello que necesita ser desarraigado de tu vida. Tal vez haya cosas ocultas o que tú mismo no has reconocido, que Él traerá a la luz. Recuerdo que a los trece años de servir al Señor, tuve que pasar por un proceso de liberación en mi vida donde Él mostró cosas que yo misma desconocía que había en mí, como falta de perdón y otros sentimientos que ataban mis pies y no me permitían avanzar. Hoy puedo dar gracias a Dios porque a través de Su luz, conocí la verdad y ella me hizo ¡libre! ¡Ahora si puedo liberar a otros!

Se me ocurre, ¿por qué no cambiamos de perspectiva? ¿Qué tal si dejamos volar un poco nuestra imaginación y comenzamos a ver las cosas desde otra óptica?

- ✓ *Vamos a competir... con nosotros mismos para dar cada vez más excelencia para Dios.*
- ✓ *Vamos a temer... a Dios porque he aquí el principio de la sabiduría; temamos a Él en obediencia y reverencia... que nuestro mayor temor sea perder Su Presencia.*
- ✓ *Seamos perezosos... para hacer lo malo.*

✓ *Pequemos... solo cuando Dios mienta... NUNCA... Él es la Verdad.*

✓ *Seamos de doble ánimo... un día bien y el próximo mejor... vivamos de gloria en gloria.*

✓ *Dejemos de buscar la Presencia de Dios... el día que Dios nos deje de amar... NUNCA... pues SU AMOR ES ETERNO.*

XIV

Danzando en las Naciones

¡Cuán hermosos son sobre los montes los pies del que trae alegres nuevas, del que anuncia la paz, del que trae nuevas del bien, del que publica salvación, del que dice a Sion: ¡Tu Dios reina!

Isaías 52:7

Vino, pues, palabra de Jehová a mí, diciendo: Antes que te formase en el vientre te conocí, y antes que nacieses te santifiqué, te di por profeta a las naciones.
Jeremías 1:4- 5

*I*r a las naciones a llevar el mensaje del reino, va más allá de un buen deseo, es un llamado específico de Dios. Jesús comisionó a sus discípulos antes de partir diciéndoles:

Mateo 28:18- 20 Toda potestad me es dada en el cielo y en la tierra. Por tanto, id, y haced discípulos a todas las naciones, bautizándolos en el nombre del Padre, y del Hijo, y del Espíritu Santo; enseñándoles que guarden todas las cosas que os he mandado; y he aquí yo estoy con vosotros todos los días, hasta el fin del mundo.

Jesús comisionó a aquellos a quien Él había elegido para esta gran tarea, que fueron sus discípulos. Aunque conocemos que la Gran Comisión es un llamado para todos, no todos tienen la misma función en esta gran tarea Divina. La Gran Comisión es un mandato para la Iglesia, el Cuerpo de Cristo; sin embargo, como un Cuerpo, cada uno tiene su propia función.

Romanos 12:4- 5 Porque de la manera que en un cuerpo tenemos muchos miembros, pero no todos los miembros tienen la misma función, así nosotros, siendo muchos, somos un cuerpo en Cristo, y todos miembros los unos de los otros.

No todos van físicamente a las naciones, no todos bautizan, no todos son maestros, no todos son evangelistas... Si todos fueran a las naciones, ¿Quién atendería a la iglesia local? ¿Quién enseñaría la sana doctrina a quienes reciben la salvación? Sin embargo, dentro de nuestra función particular en el Cuerpo, todos debemos cumplir con la Gran Comisión; hasta que unidos en la fe y el conocimiento del Hijo de Dios, nos edifiquemos unos a otros y alcancemos la medida del Varón Perfecto, la estatura de la plenitud de Cristo.

Efesios 4:11- 13 Y él mismo constituyó a unos, apóstoles; a otros, profetas; a otros, evangelistas; a otros, pastores y maestros, a fin de perfeccionar a los santos para la obra del ministerio, para la edificación del cuerpo de Cristo, hasta que todos lleguemos a la unidad de la fe y del conocimiento del Hijo de Dios, a un varón perfecto, a la medida de la estatura de la plenitud de Cristo.

Hay quienes Dios ha escogido desde el vientre para ir a las naciones y llevar Su mensaje. No es un llamado de hombres, es un llamado de Dios. Una forma de conocer si has sido llamado a las naciones es tener la convicción en tu corazón de que Dios te ha escogido para esa tarea. Dios habla primero a nuestro corazón y luego viene a confirmar a través de sus siervos y profetas aquello que ya Él ha hablado a nosotros en la intimidad. No podemos regir nuestras vidas por las opiniones de otros, o por la oración de alguien en el servicio de adoración... Dios habla a nosotros primero y puede hacerlo de diferentes formas. Cuando Dios nos llama a las naciones, muchas veces pone en nosotros un deseo ardiente de orar por ellas, pone amor y pasión por Su pueblo en todo el mundo, pone compasión por las almas a nivel mundial, deseo por suplir las necesidades de las naciones, abnegación y sacrificio por amor a la humanidad.

Es importante mencionar que podemos alcanzar las naciones de forma espiritual en intercesión y no únicamente de forma física. Creo que es tiempo de que olvidemos un poco nuestras propias necesidades y comencemos a pararnos en la brecha por otros. La Palabra nos exhorta a orar por la paz de Jerusalén. Además, nos da una promesa de prosperidad a quienes amamos esta hermosa nación. Yo creo firmemente que nuestro amor y pasión por el pueblo de Dios y las naciones de la tierra nos acercan más al deseo del Corazón del Padre y nos abren las puertas del cielo en bendición.

Salmos 122:6 Pedid por la paz de Jerusalén; Sean prosperados los que te aman.

Prosperados viene de la raíz hebrea "shalah shalav", que significa: "seguro", "exitoso", "feliz".

Dios concede éxito y felicidad a los que sienten pasión por Su amado pueblo.

Las naciones de la tierra deben ser una prioridad al momento de ir al trono de la gracia y misericordia. Hay tanta necesidad y los obreros son pocos. Debemos cubrir en oración a aquellos que han dejado todo por ir y llevar el mensaje del Amor de Dios hasta lo último de la tierra. No es tarea fácil, muchos han dejado sus familias, pertenencias y hasta sus anhelos por ir en obediencia a suplir la necesidad de otros. Todos como el Cuerpo de Cristo, debemos alcanzar las naciones en intercesión. La oración eficaz del justo puede mucho, nuestra intercesión puede abrirle camino a aquellos que se encuentran en el campo de batalla de las naciones.

En mi caso, desde temprana edad sentí ese fuego en mi corazón por las naciones, por viajar y ser usada por Dios para llevar Su amor y Su Palabra. Luego, en el transcurso de mi caminar en el Señor, ese llamado a las naciones que ya estaba en mí, comenzó a ser confirmado por Dios a través de diferentes profetas y siervos Suyos. Pasaban los años y yo seguía con el mismo sentir en mi interior, pero no salía a otros lugares, como se me había profetizado tantas veces.

Hay quienes preguntan qué se debe hacer para que te inviten a otros lugares a ministrar. Mi respuesta es la misma que me dio una gran mentora y compañera ministerial con la que Dios me ha permitido ir a las naciones. Si tienes el llamado de Dios de ir a las naciones, tan solo se trata de ir a la recámara de la intimidad, deleitarte en Su Presencia, ser obediente a Él y las invitaciones llegarán. Dios mismo es Quien te promocionará, Él expondrá tu teléfono y tu correo electrónico, Él te mostrará a otros. Hay quienes hacen cualquier cosa por auto-promocionarse, hacen grandes esfuerzos para ser reconocidos y logran obtener algunos resultados con estrategias humanas. Sin embargo, la mejor elección es la que Jesús nos enseñó:

Mateo 6:6 Mas tú, cuando ores, entra en tu aposento, y cerrada la puerta, ora a tu Padre que está en secreto; y tu Padre que ve en lo secreto te recompensará en público.

Todo comienza en lo secreto, busca el Rostro de Dios en lo secreto, llénate de Su Palabra en lo secreto, conoce al Espíritu Santo en lo secreto, adórale en la intimidad de la recámara. Obedece en público, pero también en lo secreto donde nadie te observa. Cuando menos lo esperes, de lo secreto Él te habrá puesto en público y sin darte cuenta estará mostrando Su gloria a través de ti hasta en lo último de la tierra.

No quiero decir con esto que esté mal hacer tarjetas de presentación o mostrarle a otros lo que Dios ha depositado en nuestras manos. El mensaje que quiero llevar es que aunque los métodos humanos pueden ser hasta cierto punto efectivos, el método de Dios es perfecto. Y que cuando Dios nos hace un llamado, Él mismo se encargará de poner todo en orden, Él mismo abrirá puertas que nadie podrá cerrar, siempre y cuando nosotros estemos haciendo la parte que nos corresponde.

Una vez conoces que ir a las naciones es tu llamado, entonces hay algunas cosas importantes que debes tomar en consideración. Compartiré algunos datos importantes basados en mi propia experiencia:

➤ ¡Adquiere tu *PASAPORTE*! Es uno de los primeros pasos; no esperes a que te hagan la primera invitación. Tal vez llegue el "de repente" de Dios y si no estás listo, perderás el momento de Dios para ti. Si ya lo tienes, no lo dejes vencer, mantente siempre disponible y listo para el llamado de Dios, puede ser ¡ahora mismo!

➤ *PREPARACIÓN ESPIRITUAL* previa. Personalmente, acostumbro antes de cada viaje hacer un ayuno de tres semanas, las tres semanas antes de salir. He decidido entregarle ese tiempo al Señor, previo a la salida, en preparación espiritual. No ha sido fácil; muchas veces me he encontrado ayunando en eventos familiares o sociales donde todos disfrutan de los alimentos más apetecidos y yo simplemente he tenido que abstenerme. Sin embargo, he visto el resultado tan maravilloso de abstenerme de placeres de la carne, a cambio de abastecerme de Su Presencia. He podido experimentar como resultado estar más sensible a la voz de Dios, alineada con el deseo de Su Corazón, conectada al mundo espiritual... entre otros grandes beneficios. Tiempos de ayuno, oración y escudriñar las Escrituras son totalmente indispensables. Recordemos que entraremos en territorios desconocidos, y el enemigo pondrá resistencia para evitar que le despojemos del lugar donde se ha posicionado. La lucha es espiritual, no es contra sangre ni carne (*Efesios 6:12*), por lo tanto, la preparación mayor es espiritual. Por supuesto, esto no significa que, si sales dos veces al año, por ejemplo, solo te esforzarás por ayunar y prepararte espiritualmente esas dos veces en el año. Nuestra búsqueda y preparación espiritual tiene que ser diariamente. De hecho, una de las razones por las que Dios nos confía tan grande tarea es porque ha visto en nosotros una dependencia total de Su Presencia en todo tiempo. Nos es necesario depender totalmente de Él y sin Su Presencia, como expresó Moisés, mejor nos sería no ser parte del viaje.

Éxodo 33:15 Y Moisés respondió: Si tu Presencia no ha de ir conmigo, no nos saques de aquí.

➢ *PREPARACIÓN FÍSICA* y conforme a la tarea que se te ha asignado. Además de la preparación espiritual, la preparación física es esencial. La preparación física es importante ya que nuestro cuerpo es nuestro instrumento de servicio. Debemos alimentarnos correctamente, descansar lo necesario y ejercitarnos lo suficiente para poder dar el mejor rendimiento. Nuestro cuerpo es templo del Espíritu

Santo, ¿Cómo estamos cuidando la habitación de Dios? Un cuerpo débil y enfermo a causa del descuido personal no será un instrumento efectivo en las manos de Dios. Con relación a tu tarea o responsabilidades en esa nación, se supone que con anticipación se te haya avisado cuales son las mismas. Debes ser muy diligente en prepararte con excelencia para dar lo mejor allí. Debes preparar tu cuerpo, preparar coreografías (si vas a ministrar en danza), estudios bíblicos, prédicas, talleres, dinámicas... y siempre llevar material extra. A veces surgen situaciones de necesidad en el momento, y es importante estar preparados en y fuera de tiempo. Como el camello, lleva siempre provisión para suplir, aun cuando a tu alrededor haya escasez.

➢ Recuerda que vas a *SERVIR*. Llevar el mensaje de Dios a las naciones no significa vacaciones. Hay quienes piensan que se trata simplemente salir e ir de paseo... ¡cuán errados y lejos de la realidad se encuentran! Nuestro corazón debe estar dispuesto a servir en cualquiera sea la necesidad que surja. No debemos cerrarnos o limitarnos a hacer solo lo que se nos dijo que hiciéramos de antemano. Hay necesidades que surgen repentinamente y debemos estar dispuestos a cubrirlas sin queja ni pesar. Ir a las naciones es una posición de servicio, la cual debemos manifestar en todo nuestro diario vivir. Cuando tenemos un corazón de siervo, no será nada difícil ni extraño hacerlo en todo tiempo y lugar. Para un siervo, darse por amor a otros es tan natural como respirar. Jesucristo, nuestro mayor ejemplo, viajó a la tierra y no prefirió ser servido, sino que decidió servir y darse totalmente por amor.

➢ Debes estar consciente de que provocarás *CAMBIOS* en esa nación. Hace un tiempo, salí de viaje y llevé conmigo a algunas colaboradoras en el ministerio. En nuestro tiempo de preparación previa grupal, les pregunté cómo estaban orando para el viaje. Casi todas me respondieron de la misma forma. Unas decían que oraban para que Dios las usara, otras oraban para que Dios tocara a las personas en el congreso, etc., oraciones muy buenas y genuinas. Me pareció curioso que la mayoría oraban de la misma forma. De ninguna manera pienso que esté mal lo que estaban orando; sin embargo, sentí que debía decirles que cambiaran a partir de ese momento su oración. Les pedí que comenzaran a orar con una visión más grande, en vez de orar por las personas que estarían en el congreso, les pedí que oraran por una transformación en la nación. A veces somos tímidos al momento de pedir, pero nuestro Dios es el Dios de la abundancia, el Dueño de *todo*, y *todo* lo ha puesto a nuestra disposición. No nos enfoquemos en el escenario pequeño; la visión de Dios ve el panorama completo. Él nos ha dado la autoridad para transformar las circunstancias. Nosotros cargamos el fuego de la Presencia de Dios en todo nuestro ser. El fuego del Espíritu brota por nuestras manos, se refleja en nuestro rostro, nuestro cuerpo libera llamas de Su poder, somos torbellinos del fuego de la Presencia de Dios. Cuando nuestros pies pisan un lugar, el lugar se incendia con el poder del Espíritu Santo y no vuelve a ser el mismo.

➤ Cuidado con tus *PALABRAS*. Tenemos que ser muy cuidadosos con la forma en que nos expresamos en otras naciones. La diferencia cultural es un factor muy importante. Palabras o expresiones que son normales en nuestro círculo diario no necesariamente son normales para otra cultura. Debemos evitar por todos los medios hablar de religión, dogmas denominacionales, preferencias políticas o temas controversiales. Hay lugares donde la mentalidad del pueblo es muy amplia, pero en otros es muy cerrada. En una ocasión, expuse en un taller en otra nación un ejemplo que había escuchado de un predicador reconocido y me parecía muy apropiado para explicar el punto que estaba tratando de transmitir. El mismo ejemplo lo había usado en talleres en iglesias en mi país, y la respuesta de las personas había sido muy satisfactoria. Sin embargo, en este lugar donde me encontraba, una persona se incomodó con el ejemplo, ya que se podía interpretar como crítico a otra denominación, y lo tomó como algo personal. Finalmente pude hablar con la persona, le aclararé el mal entendido con relación al comentario y todo terminó bien, pero aprendí la gran lección. Una misma expresión puede tener distinto significado en dos lugares diferentes, así que mucha precaución. Centrémonos en Jesucristo y nos evitaremos malos entendidos y situaciones difíciles.

Otro punto muy importante que he visto y considero muy peligroso es cuidarnos de no hacer ningún tipo de crítica hacia una nación. Simplemente todos somos diferentes, existen muchas diferencias culturales. Aquello que nos inquiete lo llevamos a Dios, pero en nosotros debe prevalecer el amor. He sabido de personas a las que se le han cerrado las puertas en alguna nación por haber hablado en forma crítica o murmurado en contra de la misma.

Proverbios 10:19 En las muchas palabras no falta pecado; mas el que refrena sus labios es prudente.

Como dice una amiga muy querida: "Calladitos nos vemos más bonitos". Es un dicho jocoso pero muy real; callar es de sabios. Proclamemos Su mensaje y callemos nuestras opiniones innecesarias. Un embajador no habla lo suyo, habla lo que le envía a decir su autoridad mayor. Si somos embajadores del reino, no hablaremos nuestra opinión o lo que pensamos nosotros, hablamos lo que nuestra Autoridad mayor, Aquel que nos envía; el Espíritu Santo nos encomendó.

➢ *DA TODO* lo que tienes y aun más allá de tus fuerzas y verás la recompensa de Dios. Hay veces en las que damos tanto que humanamente nos cansamos y perdemos mucha energía. Mi experiencia en las naciones ha sido de mucho esfuerzo tanto físico como espiritual. Hay mucho trabajo que hacer y tenemos el deseo de hacer todo con excelencia para Dios, pero nos cansamos. En ocasiones he sentido que ya no puedo más y mi cuerpo no responde satisfactoriamente. En esos momentos es que he visto la palabra de Dios viva y eficaz manifestarse en mi vida. He sabido ir por encima del cansancio que quiere paralizar, del sueño que intenta vencer y he visto el respaldo de Dios de forma sobrenatural. La recompensa ha sido inigualable. No hay premio más maravilloso que el que Dios da. No hay regalo mayor que ver vidas transformadas por el poder de Dios, y más adelante Dios proveerá el descanso necesario. Él renueva nuestras fuerzas como las del águila.

➤ *CONTENTOS* sea cual sea la situación, reconociendo que el privilegio conlleva sacrificio.

Filipenses 4:11 He aprendido a contentarme, cualquiera que sea mi situación.

Habrá lugares en que nos encontraremos muy lejos de toda comodidad, nos enfrentaremos a escasez y a circunstancias tal vez inusuales para nosotros. Probablemente la cama que se te asigne no será la más cómoda y las condiciones no sean las más agradables. Como dije antes, no salimos a vacacionar y muchas veces nos enfrentaremos a situaciones indeseables. Es simplemente parte del precio a pagar, pero la recompensa y satisfacción de hacer la voluntad de Dios, no tiene comparación. Servir a Dios muchas veces nos sacará de nuestra zona de comodidad, pero fuera de esa zona es donde muchas veces nuestro crecimiento y madurez son acelerados.

➢ *INSTRÚYETE* referente a la nación hacia la que te diriges. Es muy provechoso antes de salir, hacer investigación respecto a la nación a la que irás. Es importante ir conociendo algo acerca de sus costumbres, cultura, creencias, etc. Eso nos ayudará mucho a entender lo que no es común para nosotros y nos evitará cometer ciertos errores por falta de conocimiento. También el conocer acerca de la cultura y otros temas relacionados a la nación nos abrirá puertas al momento de conversar, y por lo tanto, abrirá camino para llevar el mensaje que se nos ha comisionado. Por otro lado, es muy sabio investigar con relación al vocabulario. Hay palabras que aun en países donde se habla el mismo idioma pueden tener diferente significado y cuando se desconoce esta diferencia, puede conducir a situaciones muy embarazosas. Palabras que son muy comunes y normales en nuestra nación, cultura y vocabulario pueden resultar ser ofensivas en otros lugares, culturas o regiones. Hagamos todo lo que esté a nuestro alcance para que nada pueda obstaculizar la bendición y para que las vidas reciban el mensaje del evangelio de forma efectiva.

➢ *ORA en acuerdo con el ESPÍRITU SANTO* y la necesidad específica del lugar. Es crucial orar y pedirle revelación al Espíritu Santo conforme a la necesidad particular del lugar y así podremos dar en el blanco al momento de ministrar. El Espíritu Santo es nuestro guía y ayudador; Él sabe todas las cosas y nos conducirá a toda verdad. Tendremos que enfrentar batallas espirituales, las cuales venceremos con las estrategias correctas. Recordemos que nuestra lucha no es contra carne ni sangre, sino contra principados, contra potestades, contra los gobernadores de las tinieblas, contra huestes espirituales de maldad en las regiones celestes (*Efesios 6:12*). La mejor estrategia es depender totalmente del Espíritu Santo. Él nos mostrará los enemigos que enfrentaremos, nos dará la estrategia, el poder y de antemano la victoria si caminamos en obediencia a Dios. Como expresé antes, nuestra vida diaria es la preparación real. Es necesario vivir una vida en el Espíritu en todo tiempo. Cuando Dios nos considera aptos para salir a mostrar Su gloria a las naciones, es porque todo lo antes mencionado es parte de nuestra vida diaria. En fin, en todo tiempo estamos preparados para esta hermosa tarea.

➢ *TU CORAZÓN* debe mantenerse alineado al Corazón de Dios. Muchos están sobre-cualificados técnicamente para ir a las naciones, pero sus corazones les detienen, sus corazones no están preparados para el lugar de gloria que Dios les quiere llevar. Reconocer que no se trata de méritos personales, mantenerse en humildad ante los elogios de la gente, vivir postrado en adoración y obediencia a Quien es el Único Digno, depender totalmente del Espíritu Santo, entregar a Dios siempre toda la gloria... son los pilares del puente que te darán acceso a las naciones de la tierra. El fundamento, es la pasión de Dios por la humanidad y nuestra pasión por Él que nos impulsa.

De mi corazón a tu corazón

Dios me habló de Su llamado a las naciones desde hace muchos años, y lo hacía constantemente por medio de diferentes profetas y siervos suyos, pero también lo susurraba a mi corazón. Cuando menos lo pensé, llegó la primera invitación, sucesivamente otras, y después de bastante tiempo comencé a ver el cumplimiento de esa palabra en mi vida. A veces he preguntado al Señor, por qué no vi la manifestación y el cumplimiento de esa palabra antes... y la respuesta llegó clara a mi corazón. Hubo un largo proceso antes, porque había muchas áreas en mi vida a las que tenía que morir primero. La experiencia de ir a las naciones ha sido indescriptiblemente maravillosa. Siento que cada viaje cambia mi vida en alguna forma, siento que cada experiencia me enseña, me hace diferente y mejor hija de Dios. No ha sido fácil, en ocasiones he viajado dejando familiares enfermos, o con situaciones difíciles en mi nación, muchas veces he salido con lágrimas en mis ojos, pero he regresado con gran regocijo y hermosas recompensas.

Salmos 126:6 Irá andando y llorando el que lleva la preciosa semilla; Mas volverá a venir con regocijo, trayendo sus gavillas.

He visto a Dios cuidar de mi familia y mis pertenencias mientras yo salgo en obediencia. No hay duda, Dios cumple Sus promesas, Él es fiel. También he tenido que enfrentar dificultades como: el que se pierda mi equipaje y quedarme sin nada de mis pertenencias, me he enfermado estando en otra nación, etc. Podría contar muchas historias, pero siempre he visto la victoria en todo, ¡A Dios sea toda la gloria! Compartiré una experiencia que marcó mi corazón. En una ocasión viajaba a cierta nación y ya estando en el aeropuerto a punto de abordar al avión, recibí una noticia que me estremeció y me hizo pensar en retroceder y no viajar. Aun así, abordé y con muchos sentimientos y emociones encontrados, decidí seguir adelante. Llegué a la nación que me dirigía, pude ministrar y vi la mano de Dios de forma poderosa manifestada en todo tiempo. He aquí la experiencia que jamás olvidaré. La última noche cuando ya me despedía de todos para regresar, una joven se me acercó y puso su rostro muy cerca frente al mío y me dijo: "Gracias por todo lo que has hecho, gracias por haber venido y habernos bendecido" y con lágrimas en sus ojos continuó diciéndome "¿Qué habría sido de nosotros si te hubieses regresado cuando estabas en el aeropuerto?". Ella no sabía la lucha que yo había enfrentado en el aeropuerto con relación a continuar con el viaje... el Espíritu le reveló y a través de ella honró mi obediencia. Todavía al recordarlo se conmueve mi corazón y trae lágrimas a mis ojos. Cuando le conté la experiencia a mi pastor, él me dijo: "Lilly, no era una joven la que te estaba hablando, era la nación misma".

Las naciones esperan por aquellos que han sido enviados a llevar las buenas nuevas de bendición. Y yo le he dicho a mi Dios: "Heme aquí, envíame a mí".

Ministro que has sido llamado a las naciones, hoy te bendigo con esta palabra:

Isaías 55:5 He aquí, llamarás a gente que no conociste, y gentes que no te conocieron correrán a ti, por causa de Jehová tu Dios, y del Santo de Israel que te ha honrado.

XV

Preguntas Comunes y Respuestas

De tus mandamientos he adquirido inteligencia...

La exposición de tus palabras alumbra;
Hace entender a los simples

Salmos 119:104, 130

En mi caminar de más de veinticinco años en el Señor y el ministerio, he vivido muchas experiencias y cada una ha sido fundamental para mi crecimiento y aprendizaje. Muchas de estas experiencias me han llevado a hacerme preguntas, a cambiar mi punto de vista y a ver las cosas de una perspectiva diferente. He cometido errores y de ellos he aprendido. Cada error me ha añadido sabiduría al aprender la lección escondida detrás de ellos. Todo es parte de nuestro transitar en la travesía ministerial.

En este capítulo intentaré, con la ayuda del Espíritu Santo y el aprendizaje que cada experiencia me ha transmitido, traer luz sobre algunas preguntas comunes que se hace un ministro de danza, sin pasar por alto que en todos los casos que se nos presenten, lo primero que debemos hacer es ir a la Presencia de Dios en oración, pues en Él está la fuente de la sabiduría. Pido al Señor la sabiduría necesaria para brindarte respuestas, soluciones y alternativas útiles y efectivas que sean de gran beneficio a tu vida y ministerio.

1. **¿Cómo trabajar con una persona de carácter oposicional, desafiante?**

   Definitivamente, estas son actitudes muy difíciles de manejar y hay que hacerlo con mucha sabiduría. Creo que lo principal es mucha oración y ayuno. Necesitamos aprender a pelear las batallas primero en el mundo espiritual. Hay que pedir a Dios que revele cual es la raíz del asunto, cual es la verdadera razón por la que esta persona exhibe esta mala actitud. Muchas veces se trata de personas que sufren de grandes problemas emocionales como sentimientos de rechazo, baja autoestima, heridas, traumas del pasado y otros. También cabe la probabilidad de que esté modelando la conducta de alguien de autoridad, como pueden ser los padres u otras personas que hayan influenciado de manera negativa su vida. Necesitamos pedir a Dios la estrategia correcta para trabajar con esta persona y ayudarle en vez de juzgarle severamente. Cuando Dios nos revela la raíz de una situación, podemos ser más específicos y eficaces en la oración. Estas personas son líderes en potencia en las manos del Señor, pero necesitan ser moldeados y madurados por el Espíritu Santo. El Apóstol Pablo tuvo un temperamento fuerte; sin embargo, fue un gran líder y usado poderosamente en las manos de Dios. Es necesario tratar de desarrollar a esta persona. Confrontarle en amor, con el fin de que la persona busque de esta manera imitar a Cristo y también a usted como líder. El líder debe ser un ejemplo para esta persona en todo. De no ser así, ella buscará la forma de contradecir y avergonzarle en el momento de ser corregida, ya que muchas veces el orgullo domina a este tipo de persona y siempre querrá tener la razón. Con mucho amor y sabiduría, pero hay que confrontarle y corregirle, especialmente si manifiesta públicamente su actitud desafiante, ya que otros verán y podrían imitar su errada conducta. Por el beneficio del grupo, de la persona y del líder, hay que corregirle y no permitir que imponga su voluntad por encima del líder. Es muy importante educarle y empaparle con la Palabra de Dios acerca de la humildad, sujeción, mansedumbre y respeto a las autoridades. Mostrarle por la Palabra las consecuencias de ser humilde y sujeto, y también las de no serlo. Un ejercicio que se puede utilizar es asignarle realizar un estudio bíblico de alguno de estos temas que necesita asimilar en su vida. De esa forma será confrontada directamente por Dios y Su Palabra. Se le puede dar la oportunidad de traerlo como discipulado al grupo; eso le hará verse por el espejo de la Palabra y escuchar las consecuencias de su conducta por sus propios labios. La Palabra de Dios es una de nuestras mayores armas y es poderosa. Jesús venció la tentación de Satanás con la Palabra como Su arma principal. Así mismo con el poder de la Palabra podemos derribar fuertes murallas. Si la persona persiste en mantener una mala actitud, hay que tomar medidas de corrección mayores. Una podría ser que la persona deje de ministrar en los servicios por un tiempo, pero dejando claro que debe continuar siendo parte de los ensayos y discipulados. Nunca es una buena alternativa eximir a la persona de recibir la Palabra de Dios. La semilla de la Palabra continuará haciendo la obra en su vida, hasta que se manifieste el fruto esperado. En caso de que la situación continúe o se salga de control, habría que llevar la situación al pastor de la iglesia. Posteriormente se debe hacer una reunión con la persona, el pastor y el líder de ministerio. Si se trata de alguien menor de edad, alguno o ambos padres deben estar presentes. Lo mejor sería no tener que llegar hasta este punto, pero en caso de que la situación ya sea tan fuerte que con todo lo que se hizo anteriormente no hubo cambios favorables, habría que analizar si la persona realmente está apta para ser parte del ministerio en ese momento. Tal vez sea su llamado, pero no el tiempo perfecto para ser parte del ministerio a causa de su inmadurez espiritual. Una medida sería dejarle como ministro pasivo en el grupo, donde solo esté como oyente y reciba las enseñanzas bíblicas hasta que se vea el fruto del Espíritu en su vida. En último caso, después de haber tratado todo lo anterior, si la persona no quiere cambiar en su mal proceder, conforme a los estándares de la Palabra de Dios y los requisitos establecidos en el reglamento, no podría permanecer siendo parte del ministerio de danza. Nuestra oración y esperanza es que antes de llegar a este punto, la persona se haya dejado moldear y transformar por el Espíritu Santo.

2. **¿Cómo lidiar con personas con limitaciones físicas en el ministerio? ¿Pueden danzar personas discapacitadas?**
Definitivamente sí pueden danzar personas discapacitadas. Nosotros no podemos descalificar a alguien por nuestro criterio y mucho menos poner limitaciones a un Dios sobrenatural. A nosotros nos toca ser obedientes, aunque no entendamos y nos sintamos incapaces. Dios se encargará de glorificarse en medio de toda circunstancia. Recordemos que ¡no hay nada imposible para Dios! Sí debemos orar

para que Dios nos de las estrategias específicas, porque estas personas requerirán de atenciones especiales y nos tocará a nosotros servir y amar como Dios lo ha hecho con la humanidad. Jesucristo dio Su vida por todos y no por algunos o por los que tienen mejores condiciones físicas. Él quiere la adoración de todos y nosotros no debemos ser obstáculo para que Su deseo sea cumplido. La danza es terapéutica y médicamente se ha probado que la discapacidad necesita movimiento para promover en la persona una mejor calidad de vida. Así que, podemos a través del ministerio de danza bendecir a una persona discapacitada no solo en el área espiritual, sino que también podemos aportar para su bienestar físico, sin perder de vista que Dios puede proveer el milagro de sanidad total a través de la poderosa sangre de Jesucristo. Es importante hacerle sentir a una persona con discapacidades que es útil, aceptada y valorada. Las danzas se pueden modificar de forma tal que esta persona pueda participar de la ministración sin sentirse fuera de grupo. También será muy útil el uso de ciertos instrumentos que no requieren de gran esfuerzo o habilidad técnica, pero que abren puertas a una exquisita adoración. Instrumentos como aros de gloria y cintos cortos requieren de poco entrenamiento y son muy hermosos para ministrar. Probablemente esta persona aprenda más lento que los demás, esto se convertirá en un método que Dios utilizará para desarrollar nuestra paciencia y amor por el prójimo. He visto personas danzar en silla de rueda, con síndrome de Down, casos de cáncer terminal... y es tan poderoso y edificante ver esa adoración apasionada, sacrificada y sin límites. Es una adoración que nos confronta, porque muchas veces quienes no tienen limitación alguna, viven quejándose y en ocasiones casi hay que empujarles a levantar una ofrenda de manos levantadas. Sin embargo, estas personas maravillosas con corazones agradecidos y apasionados dan más, teniendo menos. Es tan edificante la pureza que ministra un niño con síndrome de Down, rindiendo a Dios su corazón agradecido en danza. Nuestro Dios no mira lo que mira el hombre, Él mira el corazón. Necesitamos abrir las puertas para que todos puedan adorar, seamos instrumentos de bendición para aquellos que necesitan un impulso extra para darle ofrenda de olor fragante al Rey.

3. ¿Es aceptable aprender las danzas del internet?

Dios, el diseñador de todo lo que existe y el autor del universo, es el Maestro de la creatividad. Al contemplar las obras de nuestro Gran Artista podemos ver una gama de variedad infinita. Ese es el Dios a quien servimos, un Arquitecto de nuevos diseños, variedad de formas, colores, tamaños... es sorprendente tanto ingenio divino. A cada ser humano nos ha dado singularidad, todos somos únicos según Su diseño perfecto y exclusivo. Nosotros somos imagen y semejanza de Dios, por lo que traemos Su ADN, el cual nos hace herederos de Su inventiva. Nuestro Padre nos ha dado a todos dones, talentos, imaginación y la capacidad para producir y crear. Me parece que es bueno aprender de otros, disfrutar de la creatividad que Dios les ha otorgado a otras personas y deleitarse en los dones artísticos que Dios ha derramado en la humanidad. No está mal tomar clases, tomar ideas de nuestros maestros, aprender pasos y patrones o descubrir variedad en las diferentes técnicas y culturas. Sin embargo, creo que en la Presencia de Dios hay una fuente inagotable de donde podemos siempre obtener nuevos tesoros para traer a la tierra. Lo que no me parece aceptable es depender exclusivamente de la creatividad de otros para ofrecer algo al Señor. Hay quienes viven tomando todo el tiempo las coreografías encontradas en el internet y realizándolas. No hay necesidad de copiar *todo* lo que vemos de otros cuando Dios tiene cosas nuevas reservadas para aquellos que las buscan. Cabe mencionar que en el mundo secular los coreógrafos profesionales cobran grandes cantidades de dinero por sus coreografías y las mismas tienen derechos legales de su creador. Si en el mundo secular se trabaja con orden, cuánto más debemos hacerlo en el reino. Todo ministro coreógrafo debe tener el derecho de poder ministrar públicamente la coreografía que Dios le dio en la intimidad, sin tener que encontrarse con la sorpresa de que muchos han copiado lo que a él le costó muchas horas de esfuerzo. No se trata de egoísmo, se trata de orden y respeto al trabajo y esfuerzo de los demás. En el caso de que alguien sienta el deseo de ministrar la danza de otra persona, lo correcto es contactar a la persona creadora de la pieza y pedirle autorización para hacerlo. Si la persona accede, no hay problema en utilizarla, pero si la persona no accede, hay que someterse respetando su decisión y no ofenderse al respecto. Yo tengo la experiencia de que he dado muchas de las coreografías que Dios me ha dado para que las ministren, y también he danzado coreografías de otras personas con su aprobación, y en ambas circunstancias ha sido de bendición. Las cosas en el orden divino resultan en bendición, fuera del orden de Dios traen contienda, problemas, división, pelea... maldición. Necesitamos decir NO a la piratería en la Iglesia. No hay porqué tomar lo que no te pertenece sin consentimiento. Es aceptable aprender de otros, admirar los dones que Dios ha repartido a Su Iglesia, pero no es bueno depender totalmente del depósito de los demás. Puede darse el caso de que Dios ponga en el corazón de una persona el deseo de realizar la danza que otro creó con un propósito específico; de ser así, debe hacerse en el orden correcto. Lo que no debemos es basar nuestro ministerio en los dones que Dios les ha dado a otros. La unción no se puede copiar, así que, ya sea que utilices una coreografía de otra persona con su aprobación o la tuya propia, debe ir cargada de la unción que viene de tu propia experiencia con Dios. Es tiempo de salir de la zona de comodidad y esforzarse por entrar en las profundidades de la creatividad ilimitada del Dios sobrenatural. Ministro de danza, ¡No te limites! En el trono hay un nuevo diseño y tiene tu nombre; búscalo en el lugar correcto. Imitemos la originalidad de nuestro Padre y traigamos nuevos diseños del cielo a la tierra.

4. **¿Qué hacer cuando un miembro decide no danzar porque no se siente bien?**

Hay muchas razones por las que alguien puede "no sentirse bien". Lo primero es verificar cual es la razón por la que no se siente bien. Si es un caso de enfermedad, dependiendo de la condición física se deben tomar medidas seguras y con sabiduría. Si una persona está físicamente lastimada, hay que modificar la danza para esta persona, de forma que se cuide de no agravar la situación. Las danzas pueden ser modificadas de manera que la persona haga el mínimo de esfuerzo físico. No podemos perder de vista que dentro de su ofrenda en danza Dios puede hacer el milagro de sanidad. En caso de que la persona esté lesionada de forma severa, debe parar de danzar hasta que su médico le apruebe. También hay casos donde no se trata de enfermedad, sino que simplemente la persona tiene el estado de ánimo abajo. En este caso nuestro deber es hablar con la persona y animarle. Debemos enseñarle sobre el sacrificio de alabanza. Habrá momentos en que estemos menos animados por diferentes circunstancias que enfrentamos a diario. Sin embargo, eso no puede ser razón para dejar de entregarle a Dios la mejor y excelente ofrenda que Él merece. En ocasiones, entregarle a Dios lo mejor nos costará. Que podamos decir como el varón conforme al corazón de Dios; "No ofreceré a mi Dios una ofrenda que no me cueste".

1 Crónicas 21:24 porque no tomaré para Jehová lo que es tuyo, ni sacrificaré holocausto que nada me cueste.

Necesitamos reforzar la enseñanza de que en todo tiempo debemos estar dispuestos a darle lo mejor a Dios, sin importar como nos sintamos. En Jesucristo, no vivimos por emociones o sentimientos, vivimos por fe y por la verdad de Su inmutable Palabra. Dios siempre es y será Digno de recibir nuestra mejor adoración en todo lugar, tiempo y circunstancia. Adorar a Dios es un canal de bendición entre Él y nosotros. Le bendecimos a Él, deleitamos Su Corazón y al mismo tiempo recibimos todos los beneficios de las delicias de Su Presencia. No podemos perder de vista la realidad de que en medio de nuestra adoración en danza, Él transforma todo pesar, tristeza, malestar... en ¡gozo y júbilo! ¡Toda obra del enemigo es disipada en Su Presencia! En medio de nuestro sacrificio de alabanza, Él trae reposo a nuestra alma. Por eso el enemigo intenta poner sentimientos de malestar y detenernos, para poder mantenernos fuera de la cobertura y las bendiciones que nos pertenecen. Pero nosotros hemos vencido al maligno y conocemos sus asechanzas. Pase lo que pase, ¡no nos detenemos! ¡Danzamos! ¡Adoramos con todas nuestras fuerzas, como si fuera nuestro mejor momento!

5. **¿Cómo levantar ministros varones en el ministerio de danza?**

Orar, orar y ¡orar más! El ministerio del varón es uno muy poderoso en el reino de Dios. Esto es algo que el enemigo sabe, y por tal razón, ha querido detenerlo por todos los medios. Dios le ha dado al varón una autoridad sacerdotal que hace temblar el reino de las tinieblas. El varón de Dios tiene que tomar su lugar en este tiempo. La danza del varón refleja el poder y la fuerza de Dios. Lamentablemente, en muchas iglesias se ha levantado un falso postulado de que la danza es solo para el sexo femenino. Esto es totalmente errado, es un engaño de Satanás para destruir tan poderoso ministerio. La Biblia dice que el pueblo perece por falta de conocimiento.

Isaías 5:13 Por tanto, mi pueblo fue llevado cautivo, porque no tuvo conocimiento.

En la palabra de Dios encontraremos al adorador apasionado David, danzando a Dios con todas sus fuerzas. Este gran danzor instituyó la adoración incesante a Dios, y lo hizo a través de todas las formas posibles, para darle a Dios la adoración más plena. Así que, no solamente danzó, sino que instituyó la adoración, incluyendo la danza, como un medio accesible de alabanza para todos y en todo tiempo. David experimentó la transformación del lamento al gozo a través de su danza. Jesús mismo, se regocijó y expresó ese sentimiento de júbilo en movimientos de alabanza a Dios. En la actualidad conozco ministerios poderosos de varones que desatan el poder de Dios a través de las artes y danza en las naciones.

También he visto ministerios donde los varones danzan con movimientos muy delicados, finos y afeminados. Esto no es aceptable y lamentablemente ha provocado que muchos varones se nieguen a danzar, aun sintiendo el llamado de Dios para hacerlo. Una de las razones por las que esto sucede es debido a que, en la mayoría de los casos, los ministerios son liderados por mujeres y no saben cómo enseñar la diferencia de ejecución de movimientos entre un sexo y el otro. Todo líder de danza, ya sea femenina o masculino, debe estudiar e instruirse en cuanto a éste asunto de suma importancia. Sin importar la técnica en danza que un varón pueda adquirir, siempre debe exhibir su masculinidad. La danza de la mujer y la del varón deben poder distinguirse. La mujer siempre será más delicada en sus movimientos, conforme a la fragilidad con que Dios nos creó. El varón debe reflejar la fuerza y potencia que Dios le ha otorgado por naturaleza. Hay mucha necesidad de varones que salgan a las naciones y revelen la danza de poder que Dios les ha entregado. En mi caminar he notado que los varones han recibido de Dios una habilidad especial para ciertos instrumentos como las banderas. Es poderoso lo que se desata en el mundo espiritual cuando los abanderados ungidos del ejército de Dios toman sus posiciones en las líneas de la batalla espiritual con su alabanza de guerra. Necesitamos educar a la Iglesia y enseñarle por la Palabra la importancia de que el varón tome su lugar en el ministerio de las artes y la danza. Varón de Dios, si sientes el llamado de Dios a adorarle y ministrarle a través de la danza, ¡no te detengas! No temas; si Dios te llamó, Él te dará las herramientas para que puedas ejercer el ministerio correctamente y con excelencia. Dile sí a Dios, instrúyete y permite que te lleve a lugares altos en Él. Es tiempo de que se levante una generación de adoradores conquistadores como David, conforme al corazón de Dios.

6. **¿Cómo trabajar con adultos en el ministerio de danza?**

Para adorar y servir a Dios no hay una edad específica. Todo el tiempo es tiempo para adorar al Rey. Creo que no debemos impedir que aquellos que deseen danzar para Dios lo hagan, sin importar la edad o cualquier limitación. Cuando Dios llama, Él respalda a quien llama. Nosotros no podemos tratar de encajonar a un Dios ilimitado. Dentro de la amplitud de lo que es el ministerio de danza, hay muchas áreas en las que podemos funcionar para servir al Señor. Las personas adultas tienen mucha experiencia y si a eso añadimos que posean madurez espiritual, definitivamente podrán enriquecer nuestro ministerio con gran sabiduría. Personas adultas y maduras en el Señor pueden ser muy útiles en el ministerio al momento de dar consejería, aportar ideas, traer enseñanzas bíblicas, supervisar el orden y muchas otras responsabilidades importantes. En cuanto a la técnica como tal, debemos enseñarles con paciencia y no descartarles por sus limitaciones. No debemos complicarles la vida con pasos muy elaborados o avanzados para su nivel de aprendizaje corporal. Algo muy efectivo es darles ciertas participaciones dentro de la coreografía para que ejecuten. Tal vez no sean capaces de aprender todo, pero sí se les puede integrar en ciertos momentos creando danzas que tengan entradas y salidas por grupos. También se les puede integrar con ciertos instrumentos que no requieren un alto nivel de técnica. Es muy provechoso que ellos se sientan cómodos con lo que hacen. De esa forma podrán adorar y ministrar con libertad y sin frustraciones innecesarias. No significa que los vamos a dejar en una zona cómoda donde no crezcan; siempre será bueno retarlos a crecer, pero no excediendo sus posibilidades reales. Es muy probable que ellos se tarden más en aprender las coreografías que otros, pero eso no nos debe llevar a rechazarlos y mucho menos a permitir que se burlen de ellos. En el caso de que la persona adulta tenga experiencia en baile, será de mucha bendición para ayudar y animar a los demás de edad avanzada. Creo que un ministerio de personas adultas es muy poderoso. Muchas mujeres y hombres de edad adulta pueden conseguir en la danza un lugar de sanidad y restauración para las experiencias de la vida. También pueden ser ese canal para sanar y restaurar a otros. Conozco ministros de danza de más de sesenta años y los he visto desatar el poder y la unción de Dios de forma sobrenatural. ¿Quién podrá detener lo que Dios quiere hacer? ¡Abramos camino para que todos puedan danzar a Dios! Claro, es esencial asegurarse de que esa persona tiene el llamado de Dios para pertenecer al ministerio de danza. Danzar, todos podemos, pero ser parte del ministerio de danza, eso es un llamado particular que viene de parte de Dios. Si Dios llama a alguien a danzar en la edad adulta, pues ¡que dance con gozo y libertad! ¡que desate el poder de Dios! siempre consciente de que Él no mira lo que mira el hombre... Nuestro Dios mira el corazón.

Jeremías 31:13 Entonces la virgen se alegrará en la danza, los jóvenes y los viejos juntamente; y cambiaré su lloro en gozo, y los consolaré, y los alegraré de su dolor.

7. ¿Qué hacer con un pastor que no cree en la danza?

Pueden ser varias las razones por las que un pastor se niegue a creer en la danza como un ministerio aprobado por Dios.

Tristemente muchos pastores e iglesias se han cerrado a aceptar la danza en sus congregaciones por el mal testimonio, de muchos en el pasado. Sin embargo, eso no debe ser razón para cerrar las puertas a este ministerio, porque como ya he mencionado, muchas personas de todos los ministerios han fallado y dado mal testimonio y no por eso hemos eliminado los demás ministerios. Otra razón puede ser la falta de conocimiento bíblico. Ningún siervo de Dios que realmente anhele agradarle se resistirá permanentemente ante la luz y verdad de Su Palabra. Todo ministro de danza debe estar preparado en todas las áreas relacionadas a su ministerio y sobre todo debe ser conocedor del fundamento bíblico que lo sustenta. La Palabra de Dios será la que mejor exponga el sentir del Corazón de Dios con relación a la danza. Sin intentar entrar en discusiones infructuosas y no edificantes, el ministro de danza debe exponerle a su pastor o líder la base o fundamento bíblico de la danza. Sería recomendable entregarle un estudio bíblico escrito para que éste lo revise y estudie a profundidad. Y por supuesto, la oración es poderosa y primordial. Es necesario orar sin cesar para que Dios le abra los ojos del entendimiento a este líder y derribe cualquier fortaleza mental que le impida ver Su verdad. Mientras Dios hace la obra, lo mejor es mantenerse buscando agradarle a Él en obediencia y profundizando en la intimidad de Su Presencia. El testimonio también habla y muchas veces habla más alto que las palabras. Si cuando danzas el poder de Dios es desatado, como resultado de tu vida de intimidad con Él, este líder o pastor tendrá que creer no por palabras, sino por demostración de poder. Si después de todo, tu pastor o líder se mantiene firme en la posición de no aceptar la danza como algo divino, mientras estés bajo esa cobertura debes mantenerte en sujeción. Pero, si sientes ese fuego del llamado que te quema en tu interior, es recomendable separar tiempos de ayuno y oración para escuchar claramente la voz de Dios al respecto. Cuando Dios habla, es mejor obedecerle a Él que a los hombres. En total dependencia y obediencia al Dios que te llamó debes pedirle que, en orden, en Su tiempo y voluntad perfecta, te ubique en un lugar donde compartan la visión que Él te ha dado, y puedan ayudarte a desarrollar tu llamado a cabalidad y sin impedimentos.

8. **¿Cómo ser un agente motivador?**

El mejor motivador es el Espíritu Santo. Cuando vivimos una vida en el Espíritu, siempre habrá motivación en nuestras vidas. Su fuego mantendrá la llama de la pasión por Él encendida en nuestros corazones. El Espíritu Santo no es pasivo ni se desmotiva. Cuando somos uno con Él, no hay lugar para la pasividad o desmotivación. El fuego del Espíritu nos enciende y nos convertimos en propagadores de Su gozo, vida abundante, poder, paz, amor, bondad, benignidad, paciencia... de Su Presencia. Mi respuesta es simple, ocúpate diligentemente de desarrollar una profunda relación con el Espíritu Santo, en conocerle a profundidad, en amarle y obedecerle. No se trata solo de tener una experiencia ocasionalmente con Él, se trata de vivir una vida de profunda intimidad, aprendiendo a escuchar Su dulce voz y permitiendo que Él gobierne nuestras vidas. Es una relación diaria y constante, es una sed insaciable por Su Presencia y compañía. Cuando nuestra mayor motivación es Él, entonces podremos motivar a otros. Él nos hará rebosar de Su agua viva y nos transformará en una fuente inagotable del gozo de Su Presencia. Sumergidos en Su Presencia, nunca nos faltará una palabra de ánimo para el afligido, no nos faltarán las fuerzas para levantar al caído, ni el valor para empujar al que se ha detenido, ni una palabra de fe al que ha dejado de creer. El Espíritu Santo ministrará a nuestras vidas ese viento que nos dará aliento en medio de la debilidad, vino de gozo en medio de la tristeza, aceite como bálsamo sanador para toda herida, agua que refresca y purifica... En todo tiempo y en toda circunstancia tendremos para dar a otros porque nuestra vasija nunca se vaciará, nuestro fuego no se apagará.

9. **¿Se debe danzar mirando hacia el altar o hacia la congregación?**

He visitado algunos lugares donde los danzores ministran mirando hacia el altar y otros donde se ministra de frente a la congregación. No quiero con mi respuesta criticar o señalar a nadie; simplemente daré mi opinión al respecto, pero aclarando que respeto la posición de cada cual. He aprendido que todos estamos llamados a danzar a Dios, pero algunos, los que somos parte del ministerio de danza, además de ser llamados a danzar a Dios, también hemos sido llamados a danzar a Su pueblo. Es igual para todo ministerio, todos podemos cantarle a Dios, pero solo algunos han sido llamados, además de cantarle, también a ministrar a Su pueblo a través del cántico. A éstos, Dios les ha dado un don especial de voz privilegiada que confirma su llamado. Todos podemos hablar el mensaje de salvación, pero algunos han sido escogidos por Dios, se les ha dado la gracia para el ministerio de evangelista y su función principal es salir a predicar a las almas en todo tiempo. De igual forma en el ministerio de danza, todos podemos danzar y saltar de gozo en medio de la alabanza y adoración en la congregación, pero algunos hemos sido llamados a ministrar al pueblo de Dios a través de la danza. Cuando Dios nos ha llamado a ministrar a Su pueblo, considero que no debemos dar la espalda a la congregación. Si nuestra intención es solo ministrarle a Dios, podemos hacerlo en nuestra recámara de intimidad o desde cualquier lugar en el templo, mirándole a Él cara a cara y sin pensar en quien nos pueda estar observando, porque es algo muy íntimo, nuestra adoración y danza personal. Pero si además nuestra intención es ministrar al pueblo el mensaje de gozo, de libertad, de unidad, mensaje profético, etc., entonces debemos expresárselo de frente, con nuestro rostro, gestos, sonrisa y todo nuestro ser. Yo creo que nuestro rostro es la parte de nuestro cuerpo que más ministra al danzar. En nuestro rostro se refleja lo que hay en nuestro interior; es el espejo de nuestro corazón. Es como si fuésemos a tener una conversación con alguien y nos colocáramos de espaldas a esa persona. No puedo imaginarme a un predicador el domingo llevando su sermón en el púlpito de espaldas a la congregación. Cuando Dios nos ha llamado a ministrar a Su pueblo, además de ministrarle a Él, creo que es necesario hacerlo de frente para que puedan ver claramente el mensaje que Dios les quiere dar. Por otro lado, habrá momentos que dentro de la adoración, Dios nos moverá a danzar de forma espontánea en libertad solo para Él. En ese momento, debemos dejarnos llevar por el fluir del Espíritu y movernos a donde Él nos dirija, porque ya a ese punto es a Él a Quien le estamos ministrando directamente. Cuando vamos a ministrar exclusivamente a Dios, toda nuestra atención es para Él; cuando vamos a ministrar al pueblo, asegurémonos de hacerlo de forma clara y efectiva. Seamos intencionales en todo lo que hacemos y obtendremos mejores resultados.

10. ¿Hay que hacer calentamientos antes de danzar en la iglesia?

Sí, definitivamente sí. Necesitamos cuidar bien de nuestros cuerpos, y una forma de hacerlo es dándole todos los acondicionamientos que éste necesita. A veces no pensamos mucho en ello, y más aún cuando se está en la etapa de juventud, donde por lo general, todavía no se sienten muchos efectos adversos en el cuerpo que por lo general vienen a causa del mal uso y del tiempo. Eso es un gran error, porque si no te cuidas en la juventud, las consecuencias vendrán y te lamentarás cuando llegue la etapa de la adultez. Es mejor pagar el precio ahora y cobrar los beneficios después, que cobrar (hacer mal uso) ahora y pagar las consecuencias después. A veces estamos en la iglesia, en un ambiente con aire acondicionado en muchos casos y nuestros cuerpos se encuentran muy fríos como para hacer ciertos movimientos. Con la prisa de que ya el servicio va a comenzar, nos lanzamos al altar a danzar sin haber hecho ningún ejercicio de calentamiento en nuestro cuerpo. Eso es muy perjudicial para el templo del Espíritu Santo. Se añade a esto que la mayoría de las iglesias no tienen las condiciones ideales para un danzor, como lo es el piso adecuado para evitar lesiones. Muchas veces es por falta de conocimiento, pero los pisos de cemento y loza no son los más adecuados para mantener nuestro cuerpo libre de lesiones. Lo ideal es piso de madera, que permita rebote al momento de danzar y saltar. No vamos a dejar de danzar por esto, pero sí podemos prevenir y hacer todo lo que está en nuestras manos para cuidar nuestro cuerpo. Necesitamos ser buenos mayordomos de este templo el cual administramos para Su gloria. Mi recomendación es que hables con tu pastor o líder y le expongas esta importante verdad. Sugiere que se les permita al grupo de danza salir a algún lugar aparte diez o quince minutos antes de comenzar el servicio y juntos hacer unos ejercicios de calentamiento y estiramiento. Esto les va a ser de gran beneficio a todos. Es muy triste para un ministro de danza no poder hacer lo que más le apasiona hacer por una lesión en su cuerpo, que se pudo haber evitado. Con relación al piso, es muy difícil poder tener el piso indicado en las iglesias, aunque se les puede sugerir a los pastores que lo consideren como un proyecto por mejorar. Pero mientras no se tenga, deben cuidarse mucho al momento de hacer saltos y de bajar en postración a los niveles bajos. Cuando salten, asegúrense de caer al piso con "plie", o rodillas dobladas. Eso les evitará lesiones en sus huesos. Si van a realizar algún paso en el piso, asegúrense de bajar de la forma correcta, siempre protegiendo sus rodillas. Hacer cada cosa de la forma correcta evitará accidentes lamentables. No se trata de hacer todo lo que ves que otros hacen, se trata de hacerlo correctamente. Te recomiendo que asistas a una escuela de técnica en la danza, preferiblemente y en la medida en que sea posible cristiana, donde se te enseñará a utilizar tu cuerpo y movimientos de forma acertada para evitar lesiones y obtener el máximo rendimiento del mismo. Recuerda que el enemigo es un oportunista; no demos lugar a que nos pueda detener por causa de un descuido nuestro. ¡Cuidemos nuestro templo! Quince minutos por un cuerpo libre de lesiones, ¡vale la pena! Hacer ejercicios para cuidar el templo del Espíritu Santo en obediencia, ¡mucho más!

De mi corazón a tu corazón

A través de este transitar por el camino hacia el cumplimiento de nuestro propósito, nos encontramos con muchas interrogantes, calles sin salida, rutas no antes transitadas, vías alternas y lugares desconocidos que nos hacen detenernos y pensar cuál es el mejor camino. En nuestro intento por hacer lo mejor, muchas veces fallamos, nos equivocamos y hasta necesitamos en ocasiones comenzar de nuevo. Así lo he experimentado, no tengo todas las respuestas, pero, he tenido grandes maestros. Todavía estoy a los pies de Jesucristo en busca de mayor sabiduría, aferrada a no cometer los mismos errores del pasado y dispuesta a enseñar a la próxima generación, para que avancen a su destino, sin cometer los mismos errores. Algunos valiosos maestros han sido:

1. *Mis errores:- De cada error se aprende. Tan solo se necesita la suficiente humildad y valentía para reconocer que fallamos, pero nuestra gloria está en levantarnos de nuevo y aprender la lección.*

2. *La experiencia:- Cada vivencia es un tesoro que nos imparte sabiduría. No olvidemos las lecciones que nos enseña la escuela de la vida.*

3. *Mis mentores:- Muchas personas han depositado valioso conocimiento en mí. Personas que Dios ha levantado y han entregado un extraordinario legado. Algunos, con sus errores también me han enseñado aquello que no debo hacer.*

4. *La Palabra de Dios:- Es el manual más preciso de instrucciones del Corazón de Dios.*

5. *El Espíritu Santo:- El mejor Maestro, Aquel que tiene todas las respuestas, y sobre todo, las correctas.*

Necesitamos estar dispuestos a aprender; nunca seremos tan sabios como para no necesitar aprender más. Ante todas las cosas busquemos sabiduría, que es la mayor riqueza. Para cada pregunta, para toda situación, la oración es la primera opción. También es importante instruirse con recursos como talleres, conferencias de capacitación, congresos, retiros espirituales, libros y artículos relacionados al tema en cuestión. Siempre eligiendo con la dirección del Espíritu Santo, examinando todo y reteniendo lo bueno. Por otro lado, no debemos permitir que las pequeñas y simples diferencias nos dividan. Alguien expresó en una ocasión: "En las cosas esenciales, unidos, en las no esenciales, nos toleramos". Podemos tener diversidad de opiniones en cosas no esenciales y seguir amándonos y respetándonos como hijos maduros de Dios. Habrá cosas en las que vamos a diferir y que no son cruciales para la salvación. Por ejemplo, algunos piensan que se debe danzar en el altar y otros no; o unos opinan que se debe danzar con cabello suelto y otros no, etc. En estas cosas, que no son esenciales, debemos simplemente tolerarnos y respetarnos. Una vez más, no permitamos que las cosas simples nos fragmenten. Yo he expuesto muchas cosas que son basadas en mi experiencia y que a mí me han resultado favorables. Son vivencias que comparto contigo con la intención de que según me han ayudado a mí, puedan hacerlo contigo. Está en ti si decides adoptarlas en tu vida y ministerio. Sin embargo, hay cosas que sí son cruciales para nuestra salvación y crecimiento espiritual. Allí debemos permanecer unidos y permitir que el Espíritu Santo cambie nuestro criterio; de ser necesario, que derribe fortalezas mentales para que podamos pensar con la mente de Cristo. Fortalezas mentales son mentiras que decidimos creer y que las hacemos una verdad para nuestras vidas. Oro a Dios que nuestras mentes sean transformadas y podamos con firmeza llevar cautivo todos nuestros pensamientos a la obediencia a Cristo. Hay verdades esenciales en las que no podemos diferir. Por ejemplo, primero somos adoradores y luego danzores; nuestra danza tiene que venir como resultado de una vida de entrega, santidad y obediencia a Dios. En esto, necesitamos estar unidos, alineados en la verdad infalible de Su Palabra y la convicción del Espíritu Santo. Nunca dejamos de aprender; mantengamos nuestro corazón humilde y enseñable. Te exhorto a abrir tu corazón, a conocer más profundamente a la persona maravillosa del Espíritu Santo, Él es quien nos guía a toda verdad. Jesucristo es la verdad, y la verdad nos hace libres de todo engaño del enemigo. Aférrate a Su verdad y no a la tuya y sé ¡Verdaderamente libre! Aprendamos en todo tiempo a seguir el compás del ritmo del corazón del PADRE.

† Mi Danza Es Tu Danza †
(Por: Ministro de danza Xiomileth Santos)

Mi Padre, mi Creador,
Anhelo decirte
Que amo danzar para Ti.
Anhelo decirte
Que eres la razón de mi existir.

La danza no es danza
Si no es por Ti.
Tú me enseñaste a danzar,
Tú me enseñaste a vivir.

Mi danza es más que movimiento,
Mi danza carga el latir
de tu hermoso Corazón
cuando al mío se viene a adherir.
Mi danza carga el mensaje
que yo he de emitir.
El mensaje no es de mi parte,
sino que viene directo de Ti.

Mi Padre amado, te pido
Que siempre dances conmigo.
Pues es solo contigo
Que mi danza toma sentido...

Mantén mis pies a los Tuyos mirando
Y mis ojos Tu belleza contemplando
Siguiendo el sonido de Tu voz
Y el fuerte palpitar de Tu intenso Corazón.

Que esta conexión entre nosotros no termine.
Que no se acabe nuestra sempiterna danza
de amor inmarcesible,
de un lenguaje visible
y llena de Tu Presencia imprescindible.